V&R

Für meine Kinder
Ruth, Ulrike, Elisabeth und Christiane

Fred Böker

Statistik lernen am PC

Programmbeschreibungen, Übungen
und Lernziele
zum Statistikprogrammpaket GSTAT

Mit 175 Abbildungen und zahlreichen Tabellen

2., neubearbeitete Auflage

Vandenhoeck & Ruprecht in Göttingen

Die Deutsche Bibliothek – *CIP-Einheitsaufnahme*

Böker, Fred:
Statistik lernen am PC : Programmbeschreibungen, Übungen
und Lernziele zum Statistikprogrammpaket GSTAT ;
mit zahlreichen Tabellen / Fred Böker. –
2., neubearb. Aufl. –
Göttingen : Vandenhoeck u. Ruprecht, 1993
ISBN 3-525-13223-9

© Vandenhoeck & Ruprecht, Göttingen 1993
Printed in Germany. – Das Werk einschließlich aller seiner Teile
ist urheberrechtlich geschützt. Jede Verwertung außerhalb
der engen Grenzen des Urheberrechtsgesetzes ist ohne
Zustimmung des Verlages unzulässig und strafbar.
Das gilt insbesondere für Vervielfältigungen, Übersetzungen,
Mikroverfilmung und die Einspeicherung und Verarbeitung
in elektronischen Systemen.
Druck: Hubert & Co., Göttingen

VORWORT

GSTAT ist ein Paket von 18 Statistikprogrammen, das am Institut für Statistik und Ökonometrie der Universität Göttingen entwickelt wurde zur Unterstützung der Lehre in der Anfängervorlesung Statistische Methodenlehre I. Damit ist schon gesagt, daß es sich weniger um ein Programmpaket zur statistischen Auswertung von Daten handelt, sondern mehr um eine didaktische Hilfe in Vorlesung und Übung.

Es werden keinerlei Kenntnisse in Statistik und EDV vorausgesetzt, wenn man von der Bedienung der Tastatur absieht. Die Programme sind zwar zugeschnitten auf unsere Anfängervorlesung Statistische Methodenlehre I und das von uns benutzte Lehrbuch Statistik Eins von Linhart und Zucchini (Birkhäuser, 1980), sie sind aber trotzdem so allgemein geschrieben, daß sie ohne weiteres auch in anderen Kursen und zu anderen Büchern eingesetzt werden können. Die Programme sind für Anfänger geschrieben, so daß sie auch an Schulen eingesetzt werden können.

Das wesentliche Ziel dieser Programme ist es, das Grundverständnis für statistische Probleme zu wecken und zu fördern, ein Gefühl zu geben für die Zufälligkeit von statistischen Experimenten, zu zeigen, daß statistische Schlüsse mit Unsicherheit behaftet sind, also nicht notwendig richtig sein müssen. Hier bietet sich natürlich als Hilfsmittel die Simulation von Experimenten an. In Sekundenschnelle kann das gleiche Experiment mehrfach wiederholt werden, und man hat die Zufälligkeit des Ausgangs direkt vor Augen, was man allein den Daten auf einem Stück Papier nicht unmittelbar ansehen kann. In unseren Programmen werden häufig Stichproben gezogen in Situationen, wo man es normalerweise nicht tun würde, weil das entsprechende Merkmal für alle Mitglieder der entsprechenden Grundgesamtheit bekannt ist. Wenn wir es trotzdem tun, so geschieht das nur zur Illustration, um zu zeigen, was man in der Statistik macht. Wenn die ganze Grundgesamtheit, wie z.B. im Fall der Altersverteilung der Bundesrepublik Deutschland, die wir in diesem Buch immer wieder benutzen werden, bekannt ist, hat dies den Vorteil, daß man gleichzeitig Fehler, die man bei seinen Schlüssen macht, mitbeobachten kann.

Ein Problem für Anfänger und auch für fortgeschrittene Studenten ist es immer wieder, den Zusammenhang zwischen Empirie und der entsprechenden mathematischen Theorie zu verstehen. Auf der einen Seite sind die Daten mit daraus berechneten relativen Häufigkeiten, Histogrammen, Mittelwerten, geschätzten Standardabweichungen, auf der anderen Seite die Wahrscheinlichkeitstheorie mit Wahrscheinlichkeiten, Erwartungswerten, Verteilungsfunktionen, Dichtefunktionen usw.. Es ist mit ein Ziel dieser Programme, hier die Zusammenhänge (z.B. Mittelwerte in Stichproben pendeln sich auf Erwartungswerte ein) zu erkennen, jedoch auch Unterschiede (z.B. Schätzer von Parametern sind zufällig, Parameter sind konstant) aufzudecken.

Die Programme wurden programmiert von Wolf Dieter Brandt, Holger Mann, Frank Meyer, Gerd Schulze und Peter Zimmert. Ihnen muß an dieser Stelle zuallererst für ihre hervorragende Arbeit und ihre Geduld bei den zahlreichen Änderungen gedankt werden. Die Datenverwaltung und die Eingabeprozeduren beruhen auf einer früheren Version von Stefan Witzel. Die Programme sind in Basic programmiert und modular aufgebaut, so daß Änderungen leicht durchzuführen sind. Vorschläge und Wünsche nehmen wir gern entgegen. Weitere Programme, insbesondere zu "Statistik Zwei", sind in Arbeit und werden möglicherweise in einem zweiten Band veröffentlicht.

Dank gilt auch Herrn Professor H. Linhart für seine fortwährende Ermutigung und dafür, daß er mich vor einigen Jahren mit der Aufgabe betraute, Computerübungen für unsere Anfängervorlesungen zu organisieren. Ferner danke ich meinem Freund Dr. Horst Gundel, der mir die DIFF-Hefte SR 1-4 schenkte. Viele Bausteine aus den dort abgedruckten Basic-Programmen sind in unseren Programmen verarbeitet worden. Danken möchte ich auch allen Studenten in meinen Kursen mit diesen Programmen. Sie haben mir durch ihre Fragen und Verbesserungsvorschläge viele neue Ideen und Anregungen gegeben. Mehrere mir unbekannte Gutachter übten berechtigte Kritik an einer früheren Version von GSTAT und ermöglichten dadurch viele Verbesserungen, wofür ich mich sehr herzlich bedanke. Bei Frau Ingrid Biedekarken und Frau Ellen Wegener bedanke ich mich für das Korrekturlesen. Herr Detlef Keese und Herr Andreas Prüß haben das Manuskript gelesen und mir wertvolle Hinweise gegeben. Der Text wurde mit dem Textverarbeitungssystem WORD geschrieben. In diesem Zusammenhang danke ich Herrn Christian Rabetge für seine stets freundliche Beratung. Die Abbildungen wurden mit dem Programm PIZAZZ (Copyright 1986/1987 by Application Technics, Inc.) auf einem Laserdrucker angefertigt. Herrn Dr. Koke verdanke ich den Hinweis auf dieses Programm. Herrn Professor Knoblich und Herrn Schubert gilt mein Dank für die Überlassung ihrer Daten.

Zum Schluß noch eine Bemerkung zum Namen "*GSTAT*" und zu den einzelnen Programmnamen: Der Name GSTAT hat sich bei uns einfach eingebürgert, seitdem ich diese Programme in den Übungen zu einer Vorlesung mit dem Titel "*Grundlagen der Statistik*" benutzt habe und dort für das Verzeichnis auf der Festplatte eine Abkürzung brauchte. Wenn wir diesen Namen beibehalten, so wird damit die Hoffnung und der Wunsch zum Ausdruck gebracht, daß diese Programme für viele Studenten und Schüler zu Grundlagen der Statistik werden mögen. Die Programmnamen sind Abkürzungen aus den im Inhaltsverzeichnis angegebenen Kurztiteln. Die entsprechenden Buchstaben sind dort fett gedruckt.

Göttingen, im Oktober 1988   *Fred Böker*

Vorwort zur 2. Auflage

Das Programm GSTAT liegt inzwischen in einer neuen um das Programm HYPER erweiterten Version vor, die auch die EGA-Graphikkarte anspricht. Damit ist GSTAT jetzt auch in Farbe verfügbar. Berechnungen zu Verteilungen können wahlweise mit erhöhter Genauigkeit durchgeführt werden. Kleinere Fehler und umständliche Menüführungen wurden korrigiert. Im Programm ALTER ist jetzt der Vergleich mit einer Totalerhebung möglich. Die 2. Auflage des Buches berücksichtigt diese Änderungen. Die Graphiken wurden erneuert und mit PIZAZZ PLUS direkt in WORD 5.0 eingebunden. Der gesamte Text wurde neu formatiert und dem Erscheinungsbild von "Mehr Statistik lernen am PC" (im Text durch MSLamPC abgekürzt) angepaßt, das vom selben Autor im Herbst 1991 im selben Verlag als Begleitbuch zu GSTAT2, weiteren 13 Statistikprogrammen zur didaktischen Unterstützung der Lehre, erschienen ist. Ich hoffe, daß bei dieser Umstellung mehr Fehler eliminiert wurden als neue hinzugekommen sind. Zu danken habe ich einigen Benutzern von GSTAT für konstruktive Kritik, Frau Ingrid Biedekarken für Hilfe beim Korrekturlesen und Herrn Peter Zimmert für die Programmierarbeiten.

Göttingen, im August 1992   *Fred Böker*

INHALTSVERZEICHNIS

1. ALLGEMEINE BEDIENUNGSHINWEISE 1

PROGRAMMBESCHREIBUNGEN, ÜBUNGEN, LERNZIELE 11

2. ALTER: ALTERsverteilung in einer Stichprobe der Bevölkerung der BRD . . 12
3. ALTMIHI: HIstogramm der MIttelwerte in Stichproben aus der ALTersverteilung 32
4. STALMIHI: HIstogramm der STandardisierten MIttelwerte in Stichproben aus der ALtersverteilung 41
5. MUENZE: Pfad der relativen Häufigkeiten beim MÜNZwurf 47
6. ALMIPFAD: PFAD der MIttelwerte in Stichproben aus der ALtersverteilung. . 58
7. SAWO: Darstellung der Mittelwerte in Stichproben aus der Altersverteilung als PunktWOlke in Abhängigkeit von der Stichprobengröße 68
8. ALMI: Pfade der MIttelwerte in Stichproben aus der ALtersverteilung . . . 75
9. STETIG: Deskriptive Analyse STETIGer Daten 80
10. DISKRET: Deskriptive Analyse DISKRETer Daten 87
11. NORMAL: Graphiken und Berechnungen zur NORMALverteilung 100
12. EXPO: Graphiken und Berechnungen zur EXPOnentialverteilung 116
13. BINOMIAL: Stabdiagramme und Berechnungen zur BINOMIALverteilung . . 124
14. POISSON: Stabdiagramme und Berechnungen zur POISSONverteilung . . . 140
15. HYPER: Stabdiagramme und Berechnungen zur HYPERgeometrischen Verteilung 149
16. ALMIKONF: Simulation von KONFidenzintervallen für den MIttelwert in der ALtersverteilung 159
17. SIMKONOR: SIMulation von KOnfidenzintervallen für den Mittelwert einer NORmalverteilung 166
18. SIKOALAN: SImulation von KOnfidenzintervallen für den ANteil der Personen in vorgegebenen ALtersgrenzen 175
19. SIMKOBIN: SIMulation von KOnfidenzintervallen für den Parameter π einer BINomialverteilung 181
20. KONFINOR: Berechnung von KONFIdenzintervallen für den Erwartungswert NORmalverteilter Beobachtungen 187

LITERATUR 191

REGISTER 192

ANMERKUNGEN ZU GSTAT 193

1. ALLGEMEINE BEDIENUNGSHINWEISE

In diesem Abschnitt werden die Programmteile (Bildschirmaufbau, Menüsteuerung, Eingabeprozeduren usw.) beschrieben, die allen Programmen gemeinsam sind. Die programmspezifischen Teile werden im Unterabschnitt A des jeweiligen Programms behandelt.

1.1 Starten des Programmpakets

Vor dem Starten des Programmpakets GSTAT sollte sichergestellt sein, daß die Graphikzeichen (GRAFTABL.COM) geladen sind.

Das Programmpaket GSTAT wird durch Eingabe des Namens GSTAT und Betätigen der Return-Taste gestartet. Nach einem kurzen Vorspann gelangt der Benutzer mit der Leertaste (nach einer entsprechenden Aufforderung) in das Programmauswahlmenü (siehe Abbildung 1.1).

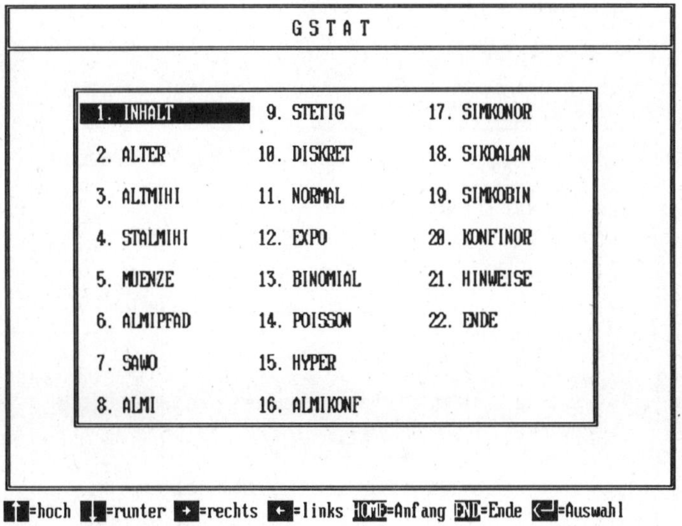

```
                    G S T A T

        1. INHALT      9. STETIG     17. SIMKONOR
        2. ALTER      10. DISKRET    18. SIKOALAN
        3. ALTMIHI    11. NORMAL     19. SIMKOBIN
        4. STALMIHI   12. EXPO       20. KONFINOR
        5. MUENZE     13. BINOMIAL   21. HINWEISE
        6. ALMIPFAD   14. POISSON    22. ENDE
        7. SAWO       15. HYPER
        8. ALMI       16. ALMIKONF
```

↑↑=hoch ↓↓=runter →=rechts ←=links HOME=Anfang END=Ende ↵=Auswahl

Abbildung 1.1: Programmauswahlmenü.

Neben den Programmnamen findet man in diesem Menü noch die Punkte Inhalt (1), Hinweise (21) und Ende (22). Unter "Inhalt" findet man das Inhaltsverzeichnis mit den Programmnamen und den Kurztiteln der Programme. Unter Hinweise werden einige technische Erläuterungen zum Betrieb der Programme gegeben, insbesondere wollen wir hier auf mögliche Programmänderungen in möglichen, späteren Versionen hinweisen. Mit "Ende" wird die Arbeit mit dem Programm GSTAT beendet.

Die Auswahl des gewünschten Programmes geschieht mit Hilfe der Pfeiltasten. Das angewählte Programm wird invers dargestellt. Gestartet wird das Programm durch Betätigen der Return-Taste. Es folgt eine Kurzbeschreibung des Programms. Durch Drücken der Leertaste gelangt man in das Hauptmenü des Programms.

1.2 Bildschirmaufbau

In der Regel erscheint auf dem Bildschirm ein großer Rahmen (siehe Abbildung 1.2). Dieser Rahmen besteht im wesentlichen aus drei Teilen: Die erste Zeile enthält den Programmnamen, den Namen des aktuellen Menüs und gegebenenfalls den Namen des Datenfiles, falls Daten aus einer Datei geladen wurden. In der 2. Zeile, der Parameterzeile, werden die vom Benutzer eingegebenen Werte angezeigt, gelegentlich auch vom Programm errechnete Werte, die dem Benutzer bei der Wahl einzugebender Größen hilfreich sind. Im großen Restbereich des Arbeitsfeldes werden Menüs ausgegeben, finden die Ein- und Ausgaben statt. Außerhalb des Rahmens, in der untersten Bildschirmzeile, werden noch Hinweise zur Tastatursteuerung gegeben.

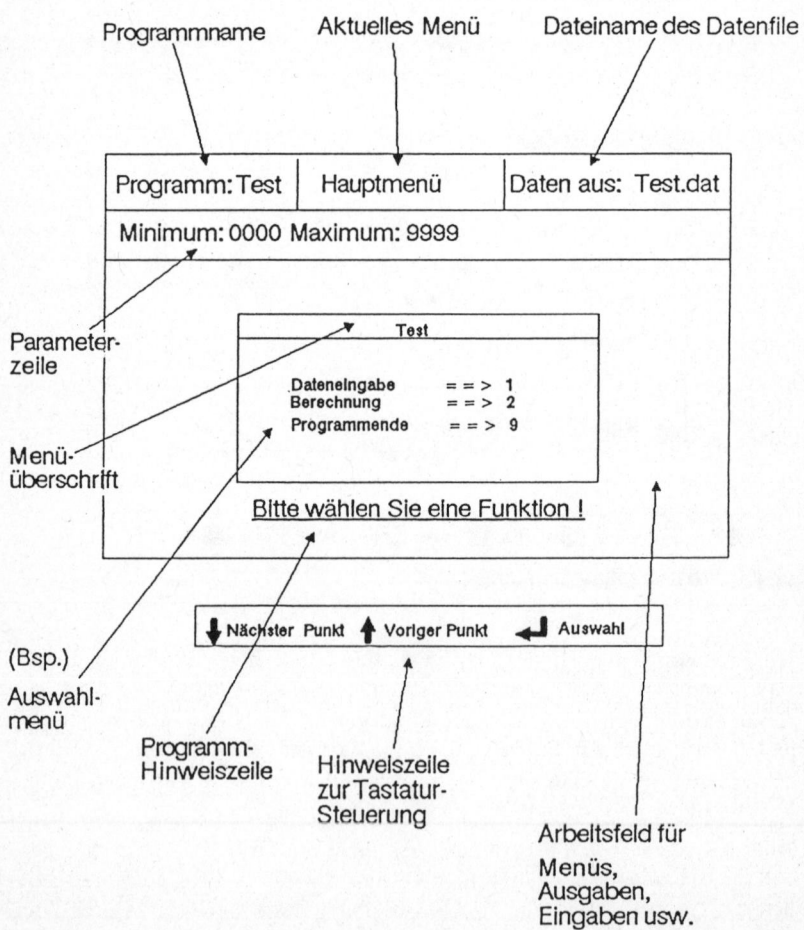

Abbildung 1.2: Genereller Aufbau des Bildschirms

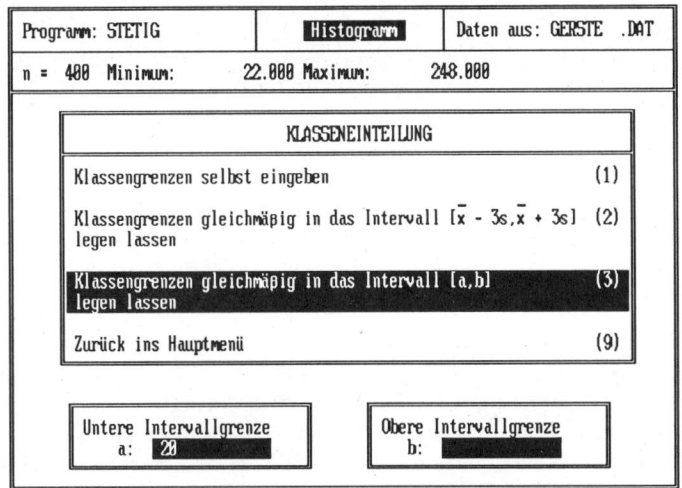

Abbildung 1.3: Bildschirmaufbau aus Programm STETIG.

In Abbildung 1.3 befinden wir uns im Programm STETIG und dort im Menüpunkt HISTOGRAMM. Es wurden Daten aus der Datei GERSTE.DAT eingelesen. Im Arbeitsfeld sehen wir das Menü zur Wahl der Klasseneinteilung und die Eingabeprozedur für die Intervallgrenzen a und b. Es wurde Punkt 3 im Menü Klasseneinteilung gewählt. In der Hinweiszeile zur Tastatursteuerung sehen wir die zur Benutzung bei der Eingabe freigegebenen Tasten mit einer Kurzerklärung. Mit der Backspace-Taste (BS) wird das links vom Cursor stehende Zeichen gelöscht. Mit den Pfeiltasten (Pfeil nach rechts bzw. links) gelangt man vom 1. in das 2. Eingabefeld bzw. umgekehrt, falls der 1. Wert korrigiert werden soll. Mit der Home-Taste kann das ganze Feld korrigiert werden. Mit der PgUp-Taste gelangt man in das 1. Eingabefeld zurück. Mit der Return-Taste wird die Eingabe beendet, mit der ESC-Taste abgebrochen.

Der Rahmen erscheint nicht auf dem Bildschirm, wenn Platz gespart werden soll oder das Programm sich im Graphikmodus befindet.

1.3 Eingaben

Für alle Eingaben von Daten oder Namen (z.B. Dateinamen) erscheint auf dem Bildschirm im Textmodus ein invers dargestelltes Feld, im Graphikmodus wird das Eingabefeld durch die folgenden Zeichen angedeutet "└─────┘". Die Länge des Feldes bestimmt dabei das Eingabeformat, d.h. die maximal mögliche Anzahl von Zeichen. Die Eingaben sind gegen falsche Eingaben weitgehend abgesichert. Alle nicht zulässigen Tasten sind gesperrt. Wird dennoch ein falscher Wert eingegeben, etwa ein negativer Wert, wo nur positive Werte erlaubt sind, so erscheint eine Fehlermeldung: "Unzulässige Eingabe. Leertaste drücken".

Sind mehrere Eingabefelder auf einem Bildschirm, so ist im Textmodus das Feld, für das die nächste Eingabe erwartet wird, an dem Cursorzeichen zu erkennen. Im Graphikmodus befindet sich vor dem entsprechenden Feld ein Doppelpfeil "==>".

Beim Einlesen der Daten über Tastatur ist ein festes Format vorgegeben, z.B. F8.3, d.h. 8 Stellen vor dem Dezimalpunkt, 3 Stellen nach dem Dezimalpunkt. Spätestens nach der 8. Stelle muß dann der Dezimalpunkt eingelesen werden. Wird versucht, eine weitere Stelle einzulesen, erscheint ein Hinweis. Es ist unbedingt eine Ziffer vor dem Dezimalpunkt einzugeben, also 0.3 und nicht .3. Im Graphikmodus wird der erwartete Dezimalpunkt durch das Zeichen "∧" angedeutet.

Alle Eingaben werden durch Drücken der Return-Taste wirksam und können durch Drücken der ESC-Taste abgebrochen werden. Die zur Cursorsteuerung, zum Hin- und Herspringen zwischen mehreren Eingabefeldern und zum Korrigieren freigegebenen Tasten werden meistens mit einer Kurzerklärung in der untersten Bildschirmzeile angegeben (siehe Abbildung 1.3).

Bei vielen Eingaben wird vom Programm ein Wert vorgegeben. Dies ist gewöhnlich der im vorigen Programmlauf eingegebene Wert, da man häufig mehrere Simulationen mit denselben Werten macht, oder ein sonst als sinnvoll erscheinender Wert, z.B. um den Bildschirmplatz optimal auszunutzen. In solchen Fällen braucht man nur die Return-Taste zu drücken, falls man diesen Wert übernehmen möchte. Andernfalls gibt man wie gewohnt einen Wert ein.

1.4 Menüsteuerung

Hinter jedem Menüpunkt (siehe unten) ist eine Zahl angegeben. Durch Eingabe dieser Zahl wird der entsprechende Programmpunkt ausgewählt. Die Auswahl ist auch möglich mit Hilfe der Pfeiltasten (Pfeil nach oben bzw. unten). Der gerade ausgewählte Menüpunkt ist unterlegt. Die Auswahl wird wirksam durch Drücken der Return-Taste. Die Zahl 9 ist immer für das Ende des Programms vorgesehen, bzw. die Rückkehr in ein übergeordnetes Menü.

Beispiel: Menü aus dem Programm ALTMIHI:

```
          Simulation            ==>  1
          Histogramm            ==>  2
          Daten abspeichern     ==>  3
          Kurzbeschreibung      ==>  4
          Programmende          ==>  9
```

1.5 J(a)/N(ein)-Abfragen

J(a)/N(ein)-Abfragen können durch Eingabe von j(J) bzw. n(N) direkt beantwortet werden. Eine andere Möglichkeit ist die Wahl mit Hilfe der Pfeiltasten (Pfeil nach links bzw. nach rechts). Die Wahl wird wirksam durch Drücken der Return-Taste. Vom Programm wird eine sinnvolle Eingabe vorgegeben, meistens "ja".

1.6 ESC = Abbruch

Jede Eingabe kann durch Drücken der ESC-Taste abgebrochen werden. Das Programm geht dann zum vorigen Programmpunkt (d.h. in das letzte Menü) zurück. Einige Programmpunkte (z.B. das Auflisten von Daten in der Datenverwaltung) können auch nur mit der ESC-Taste beendet werden.

Bedienungshinweise

1.7 Leertaste = Fortsetzung des Programms, ESC = Abbruch

Häufig wird der Ablauf des Programms angehalten, um dem Benutzer Gelegenheit zu geben, sich die Ausgaben anzusehen oder die eingegebenen Werte noch einmal zu überprüfen. Der normale Programmablauf wird dann nach Betätigen der Leertaste fortgesetzt.

Der Programmablauf kann jedoch auch mit der ESC-Taste, falls diese in der Hinweiszeile angegeben ist, abgebrochen werden. Das Programm springt dann zum vorigen Programmpunkt zurück, meistens in ein Menü. Dadurch ist die Möglichkeit gegeben, die eingegebenen Werte zu korrigieren oder eine zu lange dauernde Prozedur abzubrechen. Im letzten Fall sind die bis dahin erzielten Ergebnisse nicht verloren. Später zu erstellende Histogramme oder Pfade werden dann natürlich nur für die bis zum Abbruch erzielten Ergebnisse gezeichnet.

1.8 Auflisten (Durchblättern) von Tabellen (Dateien)

Das Auflisten von Tabellen soll am Beispiel des Auflistens der Datensätze aus der Datenverwaltung des Programms STETIG gezeigt werden. Es werden maximal 10 Datensätze auf dem Bildschirm dargestellt. Der Datensatz, auf dem sich gerade der Cursor befindet, ist unterlegt. In der Hinweiszeile werden die freigegebenen Tasten dargestellt (siehe Abbildung 1.4). Mit der ESC-Taste wird das Auflisten der Daten beendet. Durch Betätigen der Home-Taste werden die ersten 10 Datensätze angezeigt. Mit den Pfeiltasten wandert der Cursor zum vorigen bzw. nächsten Datensatz. Die Tasten PgUp bzw. PgDn bewirken ein Verschieben (Scrollen) des Cursors um 10 Positionen nach oben bzw. nach unten.

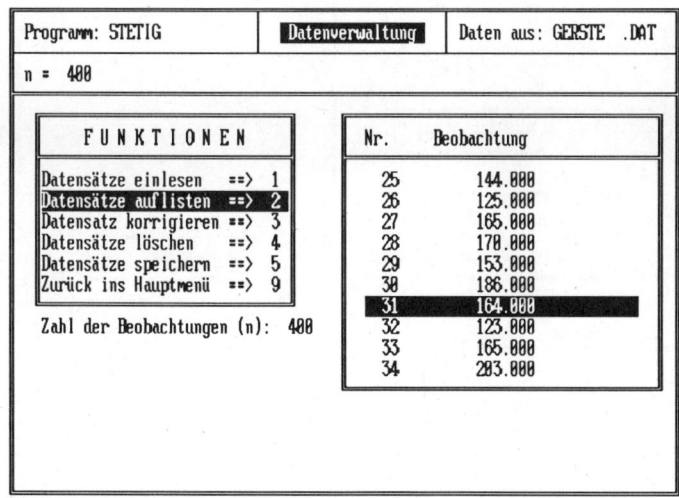

Abbildung 1.4: Auflisten der Datei GERSTE.DAT.

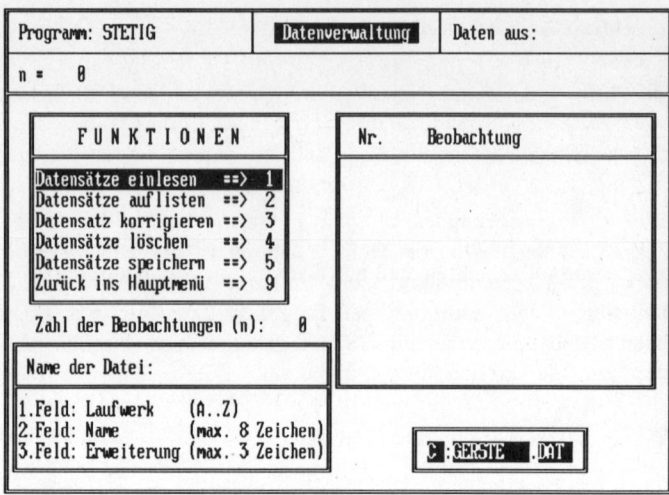

Abbildung 1.5: Laden der Datei GERSTE.DAT vom Laufwerk C.

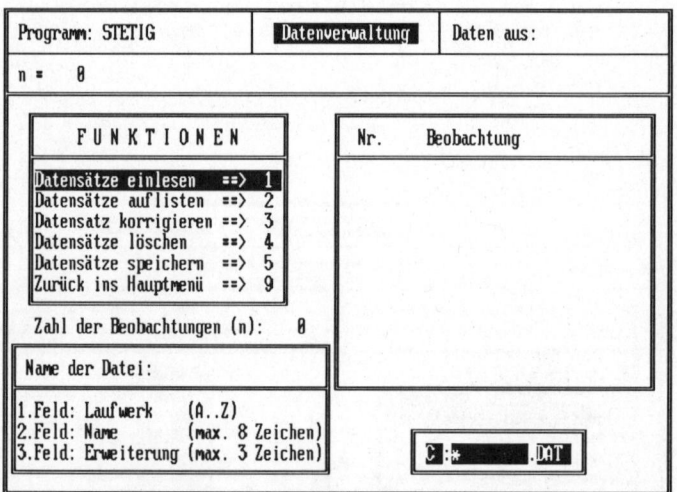

Abbildung 1.6: Laden des Dateiverzeichnisses C: *.DAT.

1.9 Laden und Speichern von Dateien

Die Eingabeprozedur für das Laden und Speichern von Dateien besteht aus einem Rahmen mit drei Feldern (siehe Abbildung 1.5). Im ersten Feld ist ein Buchstabe (gewöhnlich A, B, C) für das Laufwerk einzugeben, aus dem die Daten eingelesen bzw. auf dem die Daten gespeichert werden sollen. Im mittleren Feld ist der Name der Datei anzugeben. Dieser darf aus maximal 8 Zeichen bestehen. Im letzten Feld ist eine etwaige Erweiterung des Namens um maximal 3 Zeichen anzugeben. Dieses Feld ist mit DAT vorbelegt, da es sich ausschließlich um Datendateien handelt. Die Erweiterung kann natürlich geändert werden. In Abbildung 1.5 soll die Datei GERSTE.DAT vom Laufwerk C eingelesen werden.

Vom Programm wird anstelle des Namens ein "*" vorgegeben. Nach Betätigen der Return-Taste wird das entsprechende Datenverzeichnis aus dem angegebenen Laufwerk und mit der angegebenen Erweiterung aufgelistet. In Abbildung 1.6 wird C: *.DAT eingegeben. Dann werden alle Dateien aus dem Laufwerk C mit der Erweiterung DAT aufgelistet (siehe Abbildung 1.7). Die Auswahl einer Datei wird im folgenden Punkt 1.10 beschrieben. Im übrigen können die im MS-DOS üblichen Joker-Zeichen eingegeben werden. Jedoch ist darauf zu achten, daß nur Dateien mit Daten ausgewählt werden.

Um zu verhindern, daß für die jeweiligen Programme ungeeignete Daten eingelesen werden, müssen alle Dateien, die mit GSTAT geladen werden sollen, gekennzeichnet ("gelabelt") werden. Alle Dateien müssen in der ersten Zeile das sogenannte "Label" enthalten. Für die Programme STETIG und KONFINOR ist das Label S zu verwenden, für das Programm DISKRET das Label D, wenn die Datei die Beobachtungen und die zugehörigen Häufigkeiten enthält. Enthält eine Datei nur die nicht ausgezählten, diskreten Beobachtungen (möglicherweise mit vielen Wiederholungen), so ist für das Programm DISKRET das Label D1 zu verwenden. Die GSTAT-Programme, die Daten abspeichern, setzen immer ein Label, und zwar die Programme ALTER, ALTMIHI, STALMIHI, STETIG, NORMAL, EXPO und KONFINOR das Label S, das Programm DISKRET das Label D, die Programme BINOMIAL, POISSON und HYPER das Label D, wenn die Häufigkeiten gespeichert werden, oder D1, wenn die nicht ausgezählten Beobachtungen gespeichert werden. Wenn also Dateien verwendet werden sollen, die nicht mit GSTAT erzeugt wurden, so ist vorher mit einem Editor das richtige Label zu setzen. Umgekehrt ist das Label zu löschen, wenn mit GSTAT erzeugte Dateien mit anderen Programmen benutzt werden sollen.

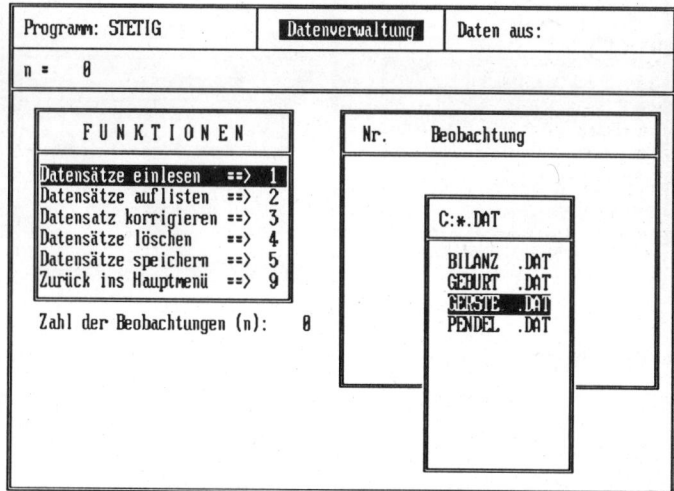

Abbildung 1.7: Auflisten des Dateiverzeichnisses C: *.DAT.

1.10 Auswahl einer Datei aus einem aufgelisteten Dateiverzeichnis

In einem Rahmen auf der rechten Bildschirmhälfte wird das Dateiverzeichnis aufgelistet (C: *.DAT in Abbildung 1.7). Dieses Dateiverzeichnis kann, wie unter Punkt 1.8 beschrieben, durchgeblättert werden. Die Datei, auf der sich gerade der Cursor befindet und die unterlegt ist, kann durch Drücken der Return-Taste geladen werden.

1.11 Datenverwaltung

Die Datenverwaltung wird in den Programmen verwendet, die mit echten, d. h. vom Benutzer einzugebenden Daten arbeiten, also in den Programmen STETIG, DISKRET und KONFINOR. Das Menü "Datenverwaltung" ist in Abbildung 1.8 links oben im Feld "Funktionen" dargestellt. Die einzelnen Punkte werden nacheinander besprochen. Dabei wird nur das erläutert, was noch nicht in den Abschnitten 1.1 - 1.10 gesagt wurde.

1.11.1 Datensätze einlesen

Die Daten können entweder von einer Diskette bzw. von einer Festplatte (Harddisk) oder direkt über die Tastatur eingelesen werden. Beide Eingaben geschehen nach den dargestellten Regeln. Bei der Eingabe über die Tastatur werden die eingelesenen Daten in einem Rahmen auf der rechten Hälfte des Arbeitsfeldes gezeigt (siehe Abbildung 1.8), bei der Eingabe über Diskette werden die ersten 10 Daten angezeigt. Sind bereits vorher Daten eingelesen worden, so wird vor dem erneuten Einlesen gefragt, ob die vorhandenen Daten gelöscht werden sollen. Werden die vorhandenen Daten nicht gelöscht, so werden die neuen Daten hinten angefügt. Dies eröffnet die Möglichkeit, Daten aus verschiedenen Dateien zusammenzufügen.

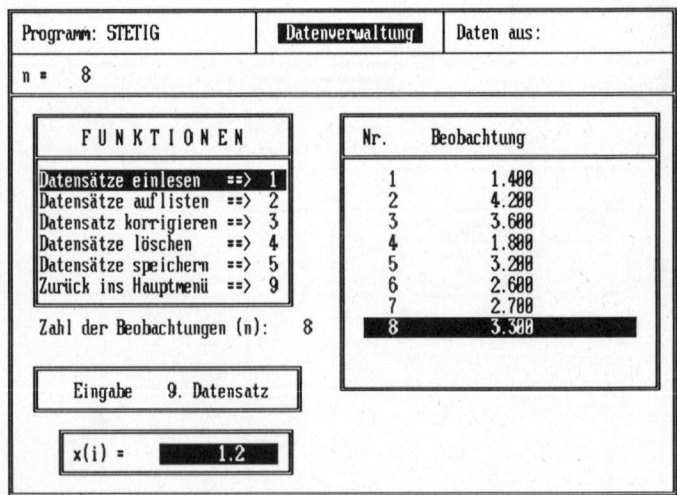

Abbildung 1.8: Menü Datenverwaltung beim Einlesen der Datensätze.

1.11.2 Datensätze auflisten

Die Beobachtungen können wahlweise sortiert (d.h. der Größe nach geordnet) oder der Reihe nach (d.h. so wie sie eingelesen wurden) aufgelistet werden (siehe 1.8).

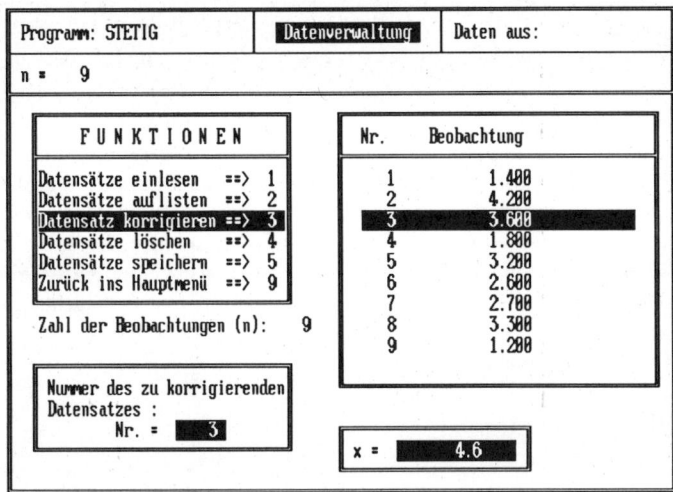

Abbildung 1.9: Korrektur eines Datensatzes.

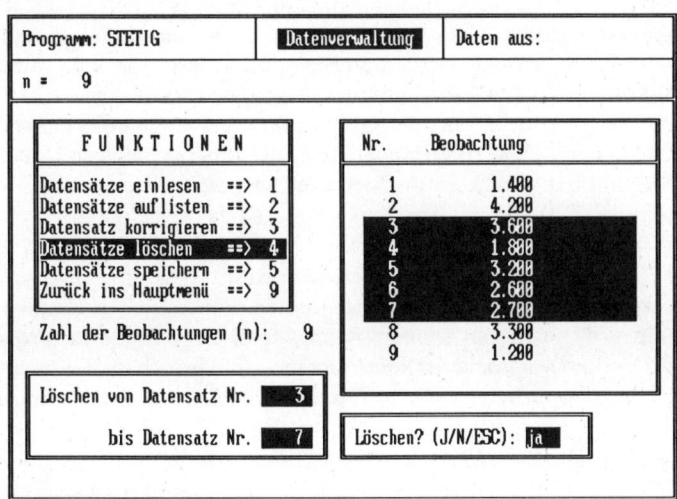

Abbildung 1.10: Löschen von Datensätzen.

1.11.3 Datensatz korrigieren

Hier können Fehler bei der Eingabe (vor allem über die Tastatur) korrigiert werden. Zunächst ist die Nummer des zu korrigierenden Datensatzes anzugeben, dann der korrigierte Datensatz. Es ist zu beachten, daß die Nummer im unsortierten Datenfeld einzugeben ist. Nach Eingabe der Nummer wird der entsprechende Datensatz in der Auflistung der Daten unterlegt. Der alte, noch nicht korrigierte Datensatz wird auch im Feld "korrigierter Datensatz" angezeigt. Bevor man also korrigiert, kann man sich noch einmal überzeugen, ob man wirklich diesen Datensatz korrigieren will. In Abbildung 1.9 soll der

Wert 3.6 im 3. Datensatz durch den Wert 4.6 ersetzt werden. Dieser Programmpunkt wird mit der ESC-Taste beendet.

1.11.4 Datensätze löschen

Hier können falsch oder doppelt eingegebene Datensätze gelöscht werden. Es können gleichzeitig mehrere, unmittelbar hintereinander liegende Datensätze gelöscht werden. Dazu ist die Nummer des ersten und des letzten zu löschenden Datensatzes einzugeben. In Abbildung 1.10 sollen die Datensätze 3 bis 7 gelöscht werden. Diese Datensätze sind in der Auflistung der Beobachtungen unterlegt. Bevor sie gelöscht werden, wird noch einmal gefragt, ob sie tatsächlich gelöscht werden sollen. Es ist zu beachten, daß sich die Nummern der Datensätze nach dem Löschen einiger Datensätze ändern. Die nachfolgenden Datensätze rücken auf.

1.11.5 Datensätze speichern

Siehe 1.9.

1.12 Ausgabe auf Drucker

Die Ausgabe auf einen Drucker ist möglich mit Hilfe einer "Hardcopy", d.h. durch gleichzeitiges Drücken der Tasten "Shift" und "Print Screen". Sollen Abbildungen im Graphikmodus auf diese Weise gedruckt werden, so ist vor dem Starten des Programmpakets das Programm "GRAPHICS.COM" (bei einer CGA-Graphikkarte) oder nach Abhängigkeit von dem verwendeten Drucker und der Graphikkarte des Computers ein anderes Hardcopyprogramm zu laden. Um zu verhindern, daß die Programmanweisungen, von denen einige Zeichen von den Druckern als Steuerzeichen verstanden werden, mitgedruckt werden, besteht die Möglichkeit, diese durch Drücken der Taste "D" zu löschen. Erst danach sind die Tasten "Shift" und "Print Screen" gleichzeitig zu drücken. Durch erneutes Betätigen der Taste "D" oder der ESC-Taste werden die Programmanweisungen wieder sichtbar und das Programm kann fortgesetzt werden. Bei Ausgaben, die sich über mehr als einen Bildschirm erstrecken können, ist im Menü ein gesonderter Programmpunkt "Ausgabe auf Drucker" vorgesehen. Diese Ausgaben sind jedoch im Textmodus geschrieben und besitzen daher nicht das hohe Auflösungsvermögen wie die Bildschirmausgaben.

1.13 Konfigurationsdatei GSTAT.CFG

Mit der Konfigurationsdatei GSTAT.CFG können die in GSTAT vorgegebenen Farben mit einem Editor verändert werden. Die mitgelieferte Datei GSTAT.CFG enthält keine Eintragungen von Farbnummern, d.h. es werden die Standardfarben verwendet. Wenn Sie die Farben verändern möchten, so ist jeweils hinter dem Doppelpunkt die gewünschte Farbnummer (die möglichen Farbnummern stehen oben in der Datei) einzutragen. Wollen Sie wieder die Standardfarben verwenden, so sind alle Eintragungen zu löschen. Mit der Konfigurationsdatei GSTAT.CFG können ferner das Datenverzeichnis und das Arbeitsverzeichnis angegeben werden, wenn sie vom aktuellen Laufwerk abweichen sollen. Im Datenverzeichnis werden die Datendateien gesucht und gespeichert. Im Arbeitsverzeichnis werden Zwischenspeicherungen vorgenommen. Die Konfigurationsdatei GSTAT.CFG muß sich auf dem aktuellen Laufwerk befinden, wenn Veränderungen vorgenommen wurden.

PROGRAMMBESCHREIBUNGEN, ÜBUNGEN UND LERNZIELE

Es folgen jetzt die Beschreibungen der einzelnen Programme. Diese bestehen jeweils aus den Teilen A: Programmbeschreibung, B: Übungen und C: Lernziele.

Im Teil A werden die für das Programm spezifischen Bedienungshinweise gegeben. Diese beginnen mit einer Kurzbeschreibung des Programms. Dann folgt das Menü. Danach werden die Menüpunkte einzeln durchgegangen. Manche Menüpunkte sind nur nach anderen anwählbar. Sollen z. B. Histogramme von simulierten Daten gezeichnet werden, so müssen zunächst die Daten simuliert werden. Wird im Programm solch ein Menüpunkt angewählt, erscheint der Hinweis: "Keine Daten verfügbar. Leertaste drükken." In der Programmbeschreibung verwenden wir in der Überschrift zu solchen Menüpunkten in Klammern das Zeichen > gefolgt von einer Nummer, z. B. bedeutet (>1), daß der entsprechende Menüpunkt nur nach Menüpunkt 1 aufgerufen werden kann. In der Programmbeschreibung bedeutet das Pfeilzeichen gefolgt von einer Nummer, daß das Programm anschließend zu dem mit der Nummer gekennzeichneten Programmpunkt springt. Die Nummern beziehen sich auf die Programmbeschreibung, z. B. bedeutet J --> 2.4, N --> 2.1 nach einer J(a)/N(ein)-Abfrage, daß das Programm bei Eingabe von "J" zum Punkt 2.4 (Nummer der Programmbeschreibung) springt und bei "N" zum Punkt 2.1. Gelegentlich springt das Programm auch zu einem Punkt, der nicht mit einer Nummer in der Programmbeschreibung gekennzeichnet ist. Dann wird dieser Punkt direkt nach dem Pfeilzeichen angegeben. So bedeutet z.B. J --> Eingabe a, daß das Programm nach Eingabe von "J" zur Eingabeprozedur für den Wert a springt.

Im Teil B: Übungen geben wir Beispiele für mögliche Übungen mit den Programmen. Jeder Benutzer wird natürlich andere Vorstellungen haben und seine eigenen Übungen erfinden. Anregungen nehmen wir dankbar entgegen. Als erste Übung empfehlen wir fast immer, alle möglichen Eingabewerte zu verändern, um sich mit dem Programm vertraut zu machen. Danach sollte man dann wissen, was die einzelnen Eingaben bewirken. Hier sollte man natürlich auch etwas zur Vorsicht raten. Bei zu großen Werten für die Anzahl der Simulationen oder Stichprobenumfänge kann diese Erkundungsphase zu lange dauern. Dafür gibt es jedoch die Abbruchmöglichkeiten mit der Taste "ESC". Im Unterricht wird man die zu einem Programm angegebenen Übungen nicht immer der Reihe nach durchführen können. Manche Übungen wird man erst viel später, z.B. nach anderen Programmen, behandeln können. Auch die Reihenfolge der Programme kann natürlich individuell verändert werden, wie es auch in diesem Buch immer wieder geschieht. Das Programm STETIG wird erst in Abschnitt 9 besprochen, aber schon in den Abschnitten 2 und 3 als Hilfsprogramm benutzt. In den Übungen wird häufig empfohlen, eine große Anzahl von Stichproben zu erzeugen und einige Ergebnisse zu notieren, die dann mit einem anderen Programm bearbeitet werden sollen. Diese Übungen sind besonders für Gruppen geeignet, in denen jeder Teilnehmer einen Teil der Ergebnisse beisteuert.

Der Teil C: Lernziele beschreibt das, was in den von uns angegebenen Übungen gelernt werden "sollte". Er wird durch Bilder so illustriert, daß er auch unabhängig von den Programmen gelesen werden kann. Auf Formeln wird weitgehend verzichtet. Wir verweisen dazu meistens auf das Buch von Linhart und Zucchini (L/Z1 oder gelegentlich auch L/Z2). Man wird aber ebensogut in jedem anderen Lehrbuch unter einem entsprechenden Stichwort fündig werden.

2. ALTER

A: Programmbeschreibung

Kurzbeschreibung:

Es wird eine Stichprobe aus der Altersverteilung der Bundesrepublik Deutschland im Jahre 1974 gezogen. Für jedes Alter (= 1, 2, 3, ..., 99, 100) ist die Anzahl der Personen, die 1974 dieses Alter hatten und in der Bundesrepublik Deutschland wohnten, bekannt und im Rechner gespeichert. Die Stichprobe wird so gezogen, daß jede "gespeicherte Person" die gleiche Chance hat, gezogen zu werden. Notiert wird das Alter jeder "gezogenen Person". Es wird ein Histogramm der Alterswerte in der Stichprobe gezeichnet. Die bekannte Altersverteilung kann über das Histogramm gezeichnet werden.

Menü:

Simulation	==> 1
Histogramm (Stichprobe)	==> 2
Histogramm (Totalerhebung)	==> 3
Histogramm (Stichpr. und Total)	==> 4
Daten abspeichern	==> 5
Kurzbeschreibung	==> 6
Programmende	==> 9

2.1 Simulation

Eingabe: Umfang n der Stichprobe (n≤32000)

```
Programm: ALTER                    Simulation

n = 100

    Die ersten 50 Alterswerte :

    Nr.|Alter   Nr.|Alter   Nr.|Alter   Nr.|Alter   Nr.|Alter
     1 | 40     11 | 28     21 | 59     31 | 62     41 | 53
     2 | 72     12 | 42     22 | 15     32 | 36     42 | 23
     3 | 40     13 | 54     23 | 14     33 | 27     43 | 82
     4 | 61     14 | 23     24 | 54     34 | 65     44 | 74
     5 | 40     15 | 42     25 | 38     35 | 19     45 | 53
     6 |  2     16 | 58     26 | 12     36 | 18     46 |  8
     7 | 69     17 | 37     27 | 11     37 |  6     47 | 72
     8 | 12     18 | 29     28 | 68     38 | 16     48 | 48
     9 | 53     19 | 55     29 |  3     39 | 51     49 | 54
    10 | 60     20 | 14     30 | 14     40 |  3     50 | 66

    x̄ = 37.78        s = 22.28
```

Abbildung 2.1: Ausgabe der ersten 50 Werte in der Stichprobe.

Ausgabe: Die ersten 50 Werte in der Stichprobe werden angezeigt sowie x̄ und s, Mittelwert und Standardabweichung in der gesamten Stichprobe (siehe Abbildung 2.1). "Simulation Nr." gibt an, wie viele Werte in der Stichprobe schon gezogen wurden. Das Ziehen der Stichprobe kann mit der ESC-Taste abgebrochen werden, falls es zu lange dauern sollte. Die weiteren Berechnungen gelten dann natürlich nur für die bis zum Abbruch gezogenen Werte. Die Anzahl n der bis dahin gezogenen Werte wird in der Parameterzeile angegeben.

2.2 Histogramm (Stichprobe) (>1)

Eingabe: Anzahl Kl der Klassen für das Histogramm

Es sind als Werte nur Teiler von 100 (= Anzahl der möglichen Alterswerte) zugelassen, also 2, 4, 5, 10, 20, 25, 50, 100. Alle Klassen haben die gleiche Breite.

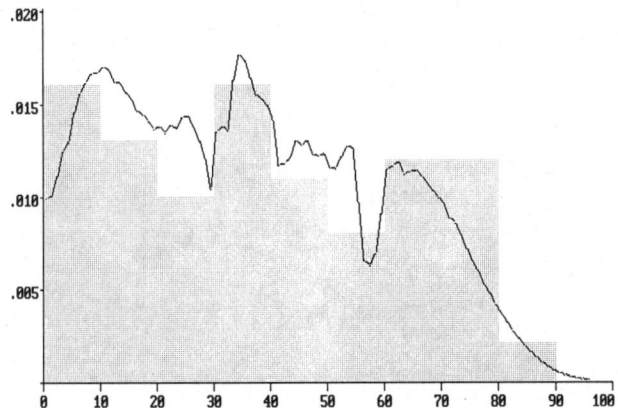

Abbildung 2.2: Histogramm für eine Stichprobe aus der Altersverteilung mit eingezeichneter Altersverteilung (n=100, Kl=10).

Eingabe: Höhenfaktor

Der Höhenfaktor bestimmt die Höhe des Histogramms auf dem Bildschirm. Für jede Klasseneinteilung wird der maximale Höhenfaktor angegeben und als Eingabewert vorgegeben. Um verschiedene Histogramme (etwa zur gleichen Stichprobe mit verschiedenen Klasseneinteilungen) vergleichen zu können (etwa bei Ausgabe auf einem Drukker), ist es nötig, daß die Histogramme im gleichen Maßstab (also mit gleichem Höhenfaktor) dargestellt werden. In diesem Fall ist es günstig, mit der größten Klassenanzahl anzufangen, da dann der maximale Höhenfaktor wegen der größten Streuung am kleinsten ist.

Ausgabe: Histogramm, gegebenenfalls mit bekannter Altersverteilung (siehe Abbildung 2.2)

Der Stichprobenumfang n, die Klassenanzahl Kl und der Höhenfaktor ho werden jeweils oben im Bild angegeben. In der Skala am linken Bildschirmrand werden die Werte "relative Häufigkeit/Klassenbreite" angegeben. Diese Werte sind also relative Häufigkeiten für Klassen der Breite 1. Wird nach der Ausgabe des Histogramms die Taste "W" (=wahre Verteilung) betätigt, so wird die bekannte Altersverteilung über das Histogramm gezeichnet. Durch Betätigen der ESC-Taste wird dieser Programmpunkt beendet.

2.3 Histogramm (Totalerhebung)

Eingabe: Anzahl Kl der Klassen für das Histogramm (siehe 2.2)

Ausgabe: Histogramm der Totalerhebung, gegebenenfalls mit bekannter Altersverteilung (siehe Abbildung 2.3).

Mit der Taste "W" kann wieder die bekannte Altersverteilung über das Histogramm gezeichnet werden. Unterhalb der Graphik kann für Kl ein neuer Wert für die Anzahl der Klassen eingegeben werden. Mit der ESC-Taste wird dieser Programmpunkt beendet.

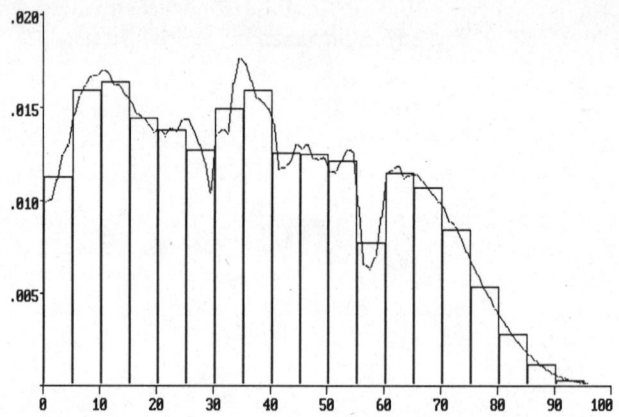

Abbildung 2.3: Histogramm der Totalerhebung (Kl = 20) mit bekannter Altersverteilung.

2.4 Histogramm (Stichpr. und Total)

Eingabe: Anzahl Kl der Klassen für das Histogramm (siehe 2.2)

Eingabe: Höhenfaktor (siehe 2.2)

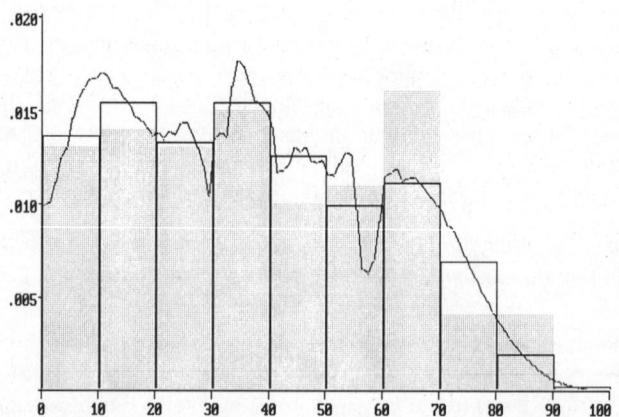

Abbildung 2.4: Histogramm einer Stichprobe (n = 100, Kl = 10) und Histogramm der Totalerhebung mit bekannter Altersverteilung.

Ausgabe der Histogramme der Stichprobe oder der Totalerhebung oder der wahren Verteilung (siehe Abbildung 2.4)

Zunächst wird nur ein Achsenkreuz mit Skalenbeschriftung ausgegeben. Die Histogramme der Stichprobe (S) oder der Totalerhebung (T) oder die wahre Verteilung (W) können dann in beliebiger Reihenfolge durch Betätigen der Tasten "S" bzw. "T" bzw. "W" eingezeichnet werden. Mit der Taste "L" kann alles wieder gelöscht werden. Mit der ESC-Taste wird dieser Programmpunkt beendet.

2.5 Daten abspeichern (>1)

Dieser Programmpunkt wurde aufgenommen, um Daten aus einer Stichprobe auch mit anderen Programmen (z. B. STETIG, DISKRET) untersuchen zu können.

B: Übungen

1.) Machen Sie sich mit dem Programm ALTER vertraut, indem Sie alle im Programm veränderlichen Größen variieren.

2.) Erzeugen Sie je eine Stichprobe der Größe 100, 500, 5000 und 32000. Lassen Sie für jede Stichprobe mit dem Programmpunkt 2) Histogramme mit 10, 20, 50 und 100 Klassen zeichnen. Lassen Sie auch die bekannte Altersverteilung einzeichnen. Beobachten Sie dabei die Veränderungen. Welche Klasseneinteilungen sind sinnvoll (in Abhängigkeit von der Stichprobengröße)?

3.) Erzeugen Sie mindestens 30 Stichproben gleicher Größe. Notieren Sie jeweils Mittelwert und Standardabweichung.

4.) Erzeugen Sie mehrere Stichproben der gleichen Größe und beobachten Sie die Schwankungen des Mittelwertes und der Standardabweichung. Notieren Sie diese Werte etwa für je 10 Stichproben der Größe 100, 500 und 1000. Zeichnen Sie auf einem Blatt Papier jeweils Stichprobenumfang und Mittelwert in ein x,y-Koordinatensystem.

5.) Zeichnen Sie mit dem Programm STETIG ein Histogramm der in 3.) notierten Daten.

6.) Betrachten Sie mit dem Programmpunkt 3) die Histogramme der Totalerhebung. Lassen Sie dabei die Anzahl der Klassen wachsen. Beobachten Sie die Abweichungen der Histogramme von der bekannten (wahren) Altersverteilung.

7.) Simulieren Sie eine Stichprobe der Größe n=100 und betrachten Sie mit dem Programmpunkt 4) das Histogramm der Stichprobe zusammen mit dem Histogramm der Totalerhebung. Wie ändern sich bei festem Stichprobenumfang die Abweichungen zwischen diesen beiden Histogrammen, wenn die Anzahl der Klassen erhöht wird (Kl=10, 20, 50)?

8.) Wie ändern sich die Abweichungen zwischen dem Histogramm einer Stichprobe und dem Histogramm der Totalerhebung, wenn man bei konstanter Klassenanzahl (Kl=10 und 50) den Stichprobenumfang erhöht (n=100, 500, 5000, 32000)?

C: Lernziele

Das Programm ALTER soll uns zeigen, was man in der Statistik macht. In der Statistik zieht man *Stichproben*, d.h. man *beobachtet* nur einen *Teil des Ganzen* und versucht, aus dieser Teilbeobachtung Schlüsse zu ziehen auf das Ganze, das im allgemeinen unbekannt ist. In unserem Fall ist das Ganze die Gesamtheit aller Bewohner der Bundesrepublik Deutschland im Jahre 1974, das uns interessierende Merkmal ist das Alter der Bewohner, angegeben in Jahren. Die Altersstruktur ist bekannt, die genauen Anzahlen werden jährlich im Statistischen Jahrbuch veröffentlicht. Wir nehmen an, daß diese Daten stimmen, d.h. nicht mit Fehlern behaftet sind. Wir stellen uns vor, daß jede Person, die 1974 in der Bundesrepublik Deutschland lebte, im Rechner zusammen mit ihrem Alter gespeichert ist.

Im Programm ALTER werden Stichproben aus dieser Altersverteilung so gezogen, daß jede "gespeicherte Person", d.h. jeder Bewohner der Bundesrepublik Deutschland im Jahre 1974, die gleiche Chance hat, gezogen zu werden. Aus dieser Stichprobe (maximaler Umfang 32000) sollen nun Schlüsse gezogen werden auf die gesamte Altersverteilung. Natürlich wird man das in der Praxis nicht machen. Man wird nur dann eine Stichprobe ziehen, wenn das Ganze unbekannt ist. Wenn die wahre Verteilung bekannt ist, braucht man keine Stichproben zu ziehen. Dies geschieht hier auch nur zur Demonstration, um zu zeigen, was in der Statistik geschieht. Wenn man nur einen Teil beobachtet und aus dieser Teilbeobachtung Schlüsse ziehen will, die für das Ganze gelten sollen, ist es klar, daß diese Schlüsse mit *Unsicherheit* (oder Fehlern) behaftet sind. Da wir hier in der glücklichen Lage sind, das Ganze zu kennen, können wir diese Unsicherheit oder Fehler, mit denen unsere Schlüsse behaftet sind, gleichzeitig beobachten. Wir müssen uns darüber im klaren sein, daß wir in anderen Fällen, in denen wir das Ganze nicht kennen und nicht beobachten können, ähnliche Fehler machen, wenn wir mit Hilfe einer Stichprobe Schlüsse für das Ganze ziehen. Unsere Aussagen gelten nicht mit voller Sicherheit.

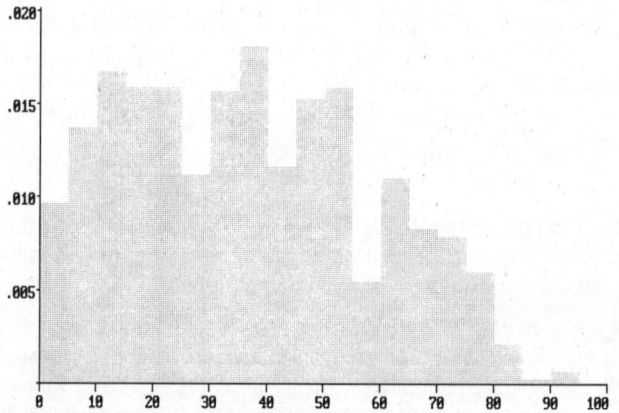

<u>Abbildung 2.5:</u> Histogramm mit 20 Klassen zu einer Stichprobe der Größe 1000.

Wie können wir nun aus unserer Stichprobe Aussagen für das Ganze gewinnen? Eine erste Möglichkeit ist, sich ein *Bild von den Daten* zu machen, etwa ähnlich wie die bekannten Alterspyramiden. Im Programm ALTER werden *Histogramme* (siehe L/Z1 = Linhart/Zucchini Statistik Eins, S.17) gezeichnet (siehe Abbildung 2.5). Der gesamte Wertevorrat wird in Klassen gleicher Breite eingeteilt. Für jede Klasse wird gezählt, wie viele Beobachtungen in der Stichprobe in diese Klasse fallen. In einem Diagramm werden auf der Abszisse die Altersklassen abgetragen, und über den Klassen wird ein Rechteck gezeichnet, dessen Fläche ein Maß für die Anzahl der beobachteten Werte in dieser Klasse ist.

Da hier alle Klassen die gleiche Breite haben, ist auch die Höhe proportional zur *beobachteten Häufigkeit* in der Klasse. Aufgrund dieses Bildes hat man eine *ungefähre* Vorstellung von der Verteilung in der Grundgesamtheit, wichtig ist dabei das Wort "ungefähr". Wenn ich nur 1000 Personen von insgesamt 62 Millionen nach ihrem Alter befrage, kann ich nicht erwarten, ein genaues Bild von der Altersverteilung in der Grundgesamtheit zu erhalten. Man muß also sehr vorsichtig sein mit dem, was man aus solchen Bildern herausliest. In Abbildung 2.5 fällt z.B. das Tal zwischen 55 und 60 auf. Daraus könnte man schließen, daß der Anteil der 55 - 60jährigen an der Gesamtbevölkerung im Jahre 1974 verhältnismäßig gering war, etwa verglichen mit den 50 - 55jährigen oder 60 - 65jährigen, deren Anteil in der Stichprobe doch wesentlich höher ist. Man hat auch schnell eine Erklärung für dieses Tal in der Altersverteilung. Die 55 - 60jährigen Personen im Jahre 1974 wurden zwischen 1914 und 1919 geboren, also zu Zeiten des 1. Weltkrieges und könnten deshalb besonders geburtenschwache Jahrgänge gewesen sein. Außerdem waren sie zu Beginn des 2. Weltkrieges 20 - 25 Jahre alt und wurden noch einmal stark dezimiert.

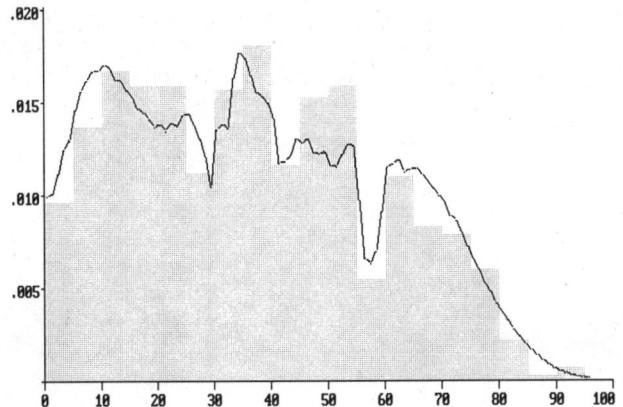

Abbildung 2.6: Histogramm zu einer Stichprobe der Größe 1000 mit eingezeichneter bekannter Altersverteilung.

In Abbildung 2.6 ist die bekannte Altersverteilung über das Histogramm gezeichnet worden. Man sieht aus einem Vergleich des Histogramms mit der wahren Verteilung, daß unser Schluß durchaus berechtigt war. Aufgrund der Abbildung 2.5 hätte man unter Umständen aber auch behaupten können, daß der Anteil der 85 - 90jährigen 1974 geringer war als der Anteil der 90 - 95jährigen Personen in der Bundesrepublik Deutschland, ohne daß es hierfür eine plausible Erkärung gäbe, im Gegenteil, aufgrund des natürlichen Sterbeprozesses sollte es eher anders sein. Dies wird auch durch Abbildung 2.6 bestätigt. Dies zeigt, daß wir uns vor allzu feinen Schlüssen aus solch groben Bildern hüten sollten, besonders dann, wenn keine plausiblen Erklärungen vorliegen oder diese sogar eher das Gegenteil erwarten lassen. Aber auch im anderen Fall kann man grundsätzlich immer eine falsche Aussage treffen. Man sollte nur ziemlich hohe *"Sicherheit"* haben, daß dies nicht der Fall ist.

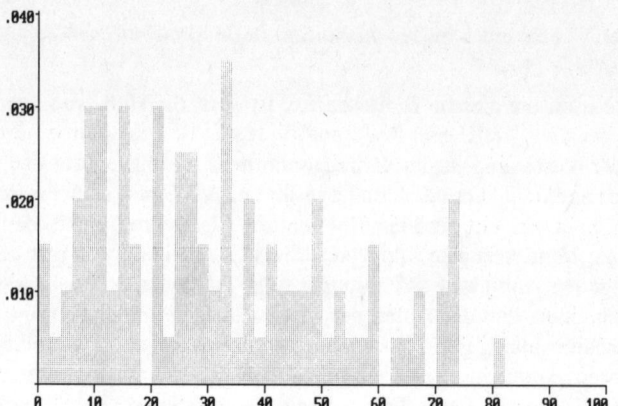

Abbildung 2.7: Histogramm mit 50 Klassen zu einer Stichprobe der Größe 100.

Bei der Bildung von Histogrammen entsteht sofort die Frage, wie viele Klassen soll man wählen. Wählt man etwa 50 oder sogar 100 Klassen zum Stichprobenumfang 100, so werden bestimmt Lücken entstehen, und niemand wird einem glauben, wenn man etwa aufgrund der Abbildung 2.7 schließt, daß es im Jahre 1974 keine 19 - 20jährigen Personen gab. Zieht man eine neue Stichprobe der Größe 100, so wird das zugehörige Histogramm mit 50 oder 100 Klassen bestimmt Lücken an anderen Stellen haben (siehe Abbildung 2.8).

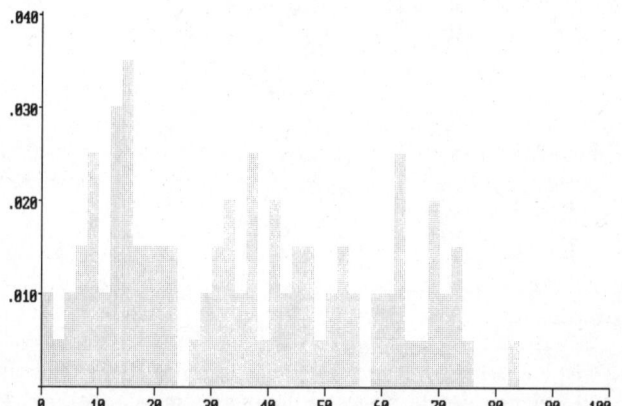

Abbildung 2.8: Histogramm mit 50 Klassen zu einer Stichprobe der Größe 100.

Die Gestalt dieser Histogramme wechselt von Stichprobe zu Stichprobe, sie hängt vom Zufall ab. Man kann beobachten, daß diese Schwankungen mit wachsender Klassenanzahl (bei konstant gehaltenem Stichprobenumfang) zunehmen (siehe Abbildung 2.9 und dort die senkrechten Spalten), mit wachsendem Stichprobenumfang (bei fester Klassenanzahl) jedoch abnehmen (siehe die waagerechten Zeilen in Abbildung 2.9). Betrachtet man etwa die erste Spalte in Abbildung 2.9 (innerhalb der Spalten handelt es sich um dieselbe Stichprobe), so sieht man, daß mit wachsender Klassenanzahl die Histogramme immer höhere "Schornsteine" bekommen. Diese verschwinden wieder oder werden wenigstens flacher, sobald man in den Abbildungen weiter nach rechts, also zu größeren Stichprobenumfängen geht.

Zu diesen Abbildungen muß noch unbedingt bemerkt werden, daß sie nur dann vergleichbar sind, wenn sie im selben Maßstab dargestellt sind. Der Maßstab wird bestimmt durch den Höhenfaktor ho, der in den Bildern jeweils oben rechts angegeben ist. Jede Histogrammfläche soll ja ein Maß sein für die Anzahl der Werte in der zugehörigen Klasse, sie ist daher proportional zur beobachteten Häufigkeit in der Klasse und somit auch zur *beobachteten relativen Häufigkeit*. Die relative Häufigkeit ist die beobachtete Häufigkeit, dividiert durch den Stichprobenumfang. Die Höhe einer Histogrammfläche ist gleich dieser Fläche, dividiert durch die Klassenbreite. Deshalb muß die Höhe einer Histogrammfläche proportional sein zur relativen Häufigkeit, dividiert durch die Klassenbreite. Der Höhenfaktor ist nun diejenige Zahl, mit der die Werte "relative Häufigkeiten/Klassenbreite" bei der Umrechnung in Bildschirmpunkte multipliziert werden. Der maximale Höhenfaktor ist so berechnet, daß bei seiner Verwendung der Bildschirm voll ausgenutzt wird. Er gibt die Anzahl der Bildschirmpunkte an, mit der eine "gedachte" Histogrammfläche mit der relativen Häufigkeit 1 und Klassenbreite 1 im gleichen Maßstab dargestellt werden müßte. Nehmen wir an, daß wir ein Histogramm mit dem Höhenfaktor 1000 gezeichnet haben. Jetzt denken wir uns eine theoretische Stichprobe, in der alle Personen das gleiche Alter haben und wählen dieses eine Altersjahr als Klasse der Breite 1 in einem Histogramm, so ist die relative Häufigkeit für diese Klasse 1. Wollte man diese Histogrammfläche im gleichen Maßstab darstellen wie das Histogramm mit dem Höhenfaktor 1000, so benötigte man dazu 1000 Bildschirmpunkte.

Direkt vergleichbar sind demnach nur Histogramme mit gleichem Höhenfaktor. In Abbildung 2.9 ist dies für alle Histogramme der Fall. Es sei noch bemerkt, daß die Histogramme in den Spalten jeweils zur selben Stichprobe gehören. Bei der Stichprobengröße 100 treten natürlich unter den in Abbildung 2.9 betrachteten Stichprobengrößen die größten Schwankungen auf. Durch Zufall erhalten wir hier unverhältnismäßig große und kleine Werte. Bei den anderen Stichprobengrößen liegen die beobachteten relativen Häufigkeiten näher an den wahren Werten. Dies wird deutlich, wenn man die bekannte Altersverteilung über das Histogramm zeichnen läßt.

Die Betrachtung der Abbildung 2.9 sollte deutlich machen, daß mit wachsendem Stichprobenumfang und wachsender Klassenanzahl die Annäherung der Histogramme an die bekannte Altersverteilung immer besser wird. Betrachtet man die Bilder in Abbildung 2.9 oder die Bilder in L/Z1 (S.26/27) längs der Diagonalen, so gewinnt man den Eindruck, daß die Histogramme einer endgültigen Form zustreben. Wenn man sich dann vielleicht noch gedanklich vorstellen kann, daß das Alter nicht in Jahren, sondern in Monaten oder sogar in Tagen gemessen wird, man also die Zahl der Klassen immer weiter vergrößert, so kann man sich vielleicht auch vorstellen, daß diese *"endgültige Form der Histogramme"* die Gestalt einer geschlossenen, durchgezogenen (stetigen) Kurve annimmt. Dabei wurde noch stillschweigend angenommen, daß der Stichprobenumfang auch weiter vergrößert wurde. Solch eine geschlossene Kurve nennt man dann eine *Dichtefunktion* (L/Z1, S.28). Histogramme pendeln sich also bei wachsendem Stichprobenumfang und gleichzeitig wachsender Klassenanzahl auf Dichtefunktionen ein. Dies wird noch einmal deutlich in Abbildung 2.10, in der wir die gleichen Klassenanzahlen und Stichprobengrößen gewählt haben wie längs der Diagonalen in Abbildung 2.9.

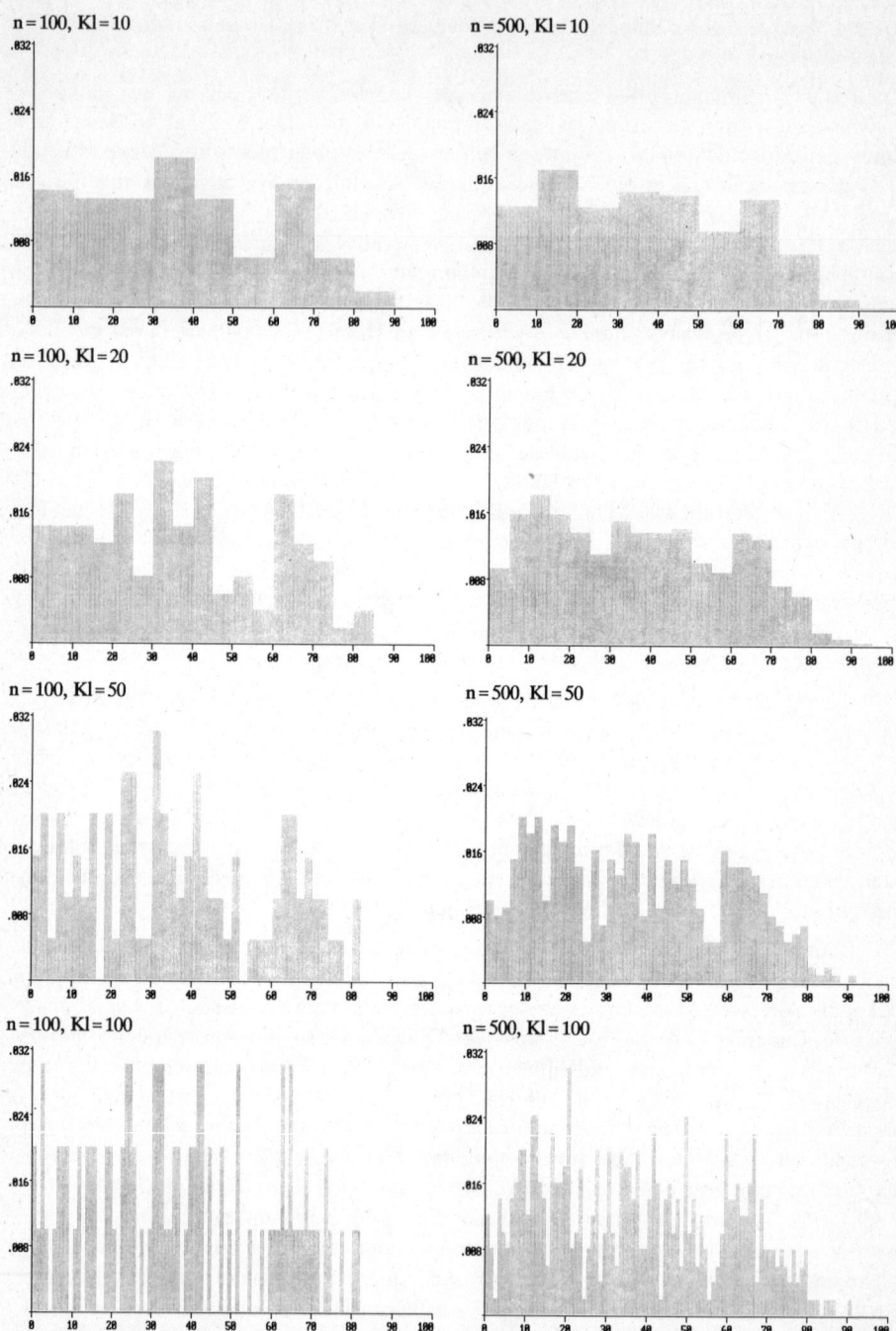

Abbildung 2.9: Histogramme mit wachsender Klassenanzahl (in den Spalten) und wachsender Stichprobengröße (in den Zeilen).

Altersverteilung in einer Stichprobe

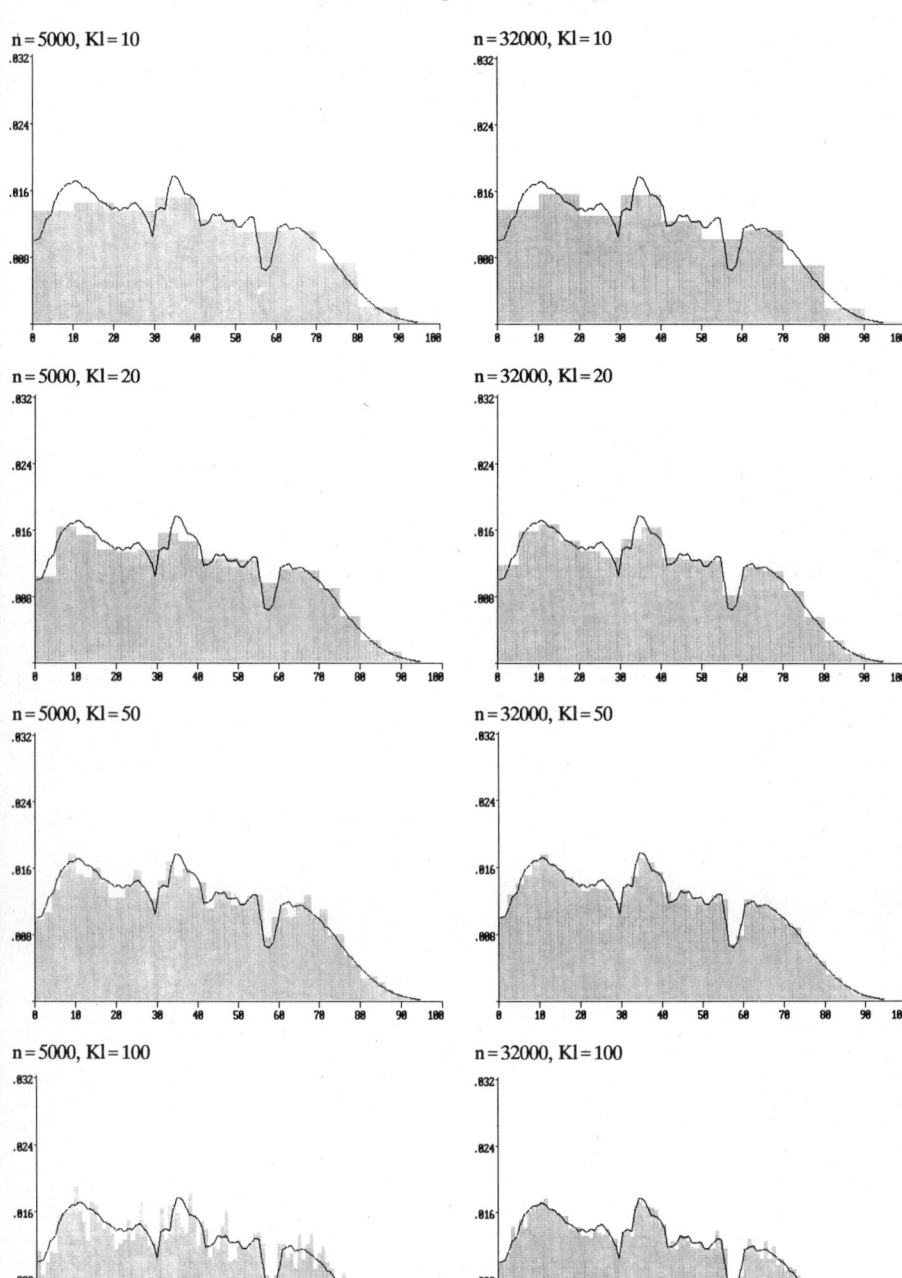

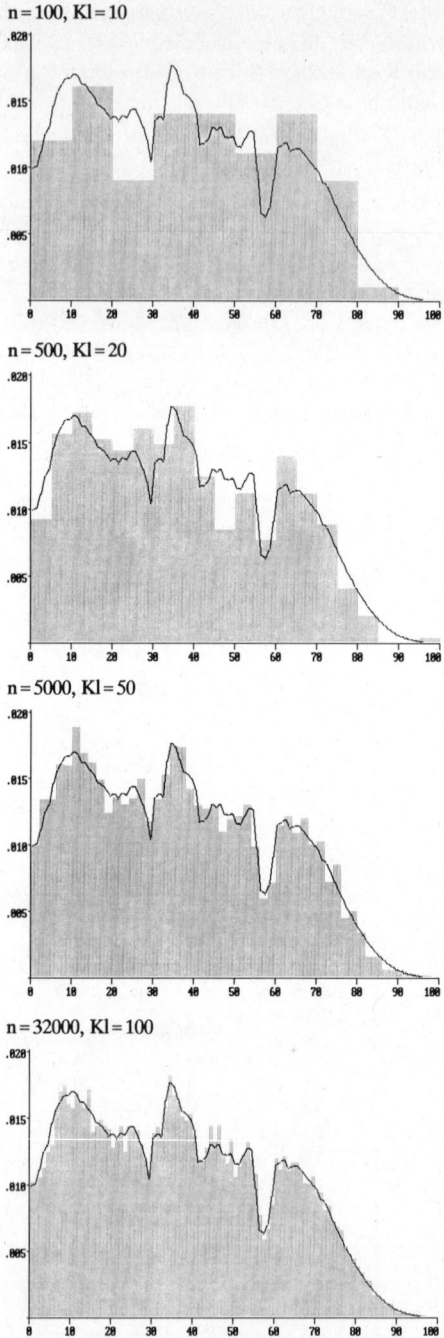

Abbildung 2.10: Histogramme mit wachsender Klassenanzahl zu Stichproben mit wachsender Größe.

Altersverteilung in einer Stichprobe

Die schon früher gestellte Frage nach einer sinnvollen Klassenanzahl wurde bisher noch nicht endgültig beantwortet. Wir haben wohl Abbildung 2.9 längs der Diagonalen betrachtet. Dabei wurde mit wachsendem Stichprobenumfang n die Anzahl Kl der Klassen größer. Als Faustregel kann man sagen, daß man für Kl$\approx\sqrt{n}$ meistens gute Histogramme erhält. Dabei ist eine etwas kleinere ($<\sqrt{n}$) Anzahl meistens besser als eine größere.

Eine andere Möglichkeit, aus der Stichprobe Schlüsse zu ziehen, besteht darin, aus den Daten sogenannte *Kennzahlen*, das sind Zahlen, die die Stichprobe kennzeichnen, zu berechnen. Zwei solcher Kennzahlen werden im Programm ALTER für jede Stichprobe angegeben, der *Mittelwert* und die *Standardabweichung*. Der Mittelwert ist die Summe aller beobachteten Werte, dividiert durch die Anzahl der Werte, und beschreibt als "mittlerer Wert" die *Lage* der Daten. Die Standardabweichung ist die Quadratwurzel aus der mittleren quadratischen Abweichung, d.h. der Summe der quadratischen Abweichungen der Werte in der Stichprobe vom Mittelwert, dividiert durch den Stichprobenumfang. Somit ist die Standardabweichung als "mittlerer Abstand" ein Maß für die *Streuung* der Daten (L/Z1, S.43) und gibt uns an, wie stark die Daten von ihrem mittleren Wert abweichen.

n = 10		n = 100	
$\bar{x}$	s	$\bar{x}$	s
21.30	22.61	41.84	22.02
39.70	21.46	37.16	23.02
36.70	27.16	35.64	20.26
36.60	19.87	37.55	23.73
37.00	24.27	37.24	21.45
39.60	26.09	34.96	22.21
36.70	26.89	37.91	21.77
38.00	21.68	40.24	23.14
51.00	21.25	41.78	21.77
38.80	25.90	38.16	23.17
53.00	18.99	37.95	20.76
52.40	21.09	36.41	21.02
28.50	21.43	36.93	21.39
39.70	23.45	39.47	21.71
27.90	19.30	38.41	22.32
43.80	25.43	35.97	21.60
52.00	24.75	38.56	23.64
45.70	16.43	35.40	21.96
33.10	20.87	39.53	24.04
39.90	24.97	35.54	21.77
42.10	23.94	36.05	23.68
39.90	19.73	37.53	22.19
39.00	19.75	40.72	23.45
22.50	19.68	42.01	22.82
43.20	23.30	34.49	20.95
31.10	14.22	34.04	20.55
39.00	20.58	36.79	21.08
35.10	23.76	34.09	22.05
41.00	24.45	39.42	24.82
47.90	15.40	34.84	23.32

<u>Tabelle 2.1</u>: Mittelwerte und Standardabweichungen in 30 Stichproben

Wir haben je 30 Stichproben der Größe 10 und 100 gezogen. Die Mittelwerte und die Standardabweichungen stehen in Tabelle 2.1. Man sieht sofort, daß die Mittelwerte und Standardabweichungen in den Stichproben für jede Stichprobe verschieden sind. Wie man auch den bloßen Zahlen schon entnehmen kann, ist die Variation von Stichprobe zu Stichprobe für n = 10 wesentlich stärker als für n = 100. *Mittelwert und Standardabweichung in der Stichprobe* hängen also von der jeweiligen zufälligen Stichprobe ab, *sind* selbst *wieder Zufallsvariablen* mit einer eigenen Verteilung (L/Z1, S.71). Um uns dies zu verdeutlichen, haben wir mit dem Programm STETIG Histogramme zeichnen lassen (siehe Abbildungen 2.11 und 2.12).

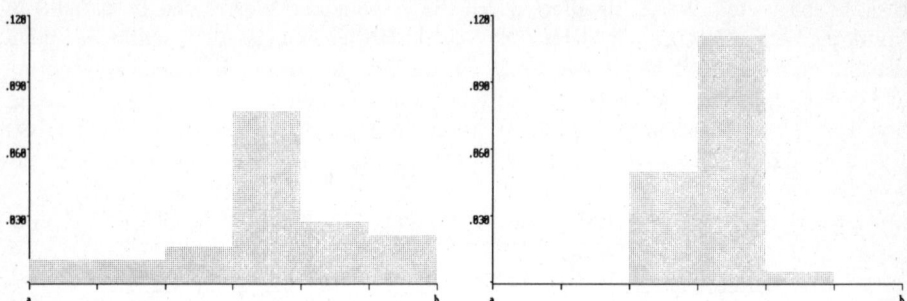

<u>Abbildung 2.11:</u> Histogramm der Mittelwerte in 30 Stichproben der Größe n = 10 und n = 100 (a = 18, b = 54).

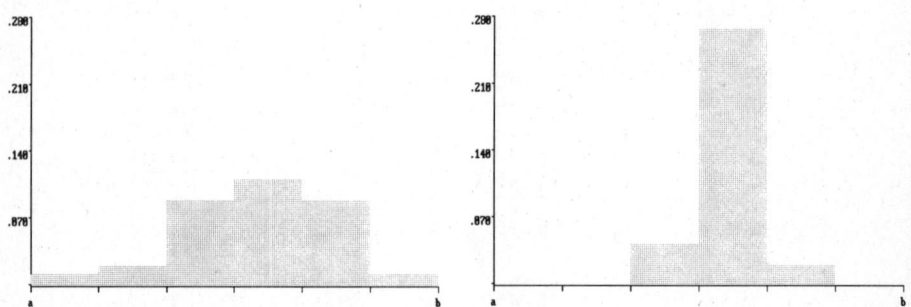

<u>Abbildung 2.12:</u> Histogramm der Standardabweichungen in 30 Stichproben der Größe n = 10 und n = 100 (a = 12, b = 30).

Die Histogramme für n = 10 sind wesentlich flacher und breiter, für n = 100 sind sie schmaler und höher. Darin kommt zum Ausdruck, was wir den Daten schon mit bloßem Auge angesehen haben, daß sie nämlich für n = 10 wesentlich stärker variieren, für n = 100 liegen sie näher zusammen. Mit Histogrammen dieser Art für den Mittelwert in Stichproben aus der Altersverteilung werden wir uns im Programm ALTMIHI näher befassen.

Wir hatten oben gesagt, daß man sich von Daten in einer Stichprobe ein Bild machen kann, indem man sich Histogramme zeichnet oder Kennzahlen berechnet. Wir hatten dann für jeweils 30 Stichproben der Größen n = 10 und n = 100 die beiden Kennzahlen Mittelwert und Standardabweichung in der Stichprobe berechnet und uns dann von der Verteilung dieser ja wieder zufälligen Kennzahlen ein Bild gemacht durch die Histogramme in den Abbildungen 2.11 und 2.12. Genauso gut kann man sich von diesen je 30

Mittelwerten bzw. Standardabweichungen in den Stichproben wieder Kennzahlen berechnen. Wir haben dies mit dem Programm STETIG getan (siehe Tabelle 2.2).

Die Tabelle 2.2 enthält also z.B. in der 3. Zeile den Mittelwert der 30 Mittelwerte bzw. 30 Standardabweichungen in den Stichproben. Den Werten Minimum und Maximum kann man schon entnehmen, daß die Werte für n=10 wesentlich stärker schwanken als für n=100. Noch deutlicher kommt es aber in den drei Kennzahlen Varianz, Standardabweichung und Spannweite zum Ausdruck. Alle drei Kennzahlen sind nämlich ein Maß für die Streuung, und sie sind für n=100 wesentlich kleiner als für n=10. Diese Kennzahlen werden ausführlicher beim Programm STETIG besprochen. Für die Definition der Kennzahlen sei auch auf L/Z1, S.43 verwiesen.

	Mittelwert		Standardabw.	
n	10	100	10	100
Minimum	21.30	34.04	14.22	20.26
Maximum	53.00	42.01	27.16	24.82
Mittelwert	39.07	37.55	21.96	22.25
Median	39.30	37.39	21.57	22.04
Varianz	60.75	5.14	10.33	1.27
Standardabweichung	7.79	2.27	3.21	1.13
Spannweite	31.70	7.97	12.94	4.56

<u>Tabelle 2.2</u>: Kennzahlen für die Stichproben der Mittelwerte und Standardabweichungen

Um sich ein Bild von der Stärke der Variation in Abhängigkeit von der Stichprobengröße zu machen, kann man sich zu verschiedenen Stichprobengrößen jeweils mehrere Stichproben ziehen und die Mittelwerte in einem x,y-Koordinatensystem gegen die Stichprobengröße abtragen. Das Programm SAWO macht dies automatisch. Wir gehen hier deshalb nicht näher darauf ein. Es sei aber trotzdem als einprägsame Übung empfohlen.

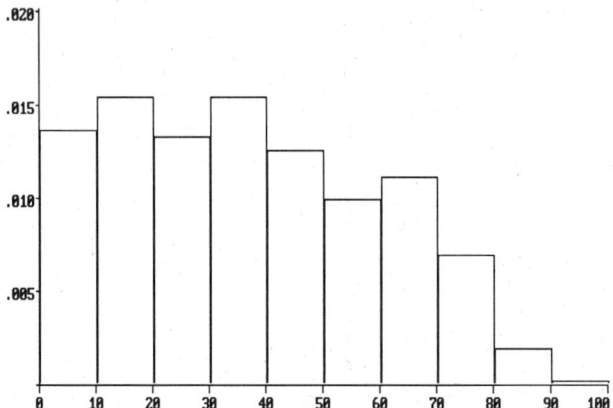

<u>Abbildung 2.13</u>: Histogramm der Totalerhebung mit 10 Klassen.

Wir wollen jetzt mit dem Programmpunkt 3) Histogramme einer Totalerhebung betrachten. Wie es das Wort "Totalerhebung" sagt, befragen wir jetzt nicht mehr einen Teil der Bevölkerung, sondern die Gesamtheit aller Bewohner nach ihrem Alter. Für jedes Altersjahr sind uns die Zahlen bekannt und im Rechner gespeichert. Genau wie für eine Stichprobe wird dann ein Histogramm der in der Totalerhebung erhaltenen Daten gezeichnet. Abbildung 2.13 zeigt uns ein Histogramm der Totalerhebung für Kl = 10 Klassen. Zeichnen wir erneut ein Histogramm der Totalerhebung, so sieht das selbstverständlich genau gleich aus. Wir setzen dabei natürlich voraus, daß die Totalerhebung genau zum gleichen Zeitpunkt durchgeführt wird und keine Fehler in der Datenerhebung auftreten.

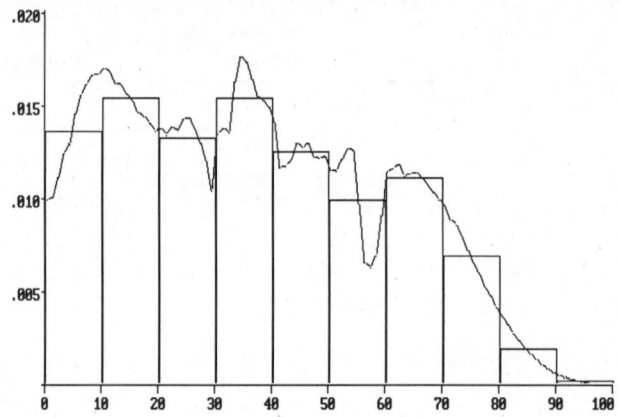

Abbildung 2.14: Histogramm der Totalerhebung mit 10 Klassen mit bekannter Altersverteilung.

In Abbildung 2.14 haben wir die bekannte Altersverteilung über das Histogramm der Totalerhebung gezeichnet. Man kann das Histogramm der Totalerhebung auffassen als Approximation der wahren Verteilung. Diese Approximation ist mit einem Fehler verbunden, wie uns die Abweichungen zwischen der "Treppenkurve" der Histogramme und der wahren Alterskurve zeigen. Linhart und Zucchini (siehe L/Z1, S.67 oder L/ZMS) nennen diese Abweichungen Diskrepanz durch Approximation, für die natürlich noch ein geeignetes Maß gefunden werden muß. Wir wollen uns hier jedoch mit der bloßen Anschauung begnügen.

Abbildung 2.15 zeigt uns, daß die Diskrepanz durch Approximation mit wachsender Klassenanzahl abnimmt. Wenn wir mehr Klassen nehmen, ist unsere "Treppenkurve", die zum Histogramm der Totalerhebung gehört, flexibler. Wir kommen näher an das wahre Modell, das hier ausnahmsweise bekannt ist, heran.

In Abbildung 2.16 sehen wir das Histogramm der Totalerhebung zusammen mit dem Histogramm einer Stichprobe der Größe n = 100. Wir wollen betonen, daß das Histogramm der Totalerhebung bei fester Klassenanzahl immer dasselbe ist. Es wird nur wegen der variablen Höhe der Stichprobenhistogramme gelegentlich in anderen Maßstäben dargestellt. Wir können daher das Histogramm der Stichprobe auffassen als Schätzung des Histogramms der Totalerhebung. Wenn eine Totalerhebung vorliegt, ist das natürlich nicht nötig. Haben wir jedoch keine Totalerhebung vorliegen, so zeigt uns das Histogramm der Stichprobe, wie ein entsprechendes Histogramm einer Totalerhebung aussehen könnte.

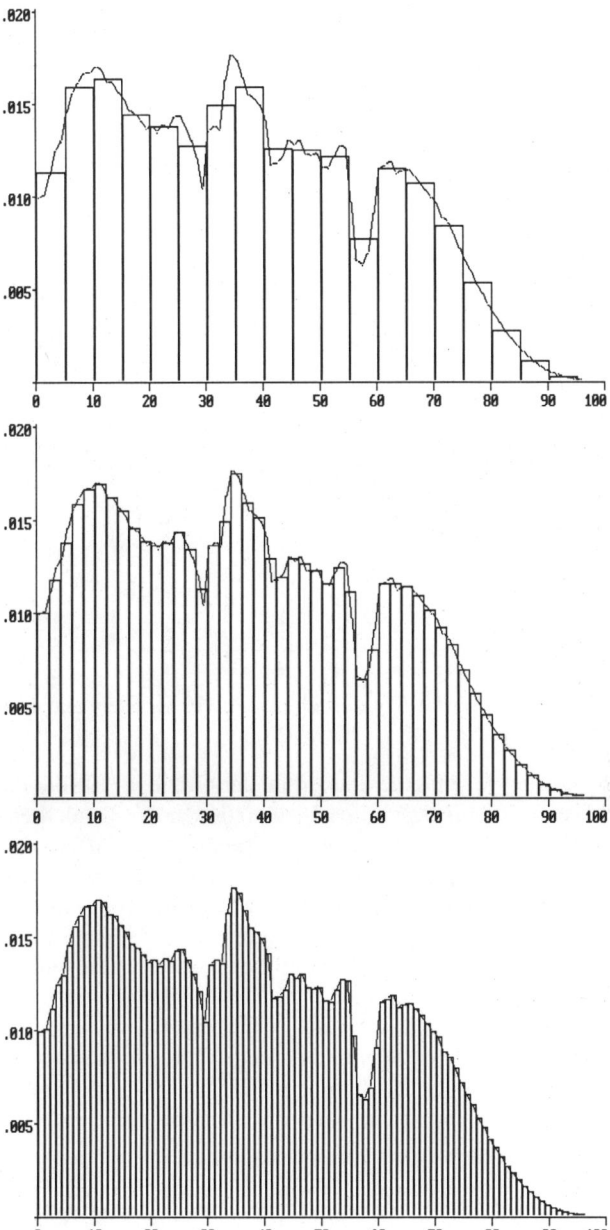

Abbildung 2.15: Histogramme der Totalerhebung mit 20, 50 und 100 Klassen, jeweils mit bekannter Altersverteilung.

Wie wir an Abbildung 2.16 sehen, weicht das Histogramm der Stichprobe in der Regel vom Histogramm der Totalerhebung ab. Wir machen also beim Schätzen des Histogramms der Totalerhebung durch das Histogramm der Stichprobe einen Fehler, der von Linhart und Zucchini als Diskrepanz durch Schätzung bezeichnet wird (siehe L/Z1, S.67 oder L/ZMS). In unserem Beispiel sind die Höhen der einzelnen Histogrammrechtecke der Totalerhebung zu schätzen, das sind Kl (=Anzahl der Klassen) Größen, die man auch als Parameter bezeichnet. Diese geschätzte Höhe hatten wir weiter oben schon als "relative Häufigkeit/Klassenbreite" bestimmt. Da die Summe aller relativen Häufigkeiten gleich 1 sein muß, ist der letzte Parameter schon durch die übrigen Kl-1 Parameter bestimmt. Man spricht dann bei dem Histogramm der Stichprobe mit Kl Klassen von einem Modell der in der Regel unbekannten Verteilung mit Kl-1 freien Parametern.

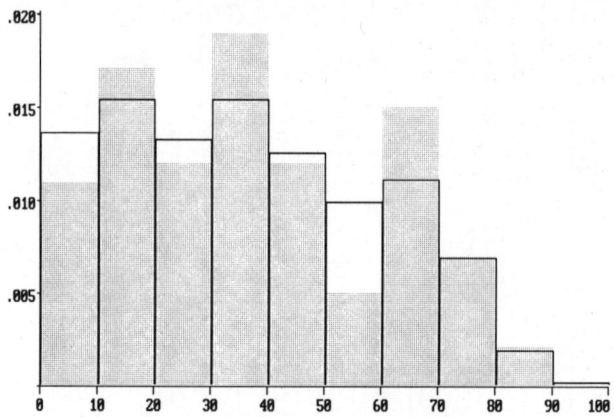

Abbildung 2.16: Histogramm der Totalerhebung mit 10 Klassen und Histogramm einer Stichprobe der Größe n=100.

In Abbildung 2.17 zeigen wir für eine Stichprobe der Größe n=100 die Histogramme mit 10, 20 und 50 Klassen zusammen mit den Histogrammen der Totalerhebung. Wir sehen daran, daß die Diskrepanz durch Schätzung bei festem Stichprobenumfang in der Regel mit wachsender Klassenanzahl, d.h. steigender Anzahl der Parameter, zunimmt. Der Leser überzeuge sich mit Hilfe des Programms, daß das auch für andere Stichprobenumfänge zutrifft. Es sei daran erinnert, daß die Diskrepanz durch Approximation mit wachsender Parameterzahl abnimmt. Bei der Wahl der Klassenanzahl sind beide Fehler zu berücksichtigen. Es ist also ein Kompromiß zu finden zwischen der mit wachsender Parameterzahl ansteigenden Diskrepanz durch Schätzung und der abnehmenden Diskrepanz durch Approximation. Es bleibt noch zu untersuchen, wie sich die Diskrepanz durch Schätzung verhält, wenn man den Stichprobenumfang vergrößert. Die Diskrepanz durch Approximation hängt bekanntlich nicht von der Stichprobengröße ab.

In Abbildung 2.18 wächst der Stichprobenumfang in den Spalten bei konstanter Klassenanzahl Kl=10 bzw. 50. Wir sehen daran, daß die Diskrepanz durch Schätzung bei konstanter Parameterzahl mit wachsendem Stichprobenumfang in der Regel abnimmt. Dies erklärt, warum man bei größeren Stichprobenumfängen auch zu größeren Klassenanzahlen übergehen darf (siehe Abbildung 2.9, die wir längs der Diagonalen betrachtet haben). Die Zunahme der Diskrepanz durch Schätzung wegen der höheren Klassenanzahl wird durch die Abnahme der Diskrepanz durch Schätzung aufgrund des größeren Stichprobenumfangs und die Abnahme der Diskrepanz durch Approximation wegen der höheren Klassenanzahl kompensiert.

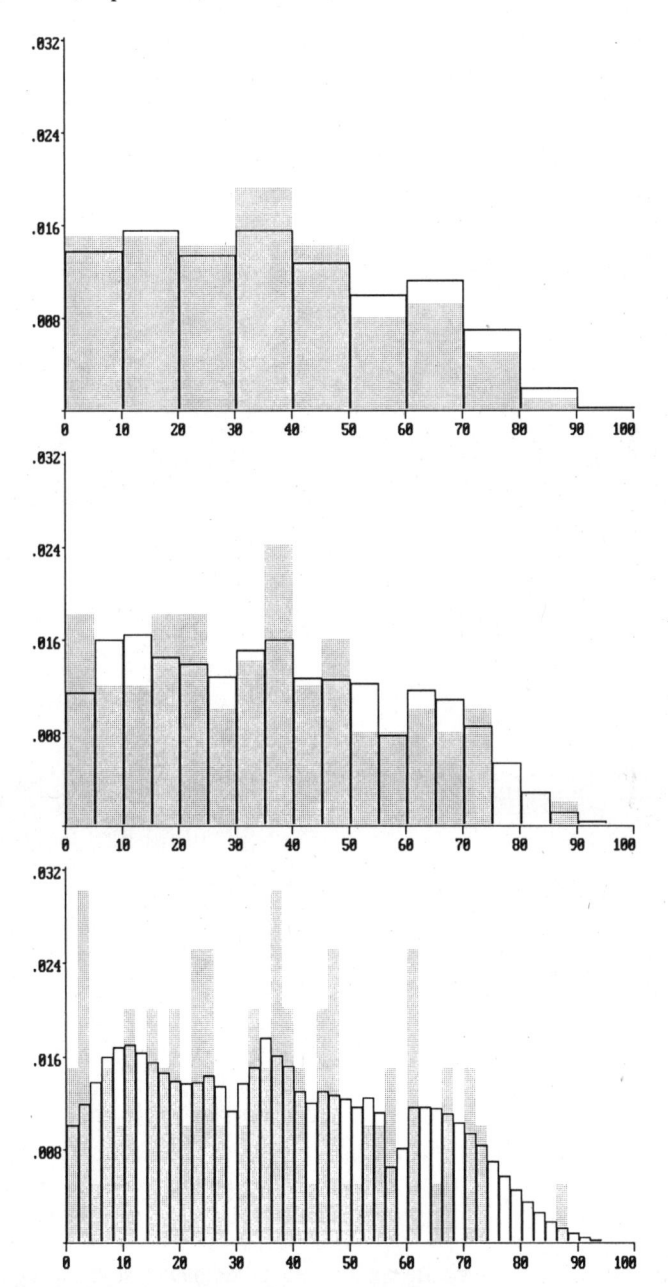

Abbildung 2.17: Histogramme einer Stichprobe der Größe n = 100 mit 10, 20 und 50 Klassen zusammen mit den Histogrammen der Totalerhebung.

n = 100

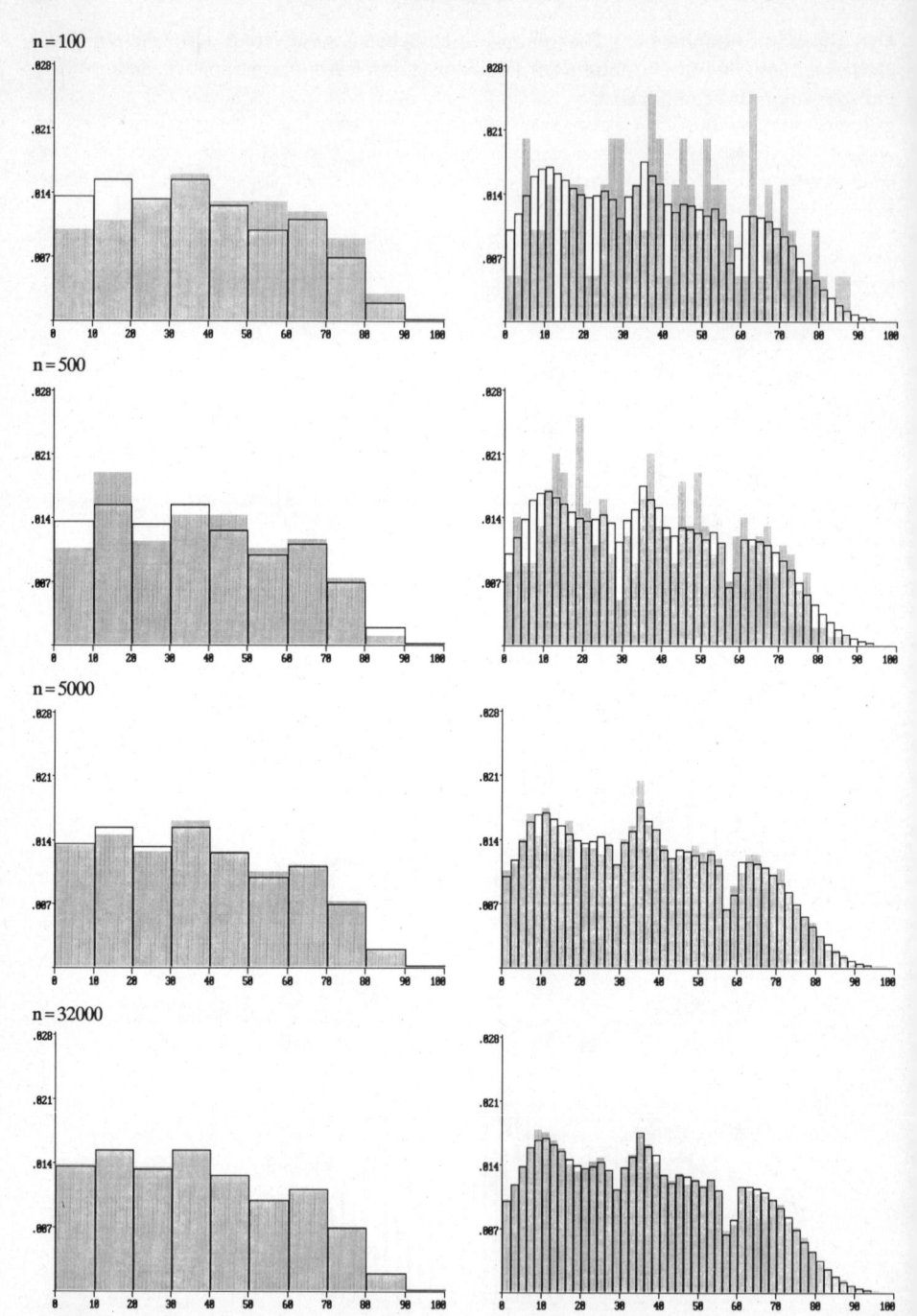

n = 500

n = 5000

n = 32000

Abbildung 2.18: Histogramme zu Stichproben mit zunehmendem Stichprobenumfang bei 10 und 50 Klassen zusammen mit den Histogrammen der Totalerhebung.

Der Statistiker hat also bei der Wahl der Klassenanzahl für ein Histogramm und später ganz allgemein bei der Wahl eines Modells für seine vorliegenden Daten beide Diskrepanzen zu berücksichtigen. Die Gesamtdiskrepanz, d.h. die Abweichung des Histogramms einer Stichprobe von der wahren Verteilung, die wir am Anfang dieses Kapitels zunächst betrachtet haben, setzt sich aus diesen beiden Diskrepanzen zusammen. Dies sind die Ideen der von Linhart und Zucchini entwickelten Modellauswahl, für deren Formalisierung auf L/ZMS verwiesen werden muß.

3. ALTMIHI

A: Programmbeschreibung

Kurzbeschreibung:

Es werden k Stichproben der Größe n aus der Altersverteilung der Bevölkerung der Bundesrepublik Deutschland im Jahre 1974 gezogen.

Für jede Stichprobe wird der Mittelwert in der Stichprobe berechnet, und es wird ein Histogramm dieser Mittelwerte gezeichnet.

Menü:

Simulation	==> 1
Histogramm	==> 2
Daten abspeichern	==> 3
Kurzbeschreibung	==> 4
Programmende	==> 9

3.1 Simulation

Eingabe: Umfang n der Stichproben (n≤10000)

Eingabe: Anzahl k der Stichproben (k≤10000)

Ausgabe der Mittelwerte (siehe Abbildung 3.1)

```
Programm: ALTMIHI        | Simulation |

n = 100   k = 100   µ = 37.268   σ/√n = 2.246

Die ersten 60 Mittelwerte :

 Nr    x̄  | Nr    x̄  | Nr    x̄  | Nr    x̄  | Nr    x̄  | Nr    x̄
  1  39.81 | 11  35.92 | 21  34.65 | 31  40.61 | 41  37.19 | 51  38.89
  2  41.72 | 12  39.04 | 22  36.07 | 32  33.55 | 42  41.87 | 52  37.88
  3  36.58 | 13  33.38 | 23  33.18 | 33  34.43 | 43  33.88 | 53  34.13
  4  37.49 | 14  40.97 | 24  41.78 | 34  36.42 | 44  36.58 | 54  40.18
  5  34.52 | 15  38.58 | 25  35.58 | 35  40.24 | 45  37.79 | 55  38.69
  6  37.36 | 16  40.13 | 26  34.87 | 36  36.11 | 46  36.30 | 56  35.58
  7  39.51 | 17  37.82 | 27  39.11 | 37  38.54 | 47  40.19 | 57  38.89
  8  34.24 | 18  35.23 | 28  35.92 | 38  39.43 | 48  34.79 | 58  34.88
  9  32.36 | 19  35.88 | 29  38.05 | 39  39.30 | 49  35.76 | 59  39.02
 10  36.70 | 20  35.95 | 30  37.37 | 40  37.59 | 50  37.08 | 60  37.95

Anzahl Stichproben : 100
```

<u>Abbildung 3.1:</u> Ausgabe der ersten 60 Mittelwerte in Stichproben der Größe 100

Die Mittelwerte in den Stichproben werden angezeigt (für k>60 nur die ersten 60 Mittelwerte). In der Hinweiszeile werden neben n und k noch μ (= bekannter Mittelwert in der Grundgesamtheit) und $\sigma/\sqrt{n}$ (bekannte Standardabweichung von $\bar{x}$) angegeben.

Histogramm der Mittelwerte

"Anzahl Stichproben" in der untersten Zeile des Arbeitsfeldes gibt an, wie viele Stichproben schon gezogen wurden. Das Ziehen der Stichproben kann mit der ESC-Taste abgebrochen werden, falls es zu lange dauern sollte. Das Histogramm kann dann für die bereits berechneten Mittelwerte gezeichnet werden.

3.2 Histogramm (>1)

Eingabe des Intervalls, über dem das Histogramm gezeichnet werden soll

Für das Intervall werden 8 Möglichkeiten angeboten: [0,100], [5,70], [10,65], ..., [30,45], [35,40]. Um zu sehen, wie breit das Histogramm wird, betrachte man das Histogramm zunächst über dem größten Intervall [0,100]. Nach einiger Übung kann man sich aber auch an den Werten von $\sigma/\sqrt{n}$ orientieren, die in der Parameterzeile stehen. Um Histogramme (etwa zu verschiedenen Stichprobenumfängen) vergleichen zu können, müssen sie unbedingt über demselben Intervall gezeichnet werden. Außerdem müssen die Höhenfaktoren übereinstimmen (siehe Eingabe: Höhenfaktor).

Eingabe: Anzahl Kl der Klassen für das Histogramm

Zulässige Werte: Alle Teiler von 600 (= Anzahl der zur Verfügung stehenden Bildschirmpunkte), jedoch mindestens 2 und höchstens 150.

Eingabe: Höhenfaktor

Der Höhenfaktor bestimmt die Höhe des Histogramms auf dem Bildschirm. Der für die gewählte Klasseneinteilung und die Intervallgrenzen maximal mögliche Höhenfaktor wird angegeben und als Eingabewert vorgegeben. Um Histogramme vergleichen zu können (etwa zu verschiedenen Stichprobenumfängen), müssen das ausgewählte Intervall und der Höhenfaktor übereinstimmen.

Ausgabe des Histogramms (siehe Abbildung 3.2)

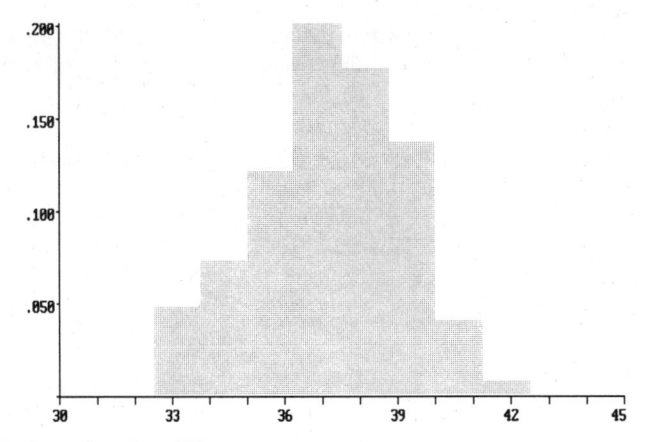

Abbildung 3.2: Ausgabe eines Histogramms

Der Stichprobenumfang n, die Anzahl der Stichproben k, die Klassenanzahl kl und der Höhenfaktor ho werden jeweils über dem Bild angegeben. In der Skala am linken Bildschirmrand werden die Werte "relative Häufigkeit/Klassenbreite" angegeben. Diese Werte sind also relative Häufigkeiten für Klassen der Breite 1.

3.3 Daten abspeichern (>1)

Dieser Programmpunkt wurde aufgenommen, um Daten aus diesem Programm auch mit anderen Programmen (z.B. STETIG) untersuchen zu könnnen.

B: Übungen

1.) Machen Sie sich mit dem Programm vertraut, indem Sie alle möglichen Größen variieren. Überlegen Sie sich, welchen Einfluß die Größen n und k auf die Gestalt der Histogramme bzw. auf die Aussagefähigkeit dieser Bilder haben.

2.) Ziehen Sie je k=1000 Stichproben der Größe n=10, 50, 100, 200, 500 und 1000. Lassen Sie sich Histogramme zeichnen und versuchen Sie, diese möglichst im gleichen Maßstab darzustellen, d.h. mit gleichen Intervallgrenzen und mit gleichem Höhenfaktor. Wie ändern sich Breite und Höhe der Histogramme mit wachsendem Stichprobenumfang?

3.) Ziehen Sie je k=10, 100, 1000 Stichproben der Größe n=10, 50, 100, 200, 500 und 1000. Speichern Sie die Daten jeweils in einer Datei, und berechnen Sie mit dem Programm STETIG Kennzahlen. Wie drückt sich die Veränderung der Histogramme in diesen Kennzahlen aus?

4.) Ziehen Sie zu verschiedenen Stichprobengrößen möglichst viele Stichproben, und vergleichen Sie die Breite der Histogramme mit der im Programm angegebenen Standardabweichung $\sigma/\sqrt{n}$. Geben Sie eine grobe Faustregel an, wie man aus dieser Breite ungefähr die Standardabweichung der Mittelwerte in den Stichproben schätzen kann.

C: Lernziele

Wir hatten uns schon in der Beschreibung zum Programm ALTER Histogramme der Mittelwerte und Standardabweichungen in Stichproben aus der Altersverteilung angesehen. Dort hatten wir die Mittelwerte und Standardabweichungen notiert und dann per Hand mit dem Programm STETIG wieder eingegeben. Das Programm ALTMIHI macht dies nun für die Mittelwerte automatisch. Wir hatten bereits festgestellt, *daß die Mittelwerte und* auch die *Standardabweichungen in Stichproben* aus der Altersverteilung und natürlich auch aus jeder anderen Verteilung wieder *Zufallsvariablen sind und eine eigene Verteilung haben*. Mit der Verteilung der Mittelwerte in Stichproben aus der Altersverteilung wollen wir uns jetzt befassen.

Zunächst wollen wir uns die Bedeutung der Größen n und k klarmachen. Wir hatten im Programm ALTER festgestellt, daß die Form der Histogramme mit wachsender Anzahl der Beobachtungen (dort Stichprobenumfang) sich auf eine endgültige Form einpendelt, die uns dann ein "Bild" von der vorliegenden Verteilung vermittelt. Wenn wir also ein gutes Bild von der Verteilung der Mittelwerte gewinnen wollen, so sollte es doch möglichst nah an dieser endgültigen Gestalt liegen, d.h. die Anzahl der Werte, von denen wir ein Histogramm zeichnen, sollte möglichst groß sein. Die Anzahl dieser Werte ist in diesem Programm die Anzahl der Mittelwerte, d.h. die Anzahl der Stichproben k. Wie wir schon vom Programm ALTER wissen, bekommen wir keine vernünftigen Histogramme, wenn wir nur 10 oder 20 Werte zur Verfügung haben. In diesem Programm sind uns jedoch durch die Rechenzeit gewisse Grenzen gesetzt. Für k=1000 bekommt man sehr gute Histogramme (auch noch bei Stichprobenumfängen von n=1000 in akzeptabler Rechenzeit). Die Histogramme für k=10000 unterscheiden sich nur noch geringfügig von denen für k=1000, so daß wir uns hier mit k=1000 begnügen werden. Wir können dann einigermaßen sicher sein, daß wir ein möglichst gutes Bild von der uns interessierenden Verteilung der Mittelwerte bekommen, so daß wir dann die Veränderung dieser Verteilung mit wachsendem Stichprobenumfang n studieren können.

Der Stichprobenumfang n ist die Anzahl der Beobachtungen in jeder einzelnen Stichprobe, also die Anzahl der Werte, über die der Mittelwert jeweils gebildet wird. Es ist wohl intuitiv klar, daß ein Mittelwert genauer ist, wenn ich von vielen Werten (etwa 1000) einen Mittelwert bilde, als von nur wenigen (etwa 10). Ich kann natürlich mit meiner kleinen Stichprobe auch Glück haben und den wahren Mittelwert eventuell genauer als mit einer großen Stichprobe treffen. Aber langfristig ist doch das Gegenteil zu erwarten. Um dies zu erkennen, wiederholen wir die Bildung der Mittelwerte möglichst oft (k-mal), zeichnen uns jeweils ein Histogramm dieser k Mittelwerte und können dann entscheiden, mit welchem Stichprobenumfang wir günstiger liegen.

Zunächst muß aber noch etwas zu der Anzahl der Klassen gesagt werden. Wir hatten doch schon im Programm ALTER bemerkt, daß wir ein wenig glaubhaftes Bild von den vorliegenden Daten bekommen, wenn wir die Anzahl der Klassen zu groß wählen. Wir könnten dann aus den Daten Informationen herauslesen, die sie in Wirklichkeit nicht enthalten. Andererseits möchte man natürlich auch nichts verschenken und all das, was die Daten tatsächlich an Information enthalten, auch herausholen. Wir empfehlen hier als Kompromiß, für die Anzahl der Klassen Kl ungefähr die Wurzel aus der Anzahl der Stichproben (= Anzahl der Mittelwerte) $\sqrt{k}$ zu verwenden. Dabei sollte man auch das Intervall berücksichtigen, über dem das Histogramm gezeichnet wird. Sind die Intervallgrenzen so gewählt, daß viele Klassen unbesetzt sind, etwa weil man Histogramme zu verschiedenen Stichprobenumfängen vergleichen will, so kann man natürlich die Anzahl der Klassen erhöhen, denn diese gilt ja für das ganze Intervall.

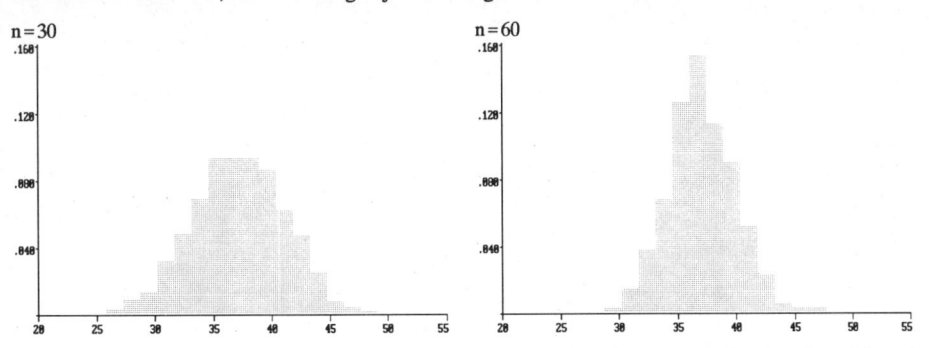

Abbildung 3.3: Histogramme zu je 1000 Mittelwerten in Stichproben der Größen 30 und 60

Bei der Betrachtung der Histogramme (siehe Abbildung 3.3) fällt sofort die Gestalt auf. Sie sind annähernd symmetrisch um einen mittleren Wert, haben bei diesem mittleren Wert ihre höchste Teilfläche und fallen dann zu beiden Seiten ungefähr gleichmäßig ab. Die Histogramme haben Ähnlichkeit mit der Dichtefunktion der Normalverteilung, der sogenannten Gauss'schen Glockenkurve. Man kann sich wohl vorstellen, daß man so eine Glockenkurve über das Histogramm legen kann (wir werden das im Programm STAL-MIHI tun) und daß diese Glockenkurve ungefähr mit der endgültigen Form der Histogramme übereinstimmt. Mit anderen Worten ausgedrückt würde das bedeuten, daß die Mittelwerte in Stichproben aus der Altersverteilung annähernd normalverteilt sind.

Mit Hilfe der gut bekannten Normalverteilung könnten wir dann über die Verteilung der Mittelwerte auf einfache Art Aussagen gewinnen. Nun ist dies in der Tat richtig. Es gibt in der Theorie einen allgemein gültigen Satz, der als *zentraler Grenzwertsatz* bezeichnet wird und der besagt, daß die Verteilung der Mittelwerte in Stichproben mit wachsendem Stichprobenumfang gegen eine Normalverteilung konvergiert. Man kann dann für hinreichend große Stichprobenumfänge die Normalverteilung als Annäherung (Approximation) für die Verteilung der Mittelwerte verwenden. Wie groß der Stichprobenumfang dazu mindestens sein muß, hängt von der zugrundeliegenden Verteilung der Grundgesamtheit ab, also hier von der Altersverteilung. Wie man den Bildern sehr schnell entnehmen kann, haben schon die Histogramme für n=10 annähernd die Gestalt der Normalverteilung. Es ist doch sehr verwunderlich, daß sich aus der Altersverteilung mit ihren vielen Unregelmäßigkeiten (Tälern) und ihrer Schiefe zum Ende hin durch Bildung der Mittelwerte so schnell eine Normalverteilung ergibt. Dies unterstreicht aber die zentrale Bedeutung der Normalverteilung.

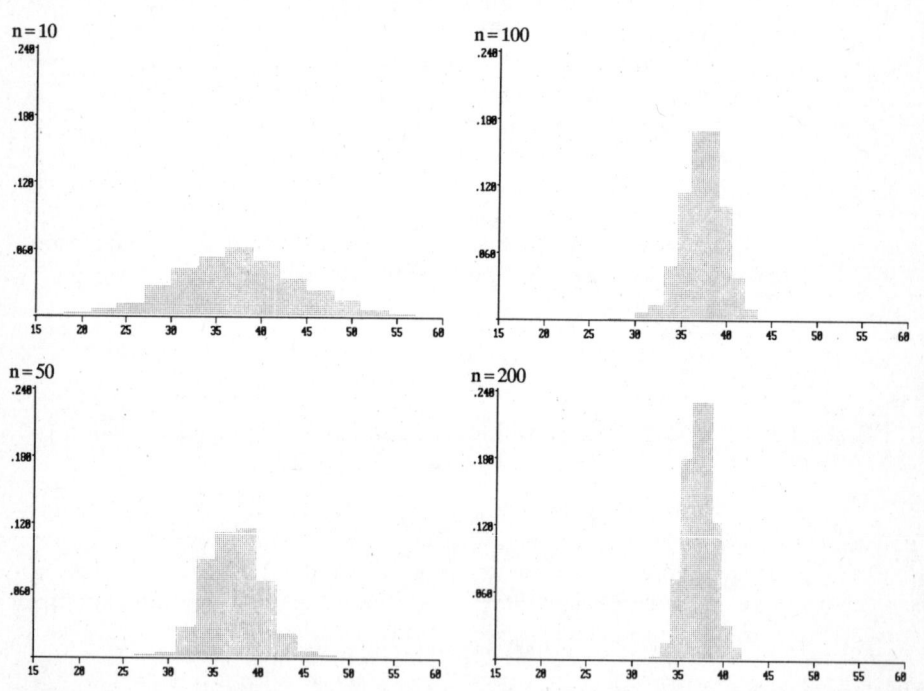

Abbildung 3.4: Histogramme zu je 1000 Mittelwerten in Stichproben der Größen 10, 50, 100 und 200

Wie ändert sich die Form der Histogramme mit wachsendem Stichprobenumfang n? Um hier vergleichen zu können, müssen die Histogramme unbedingt im gleichen Maßstab dargestellt werden, und zwar müssen die Maßstäbe sowohl für die horizontale Achse als auch für die vertikale Achse übereinstimmen, d.h. die Histogramme müssen alle über dem gleichen Intervall gezeichnet werden und mit dem gleichen Höhenfaktor gestreckt werden.

Wie man aus den Histogrammen in den Abbildungen 3.4 und 3.5 ersieht, nimmt mit wachsendem Stichprobenumfang die Breite der Histogramme ab, die Höhe dagegen zu, die Mittelwerte zentrieren sich mehr und mehr um einen Wert. Hier ist dieser eine Wert etwas größer als 37 und stimmt mit dem bekannten Mittelwert in der Grundgesamtheit überein. *Die Streuung der Mittelwerte in den Stichproben* um den "wahren" Mittelwert *nimmt* also *mit wachsendem Stichprobenumfang ab*.

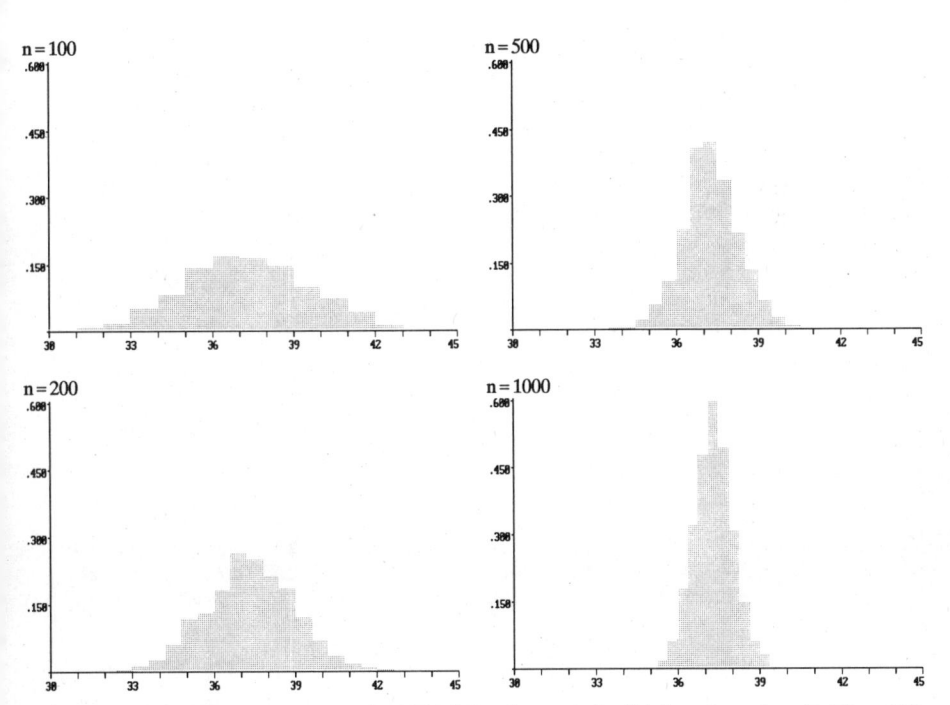

Abbildung 3.5: Histogramme zu je 1000 Mittelwerten in Stichproben der Größen 100, 200, 500 und 1000

Wäre der Mittelwert in der Grundgesamtheit, also in der Altersverteilung der Bundesrepublik Deutschland im Jahre 1974, unbekannt, so könnten wir ihn durch den Mittelwert in einer Stichprobe schätzen, und wir wissen jetzt, daß wir mit wachsendem Stichprobenumfang immer näher an den wahren Wert herankommen. Eigentlich müßten wir etwas genauer sein und sagen, daß mit wachsendem Stichprobenumfang die "Chance", näher an den wahren Wert zu kommen, immer größer wird. Dies schließt Glückstreffer bei kleinen Stichproben nicht aus. Sie sind aber seltener als bei großen.

Die Theorie besagt noch, daß die Approximation der Verteilung der Mittelwerte durch die Normalverteilung mit wachsendem Stichprobenumfang besser wird. Dies ist wegen der unterschiedlichen Breite und Höhe, aufgrund der unterschiedlichen Streuung in unseren Bildern, nur schwer auszumachen. Wir werden diesen Punkt im Programm STALMIHI noch einmal aufgreifen, in dem die unterschiedliche Streuung durch "Standardisieren" der Mittelwerte eliminiert wird.

Beim Programm ALTER haben wir neben der Bildung von Histogrammen als zweite Möglichkeit, aus gegebenen Daten die in ihnen enthaltene Information herauszulesen, die Berechnung von sogenannten Kennzahlen erwähnt. Für verschiedene Werte von k und n haben wir, nachdem wir die Mittelwerte mit dem Programm ALTMIHI abgespeichert haben, mit dem Programm STETIG die Kennzahlen Minimum, Maximum, Mittelwert, Median, Varianz, Standardabweichung und Spannweite berechnen lassen und die Ergebnisse in Tabelle 3.1 geschrieben.

k	n	10	50	100	200	500	1000
10	Min.	29.00	30.08	32.67	34.89	36.70	36.13
	Max.	48.20	45.82	41.88	39.58	38.65	38.72
	Mittel	36.64	37.79	37.54	37.35	37.61	37.43
	Median	36.40	37.52	37.88	37.54	37.56	37.62
	Varianz	35.61	15.83	8.07	2.14	0.29	0.62
	St.Abw.	5.97	3.98	2.84	1.46	0.54	0.79
	Spannw.	19.20	15.74	9.21	4.69	1.95	2.59
100	Min.	20.80	28.98	31.26	34.43	35.16	35.21
	Max.	56.50	49.84	43.03	40.93	39.25	39.48
	Mittel	36.69	36.98	37.29	37.27	37.41	37.34
	Median	36.25	37.28	37.36	37.24	37.42	37.36
	Varianz	45.81	11.43	5.44	1.83	0.87	0.47
	St.Abw.	6.77	3.38	2.33	1.35	0.93	0.68
	Spannw.	35.70	20.86	11.77	6.51	4.08	4.27
1000	Min.	16.30	27.08	29.70	32.06	34.50	35.22
	Max.	60.00	47.74	45.91	42.97	40.66	39.97
	Mittel	37.22	37.30	37.24	37.24	37.28	37.25
	Median	37.30	37.29	37.23	37.26	37.23	37.26
	Varianz	49.97	10.85	4.85	2.38	0.99	0.49
	St.Abw.	7.07	3.29	2.20	1.54	1.00	0.70
	Spannw.	43.70	20.66	16.21	10.91	6.16	4.75
	$\sigma/\sqrt{n}$	7.10	3.18	2.25	1.59	1.00	0.71

Tabelle 3.1: Kennzahlen für die Verteilung der Mittelwerte in Stichproben aus der Altersverteilung für k=10, 100 und 1000 Stichproben der Größen n=10, 50, 100, 200, 500 und 1000

Wie drückt sich alles bisher Gesagte in diesen Kennzahlen aus? Zunächst muß gesagt werden, daß diese Kennzahlen wieder *zufällig* sind. Würde man die Berechnung dieser Kennzahlen mit neuen Stichproben wiederholen, so würde man andere Ergebnisse erhalten.

Wir sehen, daß, abgesehen von einigen zufälligen Ausnahmen, das Minimum für alle Werte von k mit wachsendem n zunimmt, das Maximum dagegen abnimmt und folglich die Differenz aus diesen beiden Werten, die Spannweite, abnimmt. Dadurch kommt schon zum Ausdruck, daß die Streuung mit wachsendem Stichprobenumfang abnimmt.

Wie wir für kleine Anzahlen von Stichproben mit Hilfe der Histogramme nur sehr ungenaue "Bilder" von der tatsächlichen Verteilung bekommen, so ist auch zu erwarten, daß die Berechnung eines Mittelwertes oder Medians aufgrund von 10 oder 100 Daten schlechter ausfallen wird als aufgrund von 1000 Daten. Dies spiegelt sich auch in der Tabelle wider. Der bekannte Mittelwert in der Grundgesamtheit ist $\mu = 37.268$. Die Mittelwerte und Mediane für $k=1000$ liegen näher an diesem Wert als die für $k=10$ und $k=100$, wobei sie in der Tendenz mit wachsendem n besser werden. Das ist nur verständlich, denn die Mittelwerte in der obigen Tabelle sind ja Mittelwerte über jeweils k Mittelwerte aus Stichproben der Größe n, also eigentlich ein Mittelwert aus nk Werten.

Entsprechend ist zu erwarten, daß die Berechnungen der Varianz und Standardabweichung für $k=1000$ "besser" sind als für $k=10$ und $k=100$. Auf jeden Fall gilt für jeden Wert von k, daß Varianz und Standardabweichung mit wachsendem Stichprobenumfang abnehmen. Hierin drückt sich aus, daß die Streuung der Werte um ihren Mittelwert mit wachsendem n abnimmt. Bei den Histogrammen konnten wir dies an ihrer Breite sehen.

Da die Altersverteilung bekannt ist, ist es möglich, die Varianz und die Standardabweichung dieser Verteilung zu berechnen. Da die Varianz nur das Quadrat der Standardabweichung ist, betrachten wir jetzt nur noch die Standardabweichung. Die Standardabweichung in der Grundgesamtheit ist $\sigma = 22.460$. Die Theorie liefert uns auch die Standardabweichung eines Mittelwerts einer Stichprobe vom Umfang n, nämlich $\sigma/\sqrt{n}$. Diese Werte stehen in der untersten Zeile der Tabelle 3.1. Wie man sieht, sind die Werte für $k=1000$ wesentlich näher an diesen von der Theorie gelieferten Werten als die Werte für $k=10$ und $k=100$. Mit wachsender Anzahl der Mittelwerte k konvergiert also die aus den k Mittelwerten berechnete Standardabweichung des Mittelwerts gegen den von der Theorie gelieferten Wert. Dies besagt zum einen, daß die Theorie vernünftig begründet ist, zum anderen, daß man die mit Hilfe der Stichproben berechneten Werte als Schätzer für die von der Theorie gelieferten Werte verwenden kann in Situationen, in denen die theoretischen Werte unbekannt sind, weil die zugrundeliegende Verteilung in der Grundgesamtheit nicht vollständig bekannt ist.

Wir sollten eigentlich deutlich zwischen den theoretischen Werten und ihren Schätzern unterscheiden, also zwischen der Standardabweichung und ihrem Schätzer, den wir z.B. mit dem Programm STETIG berechnen. Da der Platz auf dem Bildschirm begrenzt ist, sagen wir dort nur "Standardabweichung", es ist aber eigentlich ein Schätzer der Standardabweichung. Im Text sagen wir häufig "Standardabweichung in der Stichprobe" und meinen den Schätzer der von der Theorie gelieferten Standardabweichung. Ähnliches gilt für den Mittelwert in Stichproben und den Mittelwert in der Grundgesamtheit, den man, wie wir später sehen werden (siehe Programm ALMI), auch als Erwartungswert bezeichnet. Der wesentliche Unterschied ist, daß die Schätzer Zufallsvariablen mit einer eigenen Verteilung sind, während die theoretischen Werte feste deterministische Zahlen sind.

Mit wachsendem Stichprobenumfang n nimmt also die Breite der Histogramme der Mittelwerte ab, was sich in den Kennzahlen durch ein Abnehmen der geschätzten Standardabweichung der Mittelwerte ausdrückt. Wir wollen jetzt sehen, wie man aus den Histogrammen ganz grob die Standardabweichungen ablesen kann. Dazu sollte man bei den Histogrammen möglichst den maximalen Höhenfaktor verwenden, da es sonst passieren kann, daß die äußeren Histogrammflächen so niedrig sind, daß sie auf dem Bildschirm nicht mehr dargestellt werden. Wir lesen aus den Histogrammen die Breite ab, also die

Differenz aus der oberen Grenze der letzten besetzten Klasse und der unteren Grenze der ersten besetzten Klasse. Wir erhielten die folgenden Ergebnisse:

n	10	50	100	200	500	1000
Breite	44	20	15	10	7	4
$\sigma/\sqrt{n}$	7.10	3.18	2.25	1.59	1.00	0.71

<u>Tabelle 3.2</u>: Vergleich der Histogrammbreite mit der Standardabweichung des Mittelwerts in Stichproben der Größe n

Ganz grob kann man wohl sagen, daß die Breite der Histogramme ungefähr sechsmal so groß ist wie die Standardabweichung des Mittelwerts. Dies ist natürlich nur ein sehr grobes Verfahren, das sich jedoch auch einfach erklären läßt. Wir haben eingangs gesehen, daß die Mittelwerte in Stichproben aus der Altersverteilung annähernd eine Normalverteilung besitzen. Für die Normalverteilung gilt, daß ungefähr 99% aller Beobachtungen um nicnt mehr als das Dreifache ihrer Standardabweichung von ihrem Mittelwert abweichen (siehe Programm NORMAL). Die Standardabweichung unserer Mittelwerte in Stichproben aus der Altersverteilung ist $\sigma/\sqrt{n}$, und die Breite der Histogramme war ungefähr das Sechsfache dieses Wertes, d.h. fast alle Beobachtungen (Mittelwerte in Stichproben) weichen um nicht mehr als das Dreifache ihrer Standardabweichung vom Mittelwert in der Grundgesamtheit ab, der mit dem Mittelwert der zu verwendenden Normalverteilung übereinstimmt. Natürlich wird man diesen Sachverhalt nur dann finden, wenn man genügend Beobachtungen für sein Histogramm verwendet, also k genügend groß wählt, da man sonst unter Umständen die seltenen, weit außerhalb liegenden Mittelwerte nicht findet und ein schmaleres Histogramm erhält.

4. STALMIHI

A: Programmbeschreibung

Kurzbeschreibung:

Es werden k Stichproben der Größe n aus der Altersverteilung der Bevölkerung der Bundesrepublik Deutschland im Jahre 1974 gezogen.

Für jede Stichprobe wird der standardisierte Mittelwert $(\bar{x}-\mu)/(\sigma/\sqrt{n})$ berechnet, wobei $\bar{x}$ der Mittelwert in der Stichprobe, $\mu = 37.268$ der bekannte Mittelwert in der Grundgesamtheit und $\sigma = 22.460$ die bekannte Standardabweichung in der Grundgesamtheit ist.

Es wird ein Histogramm dieser standardisierten Mittelwerte über dem Intervall [-4,+4] gezeichnet. Die Dichtefunktion der Standardnormalverteilung kann über das Histogramm gezeichnet werden.

Menü:

```
          Simulation           ==> 1
          Histogramm           ==> 2
          Daten abspeichern    ==> 3
          Kurzbeschreibung     ==> 4
          Programmende         ==> 9
```

4.1 Simulation

Eingabe: Umfang n der Stichproben (n≤10000) und Anzahl k der Stichproben (k≤10000)

Ausgabe der Mittelwerte (siehe Abbildung 4.1)

```
Programm: STALMIHI           Simulation

  n =   30   k =   100

Die ersten 50 standardisierten Mittelwerte :

| Nr    St.Mw | Nr    St.Mw | Nr    St.Mw | Nr    St.Mw | Nr    St.Mw |

   1   0.2192   11  -1.0164   21  -2.2520   31  -0.2442   41   0.0483
   2  -0.9595   12  -0.6750   22  -0.7400   32   0.8810   42   0.2598
   3  -0.2279   13   1.0483   23  -1.7400   33  -0.9026   43   1.6336
   4  -2.2683   14  -1.0327   24   0.4630   34  -0.0328   44  -0.0410
   5   0.8776   15   1.0727   25   1.3003   35   0.1135   45  -0.4393
   6   0.2029   16   0.6662   26   0.6988   36   0.2923   46  -0.6019
   7  -1.1790   17   0.2679   27  -0.7400   37  -0.5287   47   0.6500
   8   0.8695   18  -0.1954   28  -1.7399   38   0.1135   48  -1.6017
   9  -1.3335   19   1.5929   29  -1.1953   39  -0.3824   49  -1.1953
  10   1.0076   20  -1.6749   30  -0.5206   40  -1.6586   50   1.0076

Anzahl Stichproben : 100
```

Abbildung 4.1: Ausgabe der ersten 50 Mittelwerte in Stichproben der Größe 30

Die standardisierten Mittelwerte in den Stichproben werden angezeigt (siehe Abbildung 4.1; für k>50 werden nur die ersten 50 standardisierten Mittelwerte ausgegeben). "Anzahl Stichproben" in der untersten Zeile des Arbeitsfeldes gibt an, wie viele Stichproben schon gezogen wurden. Das Ziehen der Stichproben kann mit der ESC-Taste abgebrochen werden. Das Histogramm kann dann für die bereits berechneten Mittelwerte gezeichnet werden.

4.2 Histogramm (>1)

Eingabe: Anzahl Kl der Klassen für das Histogramm

Zulässige Werte: Alle Teiler von 600 (=Anzahl der zur Verfügung stehenden Bildschirmpunkte), jedoch mindestens 2 und höchstens 150.

Eingabe: Höhenfaktor

Der Höhenfaktor bestimmt die Höhe des Histogramms auf dem Bildschirm. Der für die gewählte Klasseneinteilung maximal mögliche Höhenfaktor wird angegeben und als Eingabewert vorgegeben. Um Histogramme vergleichen zu können (etwa zu verschiedenen Stichprobenumfängen), müssen die jeweiligen Höhenfaktoren übereinstimmen.

Ausgabe des Histogramms, gegebenenfalls mit Dichte der N(0,1)-Verteilung.

Der Stichprobenumfang n, die Anzahl der Stichproben k, die Klassenanzahl Kl und der Höhenfaktor ho werden jeweils oben im Bild angegeben. In der Skala am linken Bildschirmrand werden die Werte "relative Häufigkeit/Klassenbreite" angegeben. Wird nach der Ausgabe des Histogramms die Leertaste betätigt, so wird die Dichtefunktion der N(0,1)-Verteilung (Standardnormalverteilung) über das Histogramm gezeichnet. Durch Betätigen der ESC-Taste kann dieser Punkt übergangen werden.

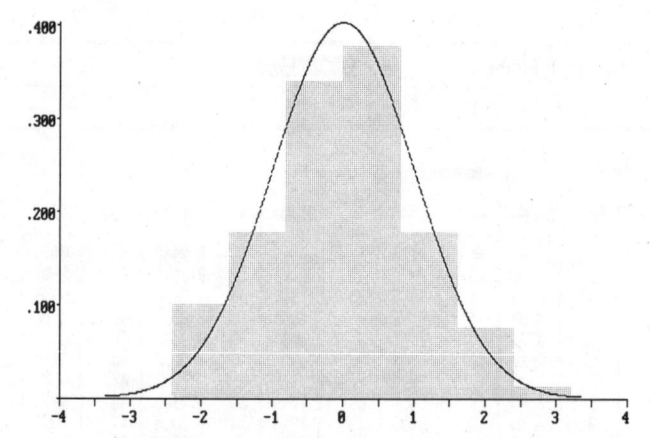

Abbildung 4.2: Ausgabe eines Histogramms mit eingezeichneter Dichtefunktion der N(0,1)-Verteilung (n=30, k=100)

4.3 Daten abspeichern (>1)

Dieser Programmpunkt wurde aufgenommen, um Daten aus diesem Programm auch mit anderen Programmen (z.B. STETIG) untersuchen zu könnnen.

B: Übungen

1.) Machen Sie sich mit dem Programm vertraut, indem Sie alle möglichen Größen variieren.
2.) Ziehen Sie je 1000 Stichproben der Größe 10, 50, 100 und 200, und lassen Sie sich Histogramme zu verschiedenen Klassenanzahlen ausgeben.
3.) Ziehen Sie je 10000 Stichproben der Größe 2, 5, 8 und 10. Vergleichen Sie die zugehörigen Histogramme mit 20 und 40 Klassen auch mit dem Histogramm zu 10000 "Stichproben" der Größe 1.
4.) Ziehen Sie je 1000 Stichproben der Größe 1, 2, 5, 8, 10 und 50. Speichern Sie die Daten in eine Datei, berechnen Sie mit dem Programm STETIG die 1-, 2-, 5-, 10-, 20-, ..., 90-, 95-, 98-, 99-Prozentpunkte, und vergleichen Sie diese Werte mit den entsprechenden Prozentpunkten der N(0,1)-Verteilung.

C: Lernziele

Wir hatten im Programm ALTMIHI erfahren, daß die Mittelwerte in Stichproben aus der Altersverteilung schon für verhältnismäßig kleine Stichprobenumfänge annähernd normalverteilt sind. Dort war es wegen der unterschiedlichen Streuung (sie nimmt mit wachsendem Stichprobenumfang ab) und der daraus resultierenden unterschiedlichen Breite und Höhe der Histogramme schwer, die Güte der Approximation zu vergleichen.

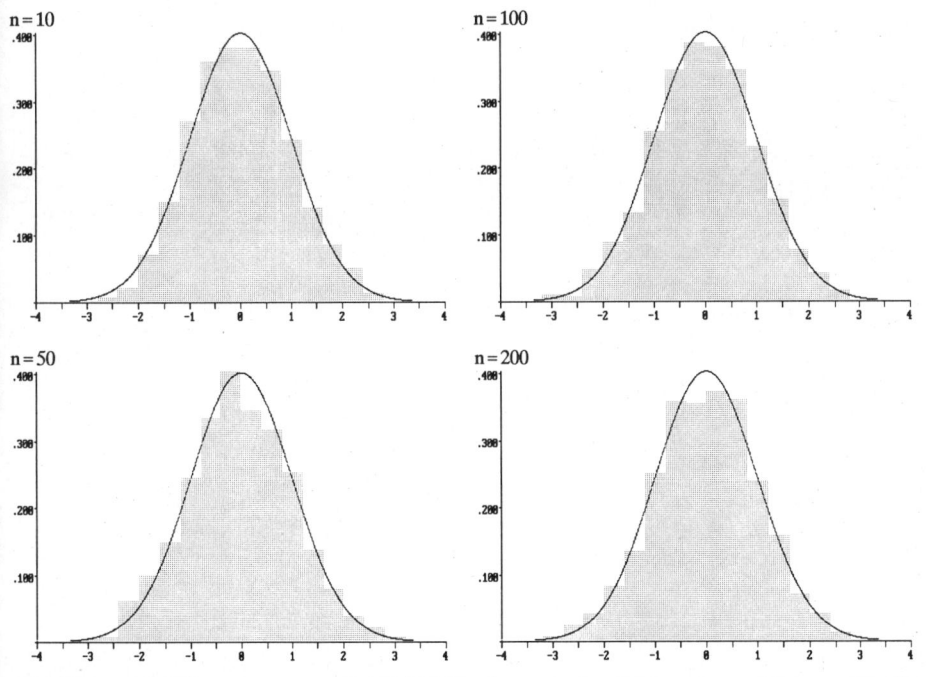

<u>Abbildung 4.3:</u> Histogramme zu je 1000 Mittelwerten der Stichprobengrößen n=10, 50, 100 und 200

Wir beseitigen jetzt die unterschiedliche Streuung der Mittelwerte bei verschiedenen Stichprobengrößen, indem wir die Mittelwerte so normieren, daß sie anschließend die Streuung 1 haben, d.h. die Kennzahl, die wir schon als Maß für die Streuung kennengelernt haben, nämlich die Standardabweichung, hat nach der Normierung den Wert 1.

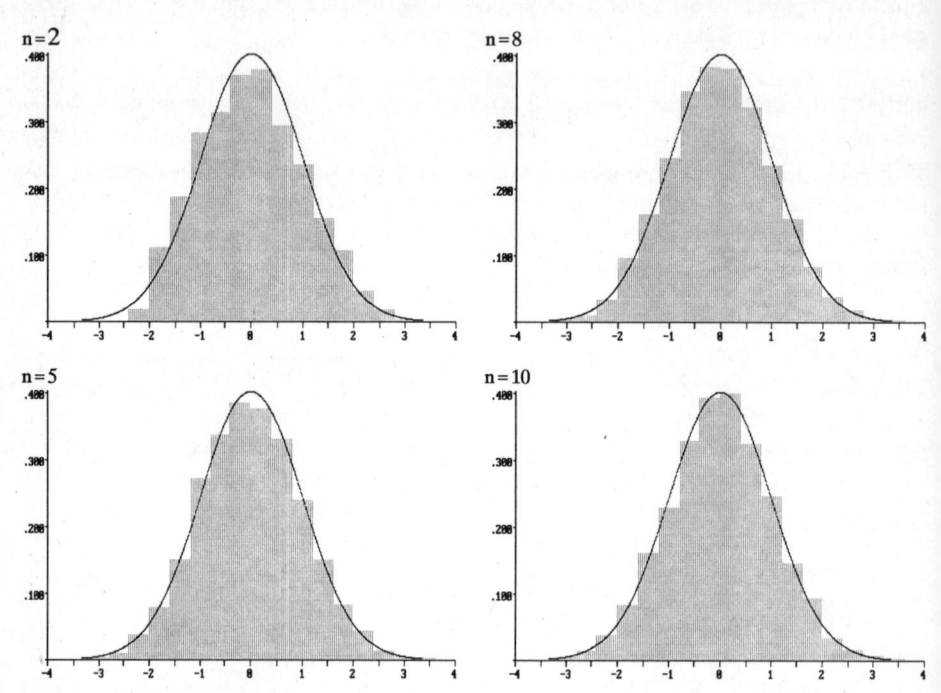

Abbildung 4.4: Histogramme zu je 10000 Mittelwerten der Stichprobengrößen n=2, 5, 8 und 10

Da unsere Grundgesamtheit, die Altersverteilung der Bundesrepublik Deutschland im Jahre 1974, vollständig bekannt ist, können wir nämlich die Standardabweichung σ (=22.460) in der Grundgesamtheit berechnen, und wie wir bereits erwähnt haben (im Programm ALTMIHI) und auch später (in den Programmen SAWO und ALMI) noch näher untersuchen werden, ist dann die Standardabweichung des Mittelwerts in einer Stichprobe der Größe n gleich $\sigma/\sqrt{n}$. Wenn wir die Mittelwerte in den Stichproben durch $\sigma/\sqrt{n}$ dividieren, so haben sie anschließend die Standardabweichung 1. Zuvor subtrahieren wir jedoch noch den bekannten Mittelwert in der Grundgesamtheit μ (=37.268). Dadurch wird erreicht, daß die so standardisierten Mittelwerte um 0 schwanken, also den theoretischen Mittelwert 0 haben. Außerdem haben sie ja die Standardabweichung 1. Daher ist es jetzt leichter, die Histogramme der Mittelwerte in Stichproben bei verschiedenen Stichprobenumfängen zu vergleichen. Wir wollen die Histogramme ferner mit der approximierenden Normalverteilung vergleichen. Durch die Standardisierung der Mittelwerte haben wir jetzt auch erreicht, daß wir es nur noch mit einer approximierenden Normalverteilung zu tun haben. Es ist wohl einsichtig, daß diese denselben theoretischen Mittelwert und dieselbe theoretische Standardabweichung haben muß wie die standardisierten Mittelwerte, nämlich 0 bzw. 1, d.h. wir vergleichen unsere Histogramme mit der

Histogramm der standardisierten Mittelwerte

Dichtefunktion der Standardnormalverteilung N(0,1), die als geschlossene Linie über die Histogramme gezeichnet werden kann.

Wie man der Abbildung 4.3 entnimmt, ist die Approximation durch die Standardnormalverteilung schon für den Stichprobenumfang n=10 so gut, daß man mit wachsendem Stichprobenumfang kaum noch eine Verbesserung feststellen kann. Dies ist z.T. auch auf das begrenzte Auflösungsvermögen unserer Bilder zurückzuführen.

In Abbildung 4.4 zeigen wir daher noch einmal Histogramme der Mittelwerte in je 10000 Stichproben der Umfänge 2, 5, 8 und 10. Überraschend erhalten wir auch hier schon gute Annäherungen. Zum Vergleich zeigen wir in Abbildung 4.5 ein Histogramm zu 10000 "Stichproben" der Größe 1 aus der Altersverteilung. Es handelt sich hier eigentlich nur um *eine* Stichprobe mit 10000 standardisierten Alterswerten. Dieses Bild soll nur zeigen, aus welcher Verteilung die Normalverteilung hier "entstanden" ist.

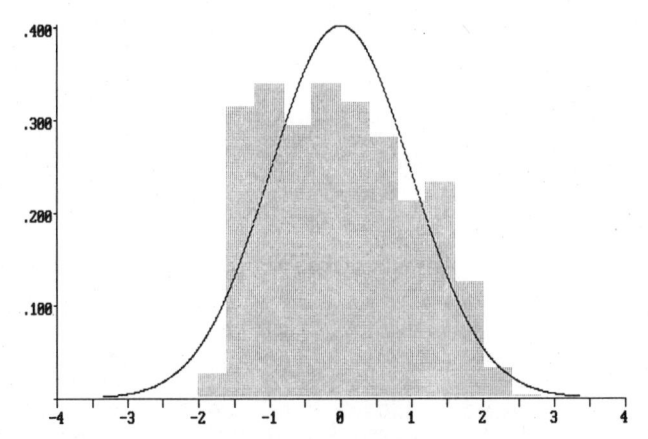

<u>Abbildung 4.5</u>: Histogramm zu 10000 standardisierten Alterswerten

Wie wir schon im Programm ALTMIHI gesagt haben, ist der Mittelwert in Stichproben auch für andere Verteilungen annähernd normalverteilt. Wie groß der Stichprobenumfang sein muß, um eine hinreichend genaue Approximation zu erreichen, hängt von der speziellen Verteilung ab. Ist die Ausgangsverteilung schon sehr ähnlich der Normalverteilung, etwa symmetrisch, so wird die Approximation sehr schnell erreicht. Ist die Verteilung dagegen sehr schief (etwa so wie das Histogramm zur Datei BILANZ.DAT in Abbildung 9.6), so muß man größere Stichprobenumfänge verwenden, um mit der Normalverteilung als Approximation für die Verteilung der Mittelwerte arbeiten zu können. Selbst die häufig genannte Regel, n≥30, kann dann versagen.

Wir haben in den Bildern gesehen, daß sich die Histogramme in allen Punkten der Dichtefunktion der N(0,1)-Verteilung nähern. Wie kann man dies nun durch Zahlen ausdrücken, etwa durch Kennzahlen, wie sie uns das Programm STETIG liefert?

Wir werden bei der Besprechung des Programms NORMAL sehen, daß die Flächen unter der Dichtefunktion Wahrscheinlichkeiten darstellen. Bei den Histogrammen stellen die Flächen relative Häufigkeiten dar. Im Programm MUENZE werden wir sehen, daß die relativen Häufigkeiten gegen Wahrscheinlichkeiten konvergieren, wenn nur die Anzahl der Beobachtungen genügend groß ist, d.h. wenn wir hier im Programm STALMIHI unser k, die Anzahl der Mittelwerte, genügend groß wählen, werden unsere relativen Häufigkeiten gegen entsprechende Wahrscheinlichkeiten der Verteilung der Mittelwerte konvergieren. Die Verteilung der standardisierten Mittelwerte ist aber für hinreichend großen Stichprobenumfang n annähernd eine Normalverteilung. Wenn also k und n genügend groß sind, konvergieren die relativen Häufigkeiten gegen Wahrscheinlichkeiten der N(0,1)-Verteilung. Um dies zu zeigen, berechnen wir uns mit dem Programm NORMAL die 1-, 2-, 5-, 10-, 20-, ..., 90-, 95-, 98-, 99-Prozentpunkte der N(0,1)-Verteilung. Dabei ist z.B. der 10-Prozentpunkt der N(0,1)-Verteilung der Punkt z, für den gilt: $F(z) = P(Y \leq z) = 0.10$, d.h. links von z liegt 10% der Masse der N(0,1)-Verteilung oder die Fläche unter der Dichtefunktion links von z beträgt 10% der Gesamtfläche unter der Dichtefunktion. Entsprechende Prozentpunkte (sie werden auch Quantile genannt) lassen sich auch für relative Häufigkeiten berechnen. Der 10%-Punkt in einer Stichprobe ist dann derjenige Wert z, für den gilt: links von z liegen höchstens 10% der Werte in der Stichprobe und rechts von z höchstens 90%. Bekanntester Prozentpunkt ist wohl der Median, der 50%-Punkt. Für je 1000 Mittelwerte zu Stichproben der Größe 1, 2, 5, 8, 10 und 50 stehen die Prozentpunkte in Tabelle 4.1, in der letzten Spalte stehen die Prozentpunkte der N(0,1)-Verteilung.

%\n	1	2	5	8	10	50	N(0,1)
1	-1.62	-1.92	-2.07	-2.18	-2.30	-2.36	-2.33
2	-1.57	-1.83	-1.88	-2.03	-1.98	-2.03	-2.05
5	-1.48	-1.59	-1.58	-1.66	-1.65	-1.74	-1.65
10	-1.30	-1.34	-1.25	-1.26	-1.25	-1.29	-1.28
20	-1.04	-0.96	-0.81	-0.88	-0.81	-0.85	-0.84
30	-0.77	-0.55	-0.51	-0.58	-0.47	-0.51	-0.52
40	-0.37	-0.30	-0.25	-0.30	-0.21	-0.28	-0.25
50	-0.10	-0.05	-0.01	-0.05	0.04	-0.01	0.00
60	0.21	0.22	0.25	0.22	0.26	0.28	0.25
70	0.61	0.49	0.55	0.49	0.55	0.55	0.52
80	1.06	0.80	0.91	0.83	0.89	0.84	0.84
90	1.41	1.32	1.37	1.27	1.26	1.30	1.28
95	1.68	1.70	1.71	1.69	1.65	1.65	1.64
98	1.95	2.05	2.09	2.05	1.99	2.09	2.05
99	2.10	2.20	2.21	2.28	2.15	2.49	2.33

<u>Tabelle 4.1</u>: Quantile zu je 1000 Mittelwerten im Vergleich mit der N(0,1)-Verteilung

Man sieht an dieser Tabelle, daß sich die Prozentpunkte, die aus den Stichproben berechnet wurden, mit wachsender Stichprobengröße den entsprechenden Prozentpunkten der N(0,1)-Verteilung nähern, von zufälligen Schwankungen natürlich abgesehen. Die Prozentpunkte, die aus den Stichproben berechnet wurden, sind selbstverständlich wieder Zufallsvariablen, während die Prozentpunkte der N(0,1)-Verteilung feste Zahlen sind. Für andere Stichproben wird man andere Prozentpunkte erhalten. Wichtig ist daher bei solchen Tabellen, daß man die Tendenz der in ihr enthaltenen Werte erkennt, unter Umständen erst nach einer Wiederholung der ganzen Tabelle. Speziell aus dieser Tabelle können wir vielleicht noch herauslesen, daß die Annnäherung an die Normalverteilung am Rande, d.h. bei kleinen und großen Prozentzahlen, am langsamsten ist.

5. MUENZE

A: Programmbeschreibung

Kurzbeschreibung:

Das Programm MUENZE simuliert das wiederholte (n-malige) Werfen einer Münze. Die Zufallszahlen 0 (=Zahl) und 1 (=Wappen) besitzen beide die gleiche Wahrscheinlichkeit (=1/2), gezogen zu werden. Es wird die Anzahl der gezogenen Wappen (=1) berechnet. Für die ersten 40 Würfe wird jeweils die relative Häufigkeit der Wappen (= Anzahl der bisher gezogenen Wappen/Anzahl der bisherigen Würfe) berechnet. Danach wird die relative Häufigkeit nur noch nach jedem k-ten Wurf berechnet. Es wird ein Pfad dieser relativen Häufigkeiten gezeichnet. Als Mittelpunkt des Pfaddiagramms wird 1/2 verwendet.

Versuch	Zufallszahl	Seite	absolute -	relative Häufigkeit
1	0	Zahl	0	0.0000
2	1	Wappen	1	0.5000
3	0	Zahl	1	0.3333
4	0	Zahl	1	0.2500
5	1	Wappen	2	0.4000
6	0	Zahl	2	0.3333
7	0	Zahl	2	0.2857
8	0	Zahl	2	0.2500
9	1	Wappen	3	0.3333
10	0	Zahl	3	0.3000
11	0	Zahl	3	0.2727
12	1	Wappen	4	0.3333
13	1	Wappen	5	0.3846
14	0	Zahl	5	0.3571
15	0	Zahl	5	0.3333
16	1	Wappen	6	0.3750
17	1	Wappen	7	0.4118
18	0	Zahl	7	0.3889
19	0	Zahl	7	0.3684
20	1	Wappen	8	0.4000
21	0	Zahl	8	0.3810
22	0	Zahl	8	0.3636
23	1	Wappen	9	0.3913
24	1	Wappen	10	0.4167
25	1	Wappen	11	0.4400
26	1	Wappen	12	0.4615
27	1	Wappen	13	0.4815
28	1	Wappen	14	0.5000
29	1	Wappen	15	0.5172
30	0	Zahl	15	0.5000
31	0	Zahl	15	0.4839
32	0	Zahl	15	0.4688
33	0	Zahl	15	0.4545
34	0	Zahl	15	0.4412
35	0	Zahl	15	0.4286
36	1	Wappen	16	0.4444
37	0	Zahl	16	0.4324
38	0	Zahl	16	0.4211
39	1	Wappen	17	0.4359
40	0	Zahl	17	0.4250

Abbildung 5.1: Ausgabe der ersten 40 Würfe

Menü:

```
Simulation              ==> 1
Pfaddiagramm            ==> 2
Pfaddiagramm (Drucker)  ==> 3
Kurzbeschreibung        ==> 4
Programmende            ==> 9
```

5.1 Simulation

Eingabe: Anzahl n der Würfe (n≥40) und k (k≥1)

Nach den ersten 40 Würfen wird die relative Häufigkeit nicht mehr nach jedem Wurf, sondern nur noch nach jedem k-ten Wurf berechnet. Hier ist der Wert für k einzugeben. Die in diesen Abständen berechneten relativen Häufigkeiten werden als Pfadpunkte ausgegeben. Es können maximal 200 Pfadpunkte gezeichnet werden. Deshalb kann der minimale Wert für k bei mehr als n=200 Würfen auch größer als 1 sein.

Ausgabe:

Für die ersten 40 Würfe wird jeweils die gezogene Zufallszahl, die entsprechende Seite der Münze (Zahl, Wappen) sowie die absolute und relative Häufigkeit der bisher gezogenen Wappen ausgegeben (siehe Abbildung 5.1). Anschließend wird nach jedem k-ten Wurf die absolute und die relative Häufigkeit ausgegeben (siehe Abbildung 5.2).

Versuch	absolute Häufigkeit	relative Häufigkeit
50	24	0.4800
100	46	0.4600
150	74	0.4933
200	105	0.5250
250	129	0.5160
300	162	0.5400
350	179	0.5114
400	202	0.5050
450	227	0.5044
500	249	0.4980
550	270	0.4909
600	294	0.4900
650	318	0.4892
700	341	0.4871
750	368	0.4907
800	394	0.4925
850	417	0.4906
900	443	0.4922
950	472	0.4968
1000	496	0.4960

Abbildung 5.2: Ausgabe der Pfadpunkte nach den ersten 40 Würfen (n=1000, k=50)

5.2 Pfaddiagramm (>1)

Der Pfad wird über einem um 0.5 symmetrischen Intervall [A,1-A] graphisch dargestellt (siehe Skizze auf dem Bildschirm).

Eingabe: A (0≤A<0.5)

Man beachte den zur Orientierung angegebenen letzten Punkt des Pfades.

Münzwurf, Pfad der relativen Häufigkeiten

Ausgabe des Pfades der relativen Häufigkeiten (siehe Abbildung 5.3).
Die relativen Häufigkeiten werden durch Kreise dargestellt, die durch Geraden verbunden werden.

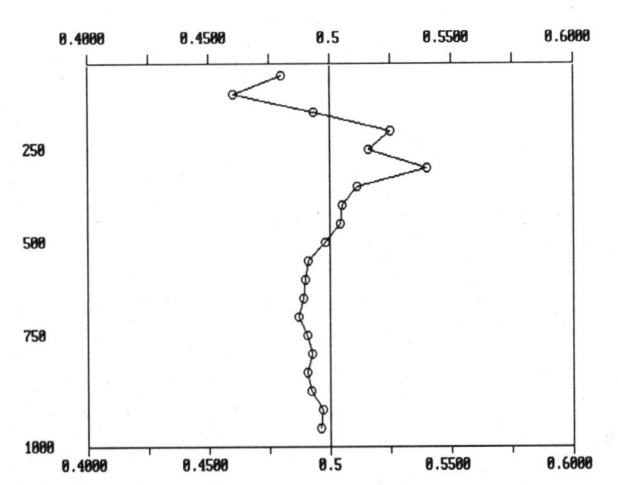

Abbildung 5.3: Ausgabe des Pfades der relativen Häufigkeiten

5.3 Pfaddiagramm (Drucker) (>1)

Siehe 5.2. Die Ausgabe des Pfades erfolgt jetzt über den Drucker. Im Unterschied zur Bildschirmausgabe werden die Pfadpunkte nicht verbunden, da die Darstellung im Textmodus erfolgt. Dadurch ist auch das Auflösungsvermögen geringer. Die Pfadpunkte werden durch das Symbol "*" dargestellt. Fällt ein Pfadpunkt nicht in den Bereich der gewählten Skala, so wird am rechten bzw. linken Rand ein Pfeilzeichen angegeben.

B: Übungen

1.) Machen Sie sich mit dem Programm vertraut, indem Sie alle möglichen Größen variieren.

2.) Betrachten Sie Pfade der relativen Häufigkeiten der Wappen. Erhöhen Sie dabei allmählich die Anzahl n der Würfe. Betrachten Sie für jedes n mehrere Pfade.

3.) Wiederholen Sie für nicht allzu großes n (z.B. n=40) das Münzwurfexperiment möglichst oft (z.B. 100mal) und notieren Sie die Anzahl der Wappen. Bestimmen Sie für jede beobachtete Anzahl die Häufigkeit. Lassen Sie sich mit dem Programm DISKRET ein Stabdiagramm dieser Häufigkeiten zeichnen. Vergleichen Sie dieses Stabdiagramm mit dem Stabdiagramm der Wahrscheinlichkeiten der Binomialverteilung mit den Parametern n und 1/2.

4.a) Wiederholen Sie für wachsendes n (z.B. n=40, 100, 400, 1000, 4000, 10000) das Münzwurfexperiment mindestens 10mal für jedes n. Notieren Sie jeweils den letzten Punkt des Pfades. Wie ändert sich die Variation dieser Werte mit wachsendem n?

b) Berechnen Sie auch für jedes n mit dem Programm STETIG die Kennzahlen für die von Ihnen notierten Werte. Achten Sie hier insbesondere auf den Mittelwert und die Standardabweichung.

c) Vergleichen Sie die mit dem Programm STETIG errechnete geschätzte Standardabweichung mit der theoretisch berechneten Standardabweichung. Hinweis: Die Zufallsvariable "Letzter Punkt des Pfades" ist verteilt wie X/n, wobei X binomialverteilt ist mit den Parametern n und 1/2.

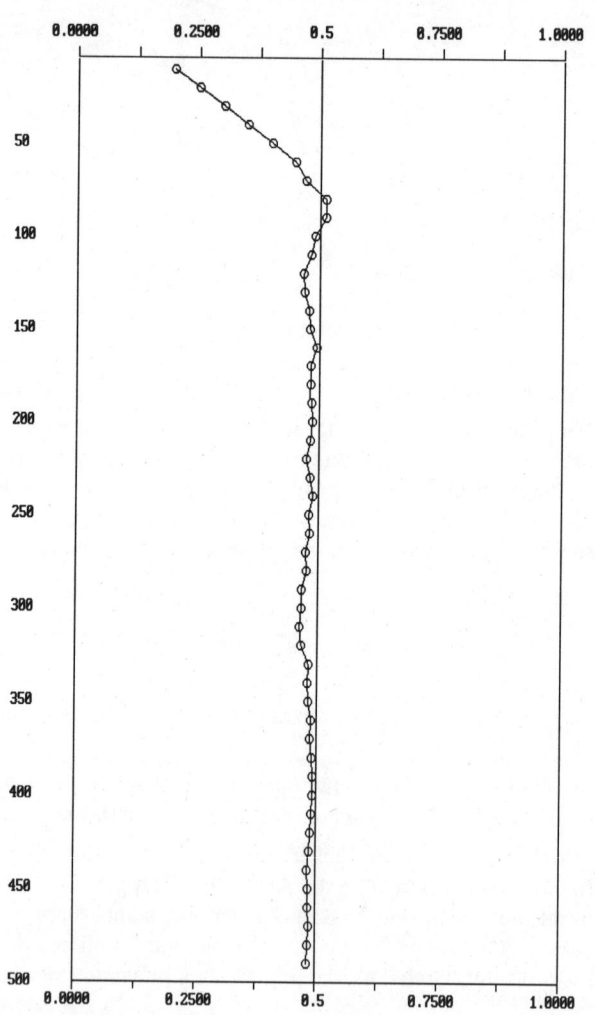

<u>Abbildung 5.4</u>: Ausgabe eines Pfades der relativen Häufigkeiten des Ereignisses "Wappen" mit n=500 Würfen (k=10)

C: Lernziele

Bei der Betrachtung der Pfade der relativen Häufigkeiten der Anzahl Wappen fällt natürlich sofort auf, daß sich eigentlich alle Pfade mit wachsender Anzahl der Würfe dem Wert 1/2 nähern. Dies ist der Wert, der allgemein und ohne große Diskussion beim Werfen einer Münze zur Herbeiführung einer "gerechten" Entscheidung zwischen zwei Parteien als Wahrscheinlichkeit für einen Erfolg anerkannt wird.

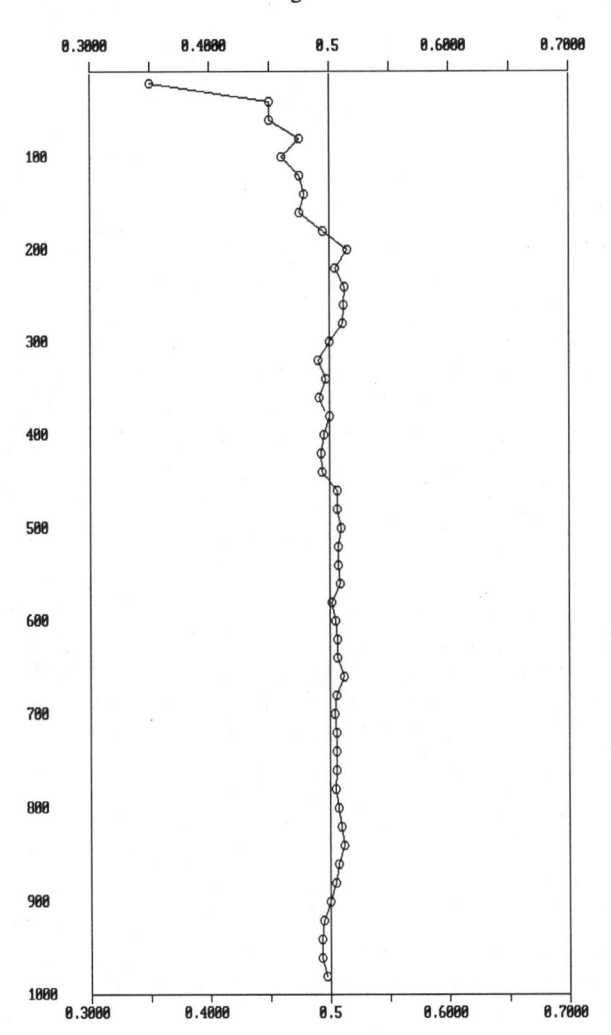

<u>Abbildung 5.5:</u> Ausgabe eines Pfades der relativen Häufigkeiten des Ereignisses "Wappen" mit n = 1000 Würfen (k = 20)

Die Pfade variieren zunächst stark und nähern sich dann allmählich der Mittelachse im Diagramm, also dem Wert 1/2. Diese Annäherung geschieht mal schneller, mal langsamer. Auf jeden Fall aber nimmt die Variation von Punkt zu Punkt mit wachsender Anzahl der Würfe ab, die Pfade *stabilisieren* sich. Die Annäherung der Pfade auf den Wert 1/2 untermauert, daß das, was schon der gesunde Menschenverstand als Wahrscheinlichkeit bezeichnet, vernünftig ist. Langfristig hat jede der beiden Parteien die gleiche Chance, beim Münzentscheid zu gewinnen.

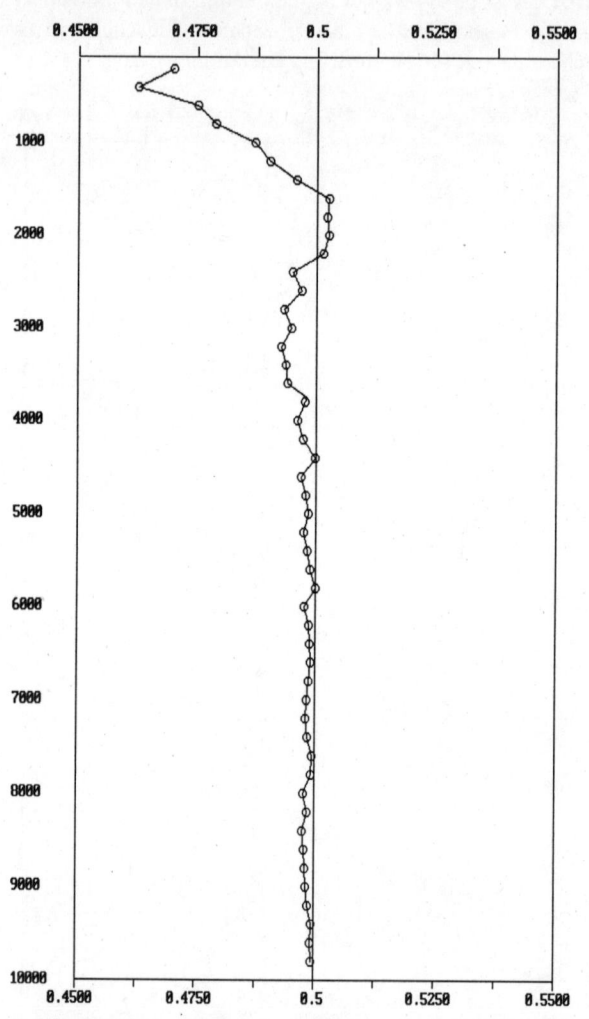

Abbildung 5.6: Ausgabe eines Pfades der relativen Häufigkeiten des Ereignisses "Wappen" mit n = 10000 Würfen (k = 200)

Der Verlauf eines Pfades ist natürlich von Pfad zu Pfad verschieden (siehe Abbildung 5.6 und 5.7), d.h. zufällig. Allen gemeinsam ist nur, daß sie sich schließlich dem Wert 1/2 nähern. Beim Betrachten eines Pfades wird häufig der Einwand geäußert, daß "sich die Pfade ja fast nur auf einer Seite des Diagramms bewegen. Wenn das wirklich zufällig ist, müßte der Pfad doch annähernd gleichmäßig zwischen beiden Seiten hin- und herspringen". Dies ist natürlich ein Irrtum, denn bezeichnen wir mal die relative Häufigkeit nach i

Würfen mit h_i, so gilt doch $h_i = h_{i-1}(i-1)/i + x/i$, wobei x die Zufallszahl beim i-ten Wurf, also 0 oder 1 ist. Die relative Häufigkeit ändert sich also von Wurf zu Wurf, insbesondere bei großem i, nur sehr wenig. Dies erklärt die "Trägheit" der Pfade mit wachsender Anzahl der Würfe. Betrachtet man dagegen mehrere Pfade hintereinander, so sollte die Lage der Pfade in bezug auf die Mittelachse annähernd gleichmäßig zwischen links und rechts variieren. Das ist es eigentlich, was mit obigem Einwand gemeint ist.

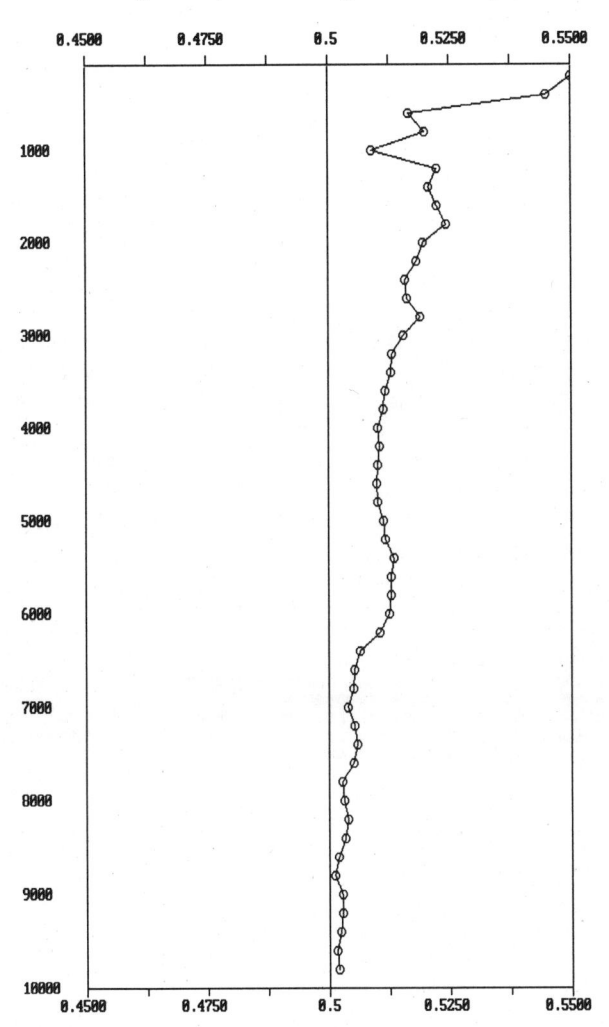

Abbildung 5.7: Pfad der relativen Häufigkeiten des Ereignisses "Wappen" mit n = 10000 Würfen (k = 200)

Wir haben nun für den Münzwurf festgestellt, daß sich die relativen Häufigkeiten mit wachsender Anzahl der Würfe dem endgültigen Wert 1/2 nähern, der allgemein als Wahrscheinlichkeit für das Eintreten des Ereignisses "Wappen" beim Münzwurf bezeichnet wird. Nun gilt dies jedoch ganz allgemein: *die relativen Häufigkeiten* für das Eintreten eines bestimmten Ereignisses *nähern sich mit wachsendem Stichprobenumfang "endgültigen Werten"*, die in der Theorie als *Wahrscheinlichkeiten* bezeichnet werden.

Zur 3. Übung haben wir die Münze 40mal werfen lassen, dieses Experiment 100mal wiederholt und jeweils die Anzahl der erzielten Wappen notiert. Die folgende Tabelle enthält in der ersten Zeile die erzielten Anzahlen j und in der 2. Zeile die Häufigkeit n(j), mit der die Anzahl j in den 100 Experimenten erzielt wurde.

j	13	14	15	16	17	18	19	20	21	22	23	24	25	26	27
n(j)	2	4	1	8	12	8	11	19	9	7	7	3	4	2	3
	5	5	2	5	8	12	11	13	15	6	8	4	1	1	4
Summe	7	9	3	13	20	20	22	32	24	13	15	7	5	3	7

<u>Tabelle 5.1</u>: Ergebnisse zu Übung 3: Je 100 Wiederholungen des Experiments "40maliges Werfen einer Münze"

Abbildung 5.8 zeigt ein Stabdiagramm der zugehörigen relativen Häufigkeiten, also zu n(j)/100. Nach dem oben Gesagten müssen sich auch diese relativen Häufigkeiten endgültigen Werten, also Wahrscheinlichkeiten nähern, wenn man nur die Anzahl der Experimente hinreichend groß wählt. Zu diesem Zweck haben wir das Experiment "40maliges Werfen einer Münze" 100 weitere Male wiederholt. Die Ergebnisse stehen in der 3. Zeile der Tabelle 5.1 und in der 4. Zeile steht die Summe aus den beiden vorigen Zeilen, also die Häufigkeiten beim 200maligen Wiederholen des Experiments. Die relativen Häufigkeiten sind in Abbildung 5.9 als Stabdiagramm dargestellt.

0.0200	13
0.0400	14
0.0100	15
0.0800	16
0.1200	17
0.0800	18
0.1100	19
0.1900	20
0.0900	21
0.0700	22
0.0700	23
0.0300	24
0.0400	25
0.0200	26
0.0300	27

<u>Abbildung 5.8:</u> Stabdiagramm der relativen Häufigkeiten der Anzahl Wappen in 100 Wiederholungen des Experiments "40maliges Werfen einer Münze"

Aufgrund der Abbildungen 5.8 und 5.9 ist noch nicht unmittelbar ersichtlich, welchen endgültigen Werten die relativen Häufigkeiten zustreben. Man müßte also die Zahl der Experimente noch weiter erhöhen, um die endgültige Gestalt des Stabdiagramms der relativen Häufigkeiten zu erkennen. In unserem Fall ist jedoch die Verteilung der Zufallsvariablen "Anzahl der Wappen beim 40maligen Werfen einer Münze" aufgrund theoretischer, kombinatorischer Überlegungen bekannt. Sofern man bereit ist anzunehmen, daß die Wahrscheinlichkeit für das Ereignis Wappen beim einmaligen Werfen einer Münze 1/2 ist, die Münze also nicht gefälscht ist, folgt, daß die obige Zufallsvariable binomi-

Münzwurf, Pfad der relativen Häufigkeiten

alverteilt ist mit den Parametern n=40 und $\pi=1/2$. Abbildung 5.10 zeigt das Stabdiagramm der Wahrscheinlichkeiten für diese Verteilung.

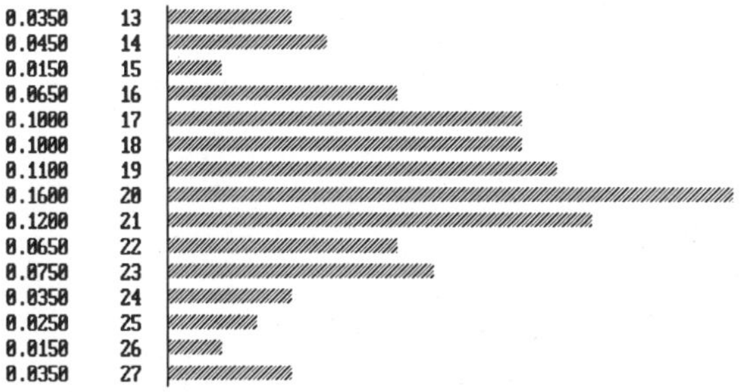

```
0.0350    13  ///////////////
0.0450    14  ///////////////////
0.0150    15  //////
0.0650    16  //////////////////////
0.1000    17  ////////////////////////////
0.1000    18  ////////////////////////////
0.1100    19  //////////////////////////////
0.1600    20  ////////////////////////////////////////////
0.1200    21  /////////////////////////////////
0.0650    22  //////////////////////
0.0750    23  //////////////////////////
0.0350    24  ///////////
0.0250    25  ////////
0.0150    26  /////
0.0350    27  //////////
```

Abbildung 5.9: Stabdiagramm der relativen Häufigkeiten der Anzahl Wappen in 200 Wiederholungen des Experiments "40maliges Werfen einer Münze"

Man erkennt aus den Bildern 5.8 und 5.9 durchaus eine Ähnlichkeit mit der endgültigen Verteilung (Abbildung 5.10), aber auch noch erhebliche Abweichungen. Diese Bilder machen vielleicht auch schon deutlich, wie schwierig es ist, aufgrund einer Stichprobe die "richtige" Verteilung zu finden, wenn sie - anders als in unserem Beispiel - nicht bekannt ist. Man könnte sich aufgrund der Stichproben doch auch noch viele andere Verteilungen denken, von denen die beobachteten Realisationen der Zufallsvariablen stammen könnten. Es wird also in der Praxis unmöglich sein, die richtige Verteilung zu finden. Man muß damit zufrieden sein, wenn man eine Verteilung findet, die das Zustandekommen der Daten annähernd gut beschreibt, so daß man mit der mathematischen Theorie unter Zugrundelegung dieser Verteilung für sein Problem brauchbare Ergebnisse erhält.

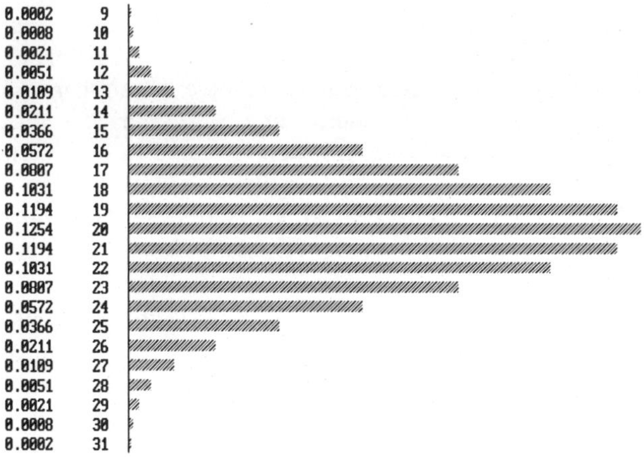

```
0.0002    9
0.0008   10
0.0021   11  /
0.0051   12  //
0.0109   13  /////
0.0211   14  /////////
0.0366   15  ///////////////
0.0572   16  ///////////////////////
0.0807   17  ///////////////////////////////
0.1031   18  //////////////////////////////////////
0.1194   19  ////////////////////////////////////////////
0.1254   20  ///////////////////////////////////////////////
0.1194   21  ////////////////////////////////////////////
0.1031   22  //////////////////////////////////////
0.0807   23  ///////////////////////////////
0.0572   24  ///////////////////////
0.0366   25  ///////////////
0.0211   26  /////////
0.0109   27  /////
0.0051   28  //
0.0021   29  /
0.0008   30
0.0002   31
```

Abbildung 5.10: Stabdiagramm der Wahrscheinlichkeiten der B(40,1/2)-Verteilung

In der 4. Übung haben wir für wachsendes n je 10mal den letzten Punkt des Pfades notiert, also die Anzahl der Wappen dividiert durch n. Die Ergebnisse stehen in Tabelle 5.2. Im unteren Bereich der Tabelle stehen die mit dem Programm STETIG errechneten Kennzahlen. Man sieht schon den Zahlen auf den ersten Blick an, daß die Variation mit wachsendem n kleiner wird. Die Zahlen liegen mit größer werdendem n näher am theoretischen Wert 1/2.

n	40	100	400	1000	4000	10000
Letzter Punkt des Pfades	0.4000	0.4500	0.5375	0.4890	0.5003	0.4945
	0.4250	0.5400	0.5125	0.4860	0.5075	0.5019
	0.5500	0.5200	0.5450	0.5160	0.4990	0.5098
	0.6750	0.5700	0.4825	0.4780	0.5000	0.5064
	0.5500	0.4900	0.4950	0.4910	0.5003	0.4988
	0.5250	0.5500	0.5375	0.4890	0.5010	0.4981
	0.5500	0.4800	0.5125	0.4970	0.4980	0.5098
	0.4500	0.4300	0.4975	0.5300	0.5000	0.4994
	0.4000	0.4700	0.4650	0.4860	0.5028	0.4935
	0.6000	0.5200	0.4775	0.5110	0.4950	0.5100
Min.	0.4000	0.4300	0.4650	0.4780	0.4950	0.4935
Max.	0.6750	0.5700	0.5450	0.5300	0.5075	0.5100
Mittelw.	0.5125	0.5020	0.5063	0.4973	0.5004	0.5022
Median	0.5375	0.5050	0.5050	0.4900	0.5002	0.5007
Varianz	0.0075	0.0019	0.0007	0.0002	0.0000	0.0000
St.Abw.	0.0867	0.0431	0.0261	0.0155	0.0031	0.0060
Spannw.	0.2750	0.1400	0.0800	0.0520	0.0125	0.0165

Tabelle 5.2: Ergebnisse zu Übung 4

Jedoch stimmt das nicht mehr für die beiden letzten Spalten der Tabelle. Das bedeutet nun aber nicht, daß die Streuung für n=10000 tatsächlich größer ist als für n=4000. Das ist zwar richtig für unsere 10 Werte in der Tabelle, aber man darf daraus keinen allgemein gültigen Schluß ziehen, denn dafür ist die Anzahl der Werte viel zu klein. Hier wissen wir auch aufgrund der Theorie, daß die Streuung mit wachsendem n abnimmt. Die Kennzahlen bestätigen den ersten Eindruck, das Minimum nimmt zu, das Maximum ab, die Spannweite (= Maximum - Minimum) nimmt ab, Mittelwert und Median liegen näher bei 1/2, Varianz und Standardabweichung werden kleiner, alles natürlich nur in der Tendenz mit kleinen Ausnahmen, vor allem in den letzten beiden Spalten. Hier hilft uns jedoch die Theorie weiter. Wir wissen nämlich, daß die Anzahl der Wappen B(n,1/2)-verteilt ist, d.h. binomial mit den Parametern n und 1/2. Demnach ist die Zufallsvariable "Letzter Punkt des Pfades" verteilt wie X/n, wenn X eine B(n,1/2)-Verteilung hat. Nun ist die Standardabweichung einer B(n,1/2)-Verteilung $\sqrt{n}/2$. Folglich ist die Standardabweichung der Zufallsvariablen "Letzter Punkt des Pfades" $(1/2)/\sqrt{n}$. Wir haben diese mit Hilfe der Theorie berechneten Werte für die Standardabweichung in die 1. Zeile der Tabelle 5.3 geschrieben.

In der 2. Zeile der Tabelle 5.3 stehen noch einmal die mit Hilfe der 10 Werte aus Tabelle 5.2 geschätzten Standardabweichungen, die wir s(10) nennen wollen, um anzudeuten, daß die Schätzungen jeweils auf 10 Werten beruhen. Man sieht an den ersten beiden Zeilen der Tabelle, daß unsere Schätzungen recht gut sind, mit Ausnahme des Wertes für n=4000, der den theoretischen Wert um die Hälfte unterschätzt. Die Variation in den 10 Realisationen der Zufallsvariablen "Letzter Punkt des Pfades" ist also für n=4000 viel geringer, als man aufgrund der Theorie erwarten darf. Wir haben also mit unseren 10 Werten für n=4000 selten gute Schätzer für die hier bekannte Wahrscheinlichkeit des Ereignisses "Wappen" erhalten. Daß man die Zufallsvariable "Letzter Punkt des Pfades" als Schätzer für diese Wahrscheinlichkeit betrachten darf, ist vernünftig, da nach dem oben Gesagten die relativen Häufigkeiten für das Ereignis "Wappen" sich mit wachsendem Stichprobenumfang auf diese Wahrscheinlichkeit einpendeln.

n	40	100	400	1000	4000	10000
$(1/2)/\sqrt{n}$	0.0791	0.0500	0.0250	0.0158	0.0079	0.0050
s(10)	0.0867	0.0431	0.0261	0.0155	0.0031	0.0060
s(100)	0.0633	0.0446	0.0277	0.0160	0.0073	0.0051
s(1000)	0.0799	0.0498	0.0261	0.0156	0.0078	0.0049

<u>Tabelle 5.3</u>: Standardabweichungen der Zufallsvariablen "Letzter Punkt des Pfades" für verschiedene Werte von n und deren Schätzungen aufgrund von 10, 100, 1000 Realisationen

Um zu zeigen, daß auch die Bezeichnung Schätzer der Standardabweichung für unsere Werte s(10) in Tabelle 5.3 berechtigt ist und um allen Zweifeln an der Theorie vorzubeugen, haben wir in Tabelle 5.3 noch die Zeilen mit s(100) und s(1000) aufgenommen. Wie die Bezeichnung schon andeuten soll, sind dies die Berechnungen der Standardabweichung der Zufallsvariablen "Letzter Punkt des Pfades" aufgrund von 100 bzw. 1000 Realisationen. (Diese Werte wurden aber mit einem eigens dafür geschriebenen Programm berechnet.) Die Schätzer nähern sich also mit wachsender Anzahl der Realisationen den mit Hilfe der Theorie berechneten Werten. Dies zeigt einerseits, daß unsere Theorie plausibel begründet ist, andererseits, daß es vernünftig ist, die Werte s(10), s(100) usw. als Schätzer für die theoretischen Werte zu verwenden.

Was wir in dieser Übung sozusagen als Nebenprodukt gelernt haben, ist, daß man bei wenigen Realisationen sehr vorsichtig sein muß, um allgemein gültige Schlüsse zu ziehen. Hier haben uns sowohl die Theorie als auch die Empirie davon überzeugt, daß eine Vermutung, die man aufgrund der vorliegenden Daten haben konnte, nicht berechtigt war.

6. ALMIPFAD

A: Programmbeschreibung

Kurzbeschreibung:

Es wird eine Stichprobe aus der Altersverteilung der Bundesrepublik Deutschland im Jahre 1974 gezogen. Für die ersten 40 gezogenen Werte wird nach jeder Ziehung der Mittelwert der bisher gezogenen Werte berechnet. Danach wird der Mittelwert der bisher gezogenen Werte nur noch nach jeder k-ten Ziehung berechnet.

Es wird ein Pfad dieser Mittelwerte gezeichnet. Als Mittelpunkt des Pfaddiagramms wird der bekannte Mittelwert in der Grundgesamtheit ($\mu = 37.268$) verwendet.

Stichprobengröße	Alter	Mittelwert
1	86	86.000
2	14	50.000
3	47	49.000
4	54	50.250
5	52	50.600
6	71	54.000
7	57	54.429
8	72	56.625
9	71	58.222
10	41	56.500
11	56	56.455
12	14	52.917
13	37	51.692
14	4	48.286
15	8	45.600
16	71	47.188
17	54	47.588
18	29	46.556
19	17	45.000
20	88	47.150
21	2	45.000
22	26	44.136
23	49	44.348
24	14	43.083
25	43	43.080
26	75	44.308
27	61	44.926
28	25	44.214
29	15	43.207
30	35	42.933
31	33	42.613
32	35	42.375
33	51	42.636
34	27	42.176
35	72	43.029
36	32	42.722
37	14	41.946
38	40	41.895
39	4	40.923
40	38	40.850

Abbildung 6.1: Ausgabe der ersten 40 Werte

Pfad der Mittelwerte

Menü:

```
Simulation              ==> 1
Pfaddiagramm            ==> 2
Pfaddiagramm (Drucker)  ==> 3
Kurzbeschreibung        ==> 4
Programmende            ==> 9
```

6.1 Simulation

Eingabe: Umfang n der Stichprobe (n≥40)

Eingabe: k (k≥1)

Nach der 40-sten Ziehung wird der Mittelwert nicht mehr nach jeder Ziehung, sondern nur noch nach jeder k-ten Ziehung berechnet. Hier ist der Wert für k einzugeben. Die in diesen Abständen berechneten Mittelwerte werden als Pfadpunkte ausgegeben. Es können maximal 200 Pfadpunkte gezeichnet werden. Deshalb kann der minimale Wert für k bei Stichprobenumfängen von n≥200 auch größer als 1 sein.

Ausgabe:

Für die ersten 40 Werte wird jeweils der gezogene Alterswert sowie der Mittelwert der bisher gezogenen Werte ausgegeben (siehe Abbildung 6.1). Anschließend wird der Mittelwert der bisher gezogenen Werte nach jeder k-ten Ziehung ausgegeben (siehe Abbildung 6.2).

Stichprobengröße	Mittelwert
50	40.140
100	36.060
150	35.247
200	35.735
250	36.672
300	37.090
350	36.786
400	37.665
450	37.991
500	37.938
550	37.960
600	38.447
650	38.272
700	37.929
750	38.155
800	38.246
850	38.066
900	37.997
950	38.123
1000	37.927

Abbildung 6.2: Ausgabe der Pfadpunkte nach den ersten 40 Werten (k=50, n=1000)

6.2 Pfaddiagramm (> 1)

Eingabe: A (0 < A < 37.268)

Der Pfad wird über einem um μ (=37.268) symmetrischen Intervall [μ-A, μ+A] graphisch dargestellt. Man beachte den zur Orientierung angegebenen letzten Punkt des Pfades und die Standardabweichung $(\sigma/\sqrt{n})$ des letzten Pfadpunktes, die in der Parameterzeile angegeben wird.

Ausgabe des Pfades der Mittelwerte (siehe Abbildung 6.3).

Die Mittelwerte werden durch Kreise dargestellt, die durch Geraden verbunden werden.

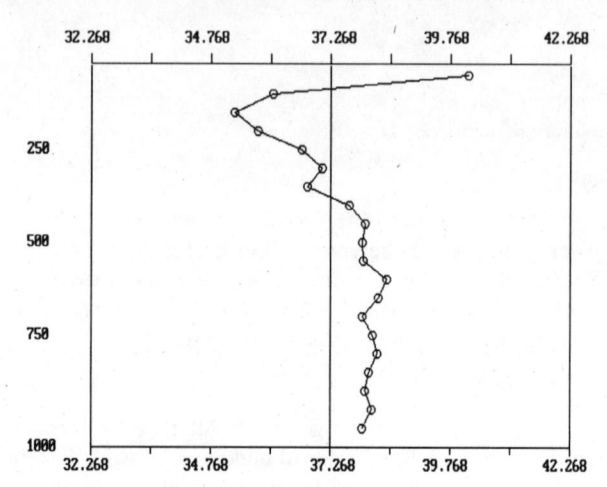

Abbildung 6.3: Ausgabe des Pfades der Mittelwerte

6.3 Pfaddiagramm (Drucker) (>1)

Siehe 6.2. Die Ausgabe des Pfades erfolgt jetzt über den Drucker. Im Unterschied zur Bildschirmausgabe werden die Pfadpunkte nicht verbunden, da die Darstellung im Textmodus erfolgt. Dadurch ist auch das Auflösungsvermögen geringer. Die Pfadpunkte werden durch das Symbol "*" dargestellt. Fällt ein Pfadpunkt nicht in den Bereich der gewählten Skala, so wird am rechten bzw. linken Rand ein Pfeilzeichen angegeben.

B: Übungen

1.) Machen Sie sich mit dem Programm vertraut, indem Sie alle möglichen Größen variieren.

2.) Betrachten Sie Pfade der Mittelwerte. Erhöhen Sie dabei allmählich die Stichprobengröße n. Betrachten Sie für jedes n mehrere Pfade.

3a) Wählen Sie eine feste Stichprobengröße n (z.B. 100) und ziehen Sie dann möglichst viele Stichproben dieser Größe. Unterteilen Sie den Wertebereich für die Zufallsvariable "Letzter Punkt des Pfades" in Klassen mit Hilfe der Teilpunkte μ, $\mu \pm 1(\sigma/2)/\sqrt{n}$, $\mu \pm 2(\sigma/2)/\sqrt{n}$, ..., $\mu \pm 6(\sigma/2)/\sqrt{n}$. Notieren Sie jeweils, in welche Klasse der letzte Punkt des Pfades fällt. Zählen Sie zum Schluß für jede Klasse die beobachtete Häufigkeit aus. Zeichnen Sie dann mit dem Programm DISKRET ein Stabdiagramm der beobachteten relativen Häufigkeiten. Welche Gestalt hat das Stabdiagramm?

b) Berechnen Sie mit dem Programm NORMAL für eine N(0,1)-verteilte Zufallsvariable Y die Wahrscheinlichkeiten $P(Y \in [i/2,(i+1)/2])$ für i=-6, -5, ..., 5 und daraus für jede Klasse die "erwartete Häufigkeit", mit der 100 Realisationen von N(0,1)-verteilten Zufallsvariablen in diese Klasse fallen. Vergleichen Sie diese Zahlen mit den von Ihnen beobachteten Häufigkeiten.

c) Betrachten Sie auch die kumulierten Häufigkeiten der absoluten Abweichungen von μ.

d) Zählen Sie die Abweichungen des letzten Punktes des Pfades von μ nach oben bzw. nach unten. Welche Verteilung sollten diese Abweichungen haben? Prüfen Sie die Hypothese, daß die Anzahl der positiven Abweichungen gleich der Anzahl der negativen Abweichungen ist, mit einem Signifikanztest (siehe L/Z1, S.96-99). Wie groß wäre das Signifikanzniveau, wenn Sie die beobachteten Werte (der positiven bzw. negativen Abweichungen) als Grenzen Ihres Ablehnungsbereiches verwenden würden? Benutzen Sie für die letzte Frage das Programm BINOMIAL.

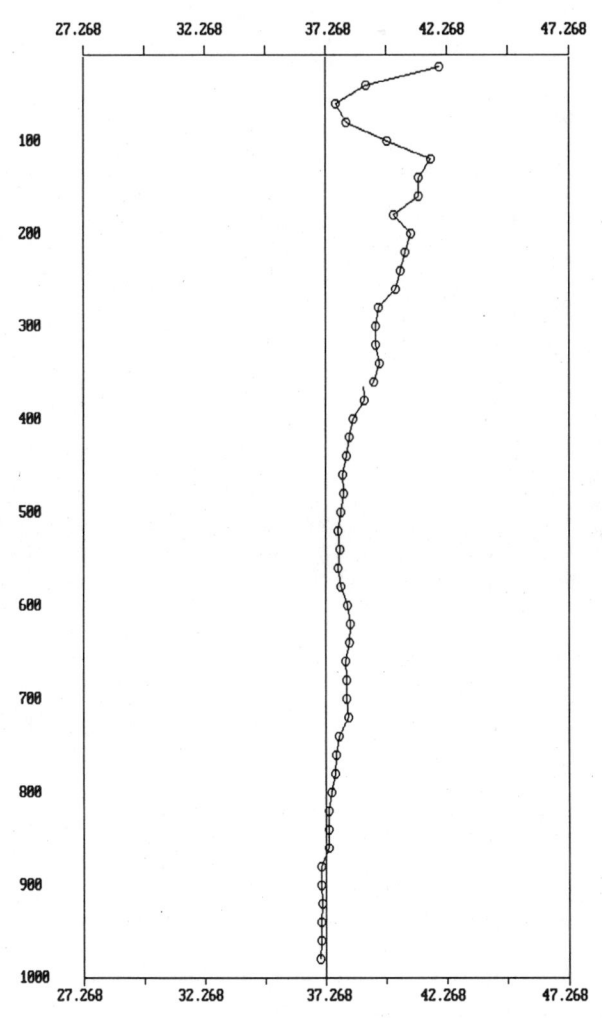

Abbildung 6.4: Pfad der Mittelwerte in einer Stichprobe der Größe 1000 (k=20)

C: Lernziele

Das Programm ALMIPFAD ist sehr ähnlich dem Programm MUENZE. Anstelle der dort betrachteten Pfade der relativen Häufigkeiten werden hier jetzt Pfade von Mittelwerten in Stichproben aus der Altersverteilung betrachtet. Dabei wird der Stichprobenumfang sukzessive um den gleichen Betrag vergrößert, und es wird der Mittelwert jeweils aus den bisher gezogenen Alterswerten berechnet.

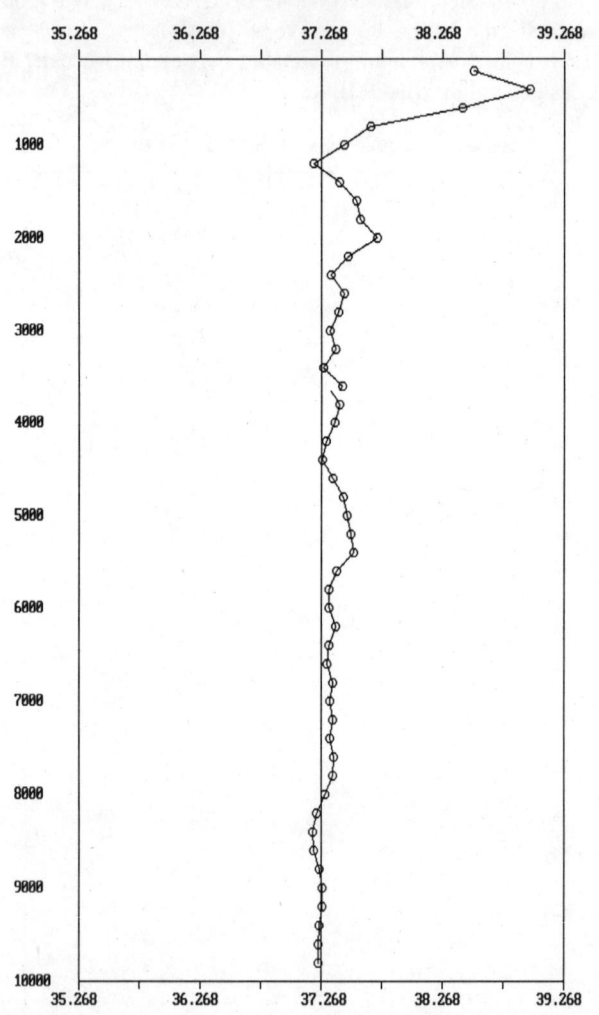

Abbildung 6.5: Pfad der Mittelwerte in einer Stichprobe der Größe 10000 (k=200)

Die Pfade der so berechneten Mittelwerte sind sehr ähnlich zu den Pfaden im Programm MUENZE (siehe Abbildungen 6.4 - 6.6). Alles, was dort über den Verlauf der Pfade gesagt wurde, gilt auch hier mit entsprechenden Modifikationen. Wir gehen hier nicht weiter darauf ein, halten jedoch fest, daß sich *die Mittelwerte in Stichproben mit wachsendem*

Stichprobenumfang einem endgültigen Wert nähern, der hier mit *dem bekannten Mittelwert in der Altersverteilung* übereinstimmt. Diesen Sachverhalt werden wir auch noch eingehender in den Programmen SAWO und vor allem ALMI studieren.

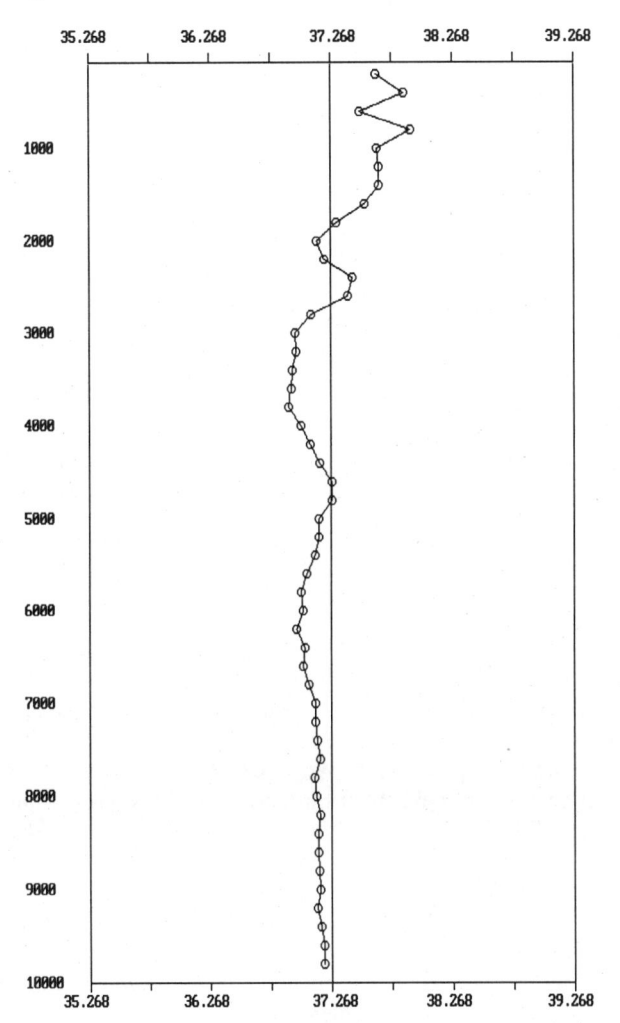

Abbildung 6.6: Pfad der Mittelwerte in einer Stichprobe der Größe 10000 (k=200)

Im Programm MUENZE hatten wir uns sehr ausführlich mit der Zufallsvariablen "Letzter Punkt des Pfades", bzw. mit dem n-fachen dieser Zufallsvariablen, der Anzahl Wappen bei n Würfen, beschäftigt. Die zuletzt genannte Zufallsvariable besaß eine bekannte Verteilung, nämlich die Binomialverteilung $B(n,1/2)$. Die möglichen Werte, die diese Zufallsvariable annehmen kann, sind alle ganze Zahlen zwischen 0 und n. Man nennt eine solche Zufallsvariable *diskret*, weil sie nur endlich viele Werte annehmen kann. Wir haben auch gesehen, daß die tatsächlich angenommenen Werte um $n/2$ zentriert sind. Werte in der Nähe von 0 und n sind nur theoretisch möglich, treten aber in der Realität kaum auf, d.h. die beobachteten relativen Häufigkeiten für diese Werte sind i.allg. Null, und entsprechend sind auch die von der Theorie gelieferten Wahrscheinlichkeiten annähernd Null. (Es sei empfohlen, sich mit dem Programm BINOMIAL solche Wahrscheinlichkeiten zu berechnen. Siehe auch Abbildung 5.9.)

Im Programm ALMIPFAD ist die Zufallsvariable "Letzter Punkt des Pfades" einfach der Mittelwert in einer Stichprobe der Größe n, und diesen Mittelwert haben wir schon ausgiebig studiert, zunächst im Programm ALTER, dann in ALTMIHI und STALMIHI. Es ist nicht mehr möglich (jedenfalls nicht auf einfache Weise), einen diskreten Wertebereich anzugeben. Wir betrachten den Mittelwert als eine *stetige* Zufallsvariable, die jeden Zwischenwert annehmen kann. Dementsprechend haben wir ja auch schon Histogramme gezeichnet und keine Stabdiagramme, wie beim Münzwurf für die Anzahl Wappen. Die Verteilung der Zufallsvariablen "Letzter Punkt des Pfades", also des Mittelwertes in einer Stichprobe der Größe n, ist nicht exakt bekannt wie beim Münzwurf. Wir haben jedoch in den Programmen ALTMIHI und STALMIHI gesehen, daß die Verteilung schon für relativ kleine Stichprobenumfänge gut durch eine Normalverteilung angenähert werden kann.

Abweichung	-6	-5	-4	-3	-2	-1	1	2	3	4	5	6
Häufigkeit	1	3	4	11	17	21	15	11	11	2	3	1

<u>Tabelle 6.1</u>: Abweichungen des letzten Punktes des Pfades vom bekannten Mittelwert in Vielfachen des halben Standardfehlers

Wir wollen uns jetzt noch mit der Frage befassen, wie weit der letzte Punkt des Pfades noch vom bekannten Mittelwert ($\mu = 37.268$) in der Grundgesamtheit abweicht. Die Entfernungen vom bekannten Mittelwert wollen wir in Vielfachen des halben Standardfehlers messen, und zwar wollen wir auch die Lage (links oder rechts von μ) berücksichtigen. Theoretisch müßten ja gleich viele Werte der Zufallsvariablen "Letzter Punkt des Pfades" links bzw. rechts vom bekannten Mittelwert in der Altersverteilung liegen. Der Standardfehler des Mittelwertes ist die Standardabweichung des Mittelwertes, und man weiß aufgrund theoretischer Überlegungen, daß diese gleich $\sigma/\sqrt{n}$ ist (siehe auch bei den Programmen SAWO und ALMI), wobei $\sigma = 22.460$ die Standardabweichung in der Grundgesamtheit ist. Wir haben 100mal Stichproben der Größe 100 gezogen und die Abweichungen von μ in Vielfachen des halben Standardfehlers ($=1.123$) gemessen. Die Ergebnisse stehen in Tabelle 6.1. Dabei bedeutet z.B. -3, daß der letzte Punkt des Pfades um weniger als das 3fache, jedoch um mehr als das 2fache des halben Standardfehlers nach unten von $\mu = 37.268$ abweicht.

Abbildung 6.7 zeigt ein Stabdiagramm der relativen Häufigkeiten mit der typischen Glockenform. Dies ist auch nicht verwunderlich, denn wir wissen ja schon, daß der Mittelwert in Stichproben aus der Altersverteilung annähernd normalverteilt ist. Das Stabdiagramm entspricht genau einem Histogramm des Programms STALMIHI, wenn wir dort die Klasseneinteilung so wählen, daß die Klassengrenzen bei -4, -3.5, -3, ..., 4 liegen (man müßte im Programm STALMIHI 16 Klassen wählen). Damit ist die Gestalt des Stabdiagramms erklärt.

```
-6 ▨
-5 ▨▨
-4 ▨▨▨
-3 ▨▨▨▨▨▨
-2 ▨▨▨▨▨▨▨▨▨▨
-1 ▨▨▨▨▨▨▨▨▨▨▨
 1 ▨▨▨▨▨▨▨▨▨▨
 2 ▨▨▨▨▨▨▨▨
 3 ▨▨▨▨
 4 ▨▨
 5 ▨▨
 6 ▨
```

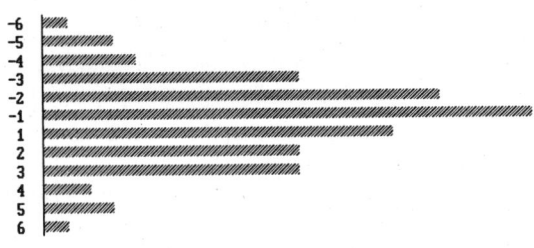

Abbildung 6.7: Stabdiagramm der relativen Häufigkeiten

Wir wollen jetzt mit Hilfe der Normalverteilung die Wahrscheinlichkeiten ausrechnen, daß der Mittelwert aus 100 Alterswerten in die oben benutzten Klassen fällt. Da wir die Klassenbreiten als Vielfache der halben Standardabweichung gewählt haben, kommt es hier nicht auf die Parameter der Normalverteilung an, denn es gilt (siehe Programm NORMAL) für die Normalverteilung: Weichen die Intervallgrenzen a und b um das gleiche Vielfache der Standardabweichung vom Mittelwert der Normalverteilung ab, so ändern sich die Wahrscheinlichkeiten $P(a \leq Y \leq b)$ nicht, wenn man die Parameter der Normalverteilung ändert (natürlich sind dabei a und b entsprechend zu verändern). Deshalb können wir die Wahrscheinlichkeiten mit Hilfe der Standardnormalverteilung berechnen. Abbildung 6.8 zeigt ein mit dem Programm DISKRET erstelltes Stabdiagramm der Wahrscheinlichkeiten.

```
-6 ▨
-5 ▨▨
-4 ▨▨▨▨
-3 ▨▨▨▨▨▨▨
-2 ▨▨▨▨▨▨▨▨▨▨
-1 ▨▨▨▨▨▨▨▨▨▨▨
 1 ▨▨▨▨▨▨▨▨▨▨▨
 2 ▨▨▨▨▨▨▨▨▨▨
 3 ▨▨▨▨▨▨▨
 4 ▨▨▨▨
 5 ▨▨
 6 ▨
```

Abbildung 6.8: Stabdiagramm der Wahrscheinlichkeiten

Tabelle 6.2 enthält die Wahrscheinlichkeiten und die erwarteten Häufigkeiten für jede Klasse, d.h. die mit 100 multiplizierten Wahrscheinlichkeiten. Die erwarteten Häufigkeiten sind die aufgrund der Theorie zu erwartenden Häufigkeiten für jede Klasse bei 100 normalverteilten Beobachtungen.

Klasse k	±1	±2	±3	±4	±5	±6
$P(Y \in k)$	0.1915	0.1499	0.0918	0.0441	0.0165	0.0049
Erw. Häuf.	19	15	9	4	2	1/2

Tabelle 6.2: Wahrscheinlichkeiten und erwartete Häufigkeiten

Vergleicht man die erwarteten Häufigkeiten mit den beobachteten Häufigkeiten, so fällt auf, daß beide sich nur wenig unterscheiden. Die Normalverteilung ist also sehr gut imstande, die vorliegenden Beobachtungen zu erklären. Man kann auch sagen: Die Normalverteilung ist ein gutes *Modell* für die hier vorliegenden Beobachtungen. Man sollte dabei aber im Auge behalten, daß es eine *Approximation* ist und *nicht* das "wahre Modell". Letzteres wird es ohnehin nur in Ausnahmefällen geben.

Wir betrachten jetzt die absoluten Abweichungen vom bekannten Mittelwert in der Grundgesamtheit, d.h. wir verzichten auf das Vorzeichen der Abweichung. Wir fassen also die Klassen ±k zu einer Klasse k zusammen. In Tabelle 6.3 stehen die beobachteten Häufigkeiten n(k), die kumulierten Häufigkeiten $\Sigma_{j \leq k} n(j)$ und dazu jeweils die erwarteten Häufigkeiten.

Unsere früheren Erkenntnisse werden hier nur noch einmal bestätigt. Außerdem kann man sehr gut die sogenannten 3σ-Regeln beobachten (siehe Programm NORMAL), die besagen, daß bei normalverteilten Beobachtungen ungefähr 2/3 der Beobachtungen um weniger als eine Standardabweichung vom Mittelwert abweichen, ungefähr 95% um weniger als 2 und ungefähr 99% um weniger als 3 Standardabweichungen.

Klasse k	1	2	3	4	5	6
P(Y∈k)	.3830	.2998	.1836	.0882	.0330	.0098
Häufigkeit	36	28	22	6	6	2
Erw. Häufigkeit	38	30	18	8	3	1
Kum. Häufigkeit	36	64	86	92	98	100
Erw. kum. Häuf.	38	68	87	95	99	100

Tabelle 6.3: Absolute Abweichungen vom bekannten Mittelwert

Bisher stimmen also Theorie und Empirie sehr gut überein. Betrachten wir jetzt noch die Anzahl der positiven (43) und negativen (57) Abweichungen vom bekannten Mittelwert. Wenn wir mit der Vorstellung arbeiten, daß die Mittelwerte in den Stichproben annähernd normalverteilt sind, so sollten wegen der Symmetrie der Normalverteilung die Anzahl der positiven und negativen Abweichungen ungefähr gleich sein, d.h. eine positive Abweichung ist genauso wahrscheinlich wie eine negative, d.h. beide Abweichungen haben die Wahrscheinlichkeit 1/2. Bei 100 Betrachtungen der Zufallsvariablen "Letzter Punkt des Pfades" sollte daher die Anzahl der positiven Abweichungen und natürlich auch der negativen Abweichungen binomialverteilt sein mit den Parametern n=100 und $\pi = 1/2$. Wir haben hier die Idee des *Zeichentests* dargestellt (siehe L/Z1, S.96-99, L/Z2, S.51 und Programm ZEICHEN in GSTAT2). Wir können mit Hilfe des Zeichentests die Hypothese prüfen, daß die Wahrscheinlichkeit einer positiven Abweichung gleich der Wahrscheinlichkeit einer negativen Abweichung vom bekannten Mittelwert ist.

Was würde es bedeuten, wenn wir die Hypothese verwerfen müßten? Zunächst könnte es bedeuten, daß der Mittelwert (Erwartungswert) unserer Beobachtungen ("Letzter Punkt des Pfades") nicht mit dem Median dieser Zufallsvariablen übereinstimmt. (Der Median ist gerade der Wert, für den gilt: Die Wahrscheinlichkeit, einen kleineren Wert als den Median zu erhalten, ist 1/2, also auch die Wahrscheinlichkeit, einen größeren Wert zu erhalten.) Für die Normalverteilung stimmen Median und Mittelwert (Erwartungswert) überein, und wenigstens für großes n könnte dies nicht die Ursache sein, weshalb wir die

Hypothese verwerfen müßten. Wir haben hier jedoch n=100 und unsere Verteilung ist nur angenähert eine Normalverteilung. Die Histogramme der Mittelwerte in den Programmen ALTMIHI und STALMIHI weisen fast alle eine gewisse Schiefe auf, die darauf hinweisen könnte, daß Mittelwert (Erwartungswert) und Median nicht unbedingt übereinstimmen. Ist man aber aufgrund anderer Überlegungen sicher, daß Mittelwert und Median übereinstimmen (z.B. bei großem n), so bleibt die Möglichkeit, daß unser Zufallszahlengenerator nicht einwandfrei "zufällig" arbeitet. Um hier nun eine Entscheidung zu fällen, betrachten wir das Stabdiagramm der Binomialverteilung mit den Parametern n=100 und $\pi=1/2$ (siehe Abbildung 6.9).

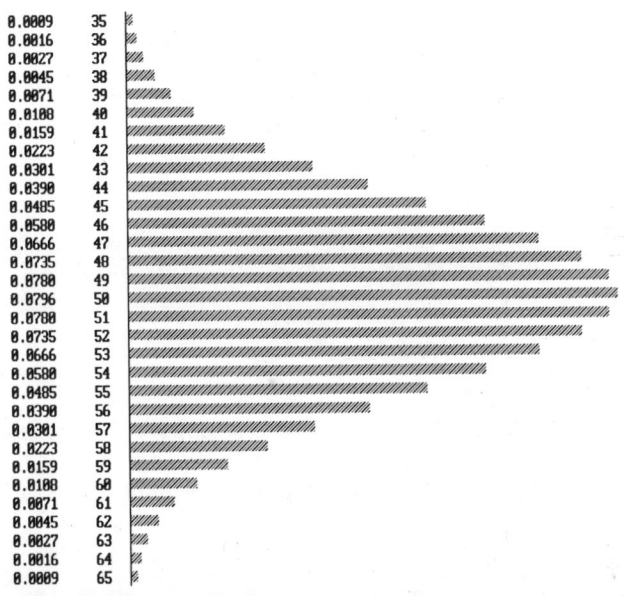

```
0.0009   35
0.0016   36
0.0027   37
0.0045   38
0.0071   39
0.0108   40
0.0159   41
0.0223   42
0.0301   43
0.0390   44
0.0485   45
0.0580   46
0.0666   47
0.0735   48
0.0780   49
0.0796   50
0.0780   51
0.0735   52
0.0666   53
0.0580   54
0.0485   55
0.0390   56
0.0301   57
0.0223   58
0.0159   59
0.0108   60
0.0071   61
0.0045   62
0.0027   63
0.0016   64
0.0009   65
```

Abbildung 6.9: Stabdiagramm der B(100,1/2)-Verteilung

Wir hatten in unserem Beispiel 57 negative bzw. 43 positive Abweichungen erhalten. Diese Werte liegen zwar nicht unbedingt im "Zentrum" der zugrundeliegenden Verteilung, aber die Wahrscheinlichkeiten, solche Werte zu erhalten, sind noch relativ groß. Die Wahrscheinlichkeiten, daß eine B(100,1/2)-verteilte Zufallsvariable einen Wert im Intervall [43,57] bzw. [44,56] annimmt, sind 0.8668 bzw. 0.8067. Würde man diese Intervalle als Komplement des Ablehnungsbereiches ("Annahmebereich", besser wäre der Ausdruck "Nichtverwerfungsbereich") verwenden, so wären die Irrtumswahrscheinlichkeiten, d.h. die Wahrscheinlichkeiten für den Ablehnungsbereich, 0.1332 bzw. 0.1933. Würden wir bei unserem beobachteten Wert von 57 die Hypothese verwerfen, so wäre die Irrtumswahrscheinlichkeit ungefähr 20%, eine relativ große Irrtumswahrscheinlichkeit. Wir sollten uns daher entschließen, die Hypothese nicht zu verwerfen, d.h. natürlich nicht, daß unsere Hypothese richtig ist, sondern nur, daß wir nicht mit hoher Sicherheit das Gegenteil beweisen können (siehe L/Z1,2 a.a.O.). Es kann durchaus noch der Fall sein, daß Median und Mittelwert (Erwartungswert) der von uns betrachteten Zufallsvariablen "Letzter Punkt des Pfades" voneinander abweichen, oder daß unser Zufallszahlengenerator nicht einwandfrei ist.

7. SAWO

A: Programmbeschreibung

Kurzbeschreibung:

Zu verschiedenen Stichprobengrößen n (= 50, 100, 200, ..., 1000) werden je k (= 10, 20, ..., 50) Stichproben aus der Altersverteilung der Bundesrepublik Deutschland im Jahre 1974 gezogen. Für jede Stichprobe wird der Mittelwert berechnet. In einem x,y-Koordinatensystem werden die Mittelwerte (y) als Funktion der Stichprobengröße (x) dargestellt.

Menü:

```
         Simulation         ==> 1
         Kurzbeschreibung   ==> 2
         Programmende       ==> 9
```

7.1 Simulation

Eingabe: Stichprobengrößen durch J(a)/N(ein)-Abfragen

Für jede Stichprobengröße, die verwendet werden soll, ist "J" einzugeben.

Eingabe: Anzahl der zu ziehenden Stichproben

Es sind nur die Werte 10, 20, ..., 50 zulässig.

```
Stichprobengrösse:  50
Mittel: 32.86 40.30 39.14 32.76 37.42 39.54 36.14 40.00 37.48 38.32

Stichprobengrösse:  100
Mittel: 37.07 39.78 40.40 34.97 39.93 39.84 37.06 38.63 38.98 35.53

Stichprobengrösse:  200
Mittel: 38.00 35.78 37.10 36.67 36.04 38.51 37.65 38.65 36.70 35.81

Stichprobengrösse:  300
Mittel: 34.68 37.81 37.70 35.93 38.45 38.41 35.24 36.15 37.57 34.57

Stichprobengrösse:  400
Mittel: 36.52 38.29 38.11 36.66 37.11 37.61 38.51 37.55 36.90 37.43

Stichprobengrösse:  500
Mittel: 39.43 37.29 38.40 36.32 38.62 37.89 36.20 38.35 37.90 37.69

Stichprobengrösse:  600
Mittel: 37.19 39.21 38.39 36.61 37.05 37.48 39.08 36.12 36.19 35.97

Stichprobengrösse:  700
Mittel: 36.86 38.21 38.53 37.11 36.20 36.52 36.84 37.21 35.69 38.21

Stichprobengrösse:  800
Mittel: 38.24 38.08 37.33 37.88 36.53 36.31 37.15 37.47 37.42 38.04

Stichprobengrösse:  900
Mittel: 38.55 37.32 38.78 36.37 38.26 37.93 37.69 37.00 38.57 37.05

Stichprobengrösse:  1000
Mittel: 38.10 35.71 37.93 38.23 37.23 35.31 36.67 36.65 38.20 36.60
```

<u>Abbildung 7.1</u>: Auflistung der Mittelwerte in den Stichproben

Mittelwerte in Abhängigkeit von der Stichprobengröße

Ausgabe: Mittelwerte in den Stichproben (siehe Abbildung 7.1)

Ausgabe: Schaubild

Auf der waagerechten Achse werden die Stichprobenumfänge abgetragen, auf der senkrechten die Mittelwerte in den Stichproben (siehe Abbildung 7.2).

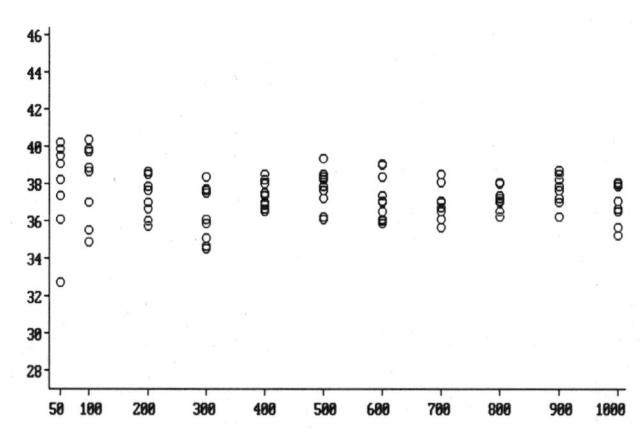

Abbildung 7.2: Die Mittelwerte als Funktion des Stichprobenumfangs

B: Übungen

1.) Machen Sie sich mit dem Programm vertraut, indem Sie alle möglichen Größen variieren.

2.) Ziehen Sie mehrmals hintereinander je 10, 20, ..., 50 Stichproben von allen möglichen Stichprobengrößen. Beobachten Sie die Variation der Mittelwerte in den Stichproben zunächst anhand der ausgedruckten Werte, dann anhand der Bilder.

3.) Ziehen Sie mehrmals je 50 Stichproben zu den Stichprobengrößen 100, 400 und 900. Betrachten Sie die zugehörigen Bilder. Versuchen Sie, die unterschiedliche Variation der Mittelwerte durch Zahlenverhältnisse auszudrücken. Messen Sie dazu gegebenenfalls die Breite der Streuung mit dem Lineal aus.

4.) Ziehen Sie wieder mehrfach je 50 Stichproben zu allen Stichprobengrößen. Denken Sie sich die Punktwolke von unten und oben durch eine geschlossene Kurve begrenzt, etwa indem Sie versuchen, durch die Minima bzw. Maxima möglichst gut eine Kurve hindurchzulegen. Welche Gestalt hat diese Kurve, und durch was für eine Gleichung kann man sie beschreiben?

5.) Lassen Sie sich ein Bild mit je 50 Stichproben zu allen Stichprobengrößen ausdrucken und zeichnen Sie für jede Stichprobengröße n die Werte $\mu \pm 2\sigma/\sqrt{n}$ und $\mu \pm 3\sigma/\sqrt{n}$ ein, wobei $\mu = 37.27$ der bekannte Mittelwert in der Altersverteilung und $\sigma = 22.46$ die bekannte Standardabweichung in der Altersverteilung ist. Verbinden Sie diese Werte durch eine Kurve.

C: Lernziele

Bereits in den Programmen ALTER und ALTMIHI hatten wir festgestellt, daß die *Variation der Stichprobenmittelwerte mit wachsendem Stichprobenumfang abnimmt*. Die vom Programm ALTMIHI gezeichneten Histogramme der Stichprobenmittelwerte wurden mit wachsendem Stichprobenumfang schmaler. In den Übungen zum Programm ALTER hatten wir vorgeschlagen, die Stichprobenmittelwerte gegen den Stichprobenumfang in einem x,y-Koordinatensystem abzutragen. Dies macht nun das Programm SAWO. Zu Stichprobenumfängen zwischen 50 und 1000 können jeweils 10, 20, ..., 50 Stichproben gezogen werden. Wir wollen mit diesem Programm den Zusammenhang zwischen Stichprobenumfang und Streuung der Mittelwerte in den Stichproben studieren.

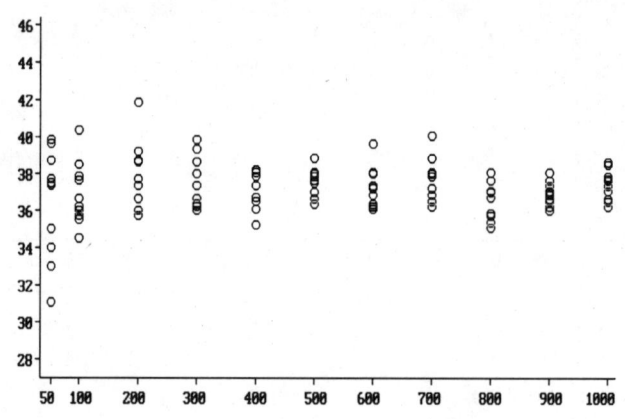

Abbildung 7.3: Je 10 Mittelwerte zu jedem Stichprobenumfang

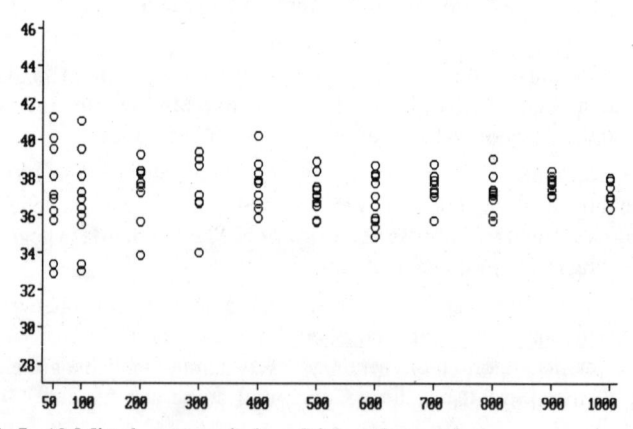

Abbildung 7.4: Je 10 Mittelwerte zu jedem Stichprobenumfang

Schon bei den Zahlen (siehe Abbildung 7.1) fällt auf, daß die Variation der Mittelwerte mit wachsendem Stichprobenumfang zurückgeht. Vielleicht kann man auch schon anhand der bloßen Zahlen beobachten, daß der Unterschied in der Streuung zwischen 50 und 100 beträchtlich ist, danach die Unterschiede aber nicht mehr so stark sind. Die Streuung nimmt zwar weiter ab, aber sie nimmt langsamer ab. Gelegentlich gibt es sogar

Werte bei größerem Stichprobenumfang, die weiter draußen liegen. Anhand der Bilder könnte man vielleicht sagen, daß die Punktwolke um einen "mittleren Wert" zentriert ist und trichterförmig zusammenläuft. Dies erkennt man natürlich am besten, wenn man möglichst viele Stichproben in ein Bild zeichnet. Zieht man nur jeweils 10 Stichproben, so ist noch zuviel Variation von Bild zu Bild da (siehe Abbildungen 7.3 und 7.4).

Damit ist gemeint, daß wir mit unseren Bildern noch nicht den typischen Sachverhalt eingefangen haben, sie enthalten möglicherweise noch zufallsbedingte Eigenheiten, die nicht typisch sind. Bessere Bilder erhält man z.B. für je 50 Stichproben (siehe Abbildungen 7.5 und 7.6).

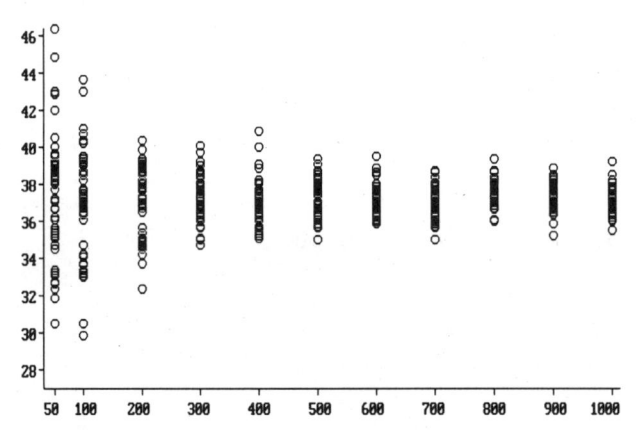

Abbildung 7.5: Je 50 Mittelwerte zu jedem Stichprobenumfang

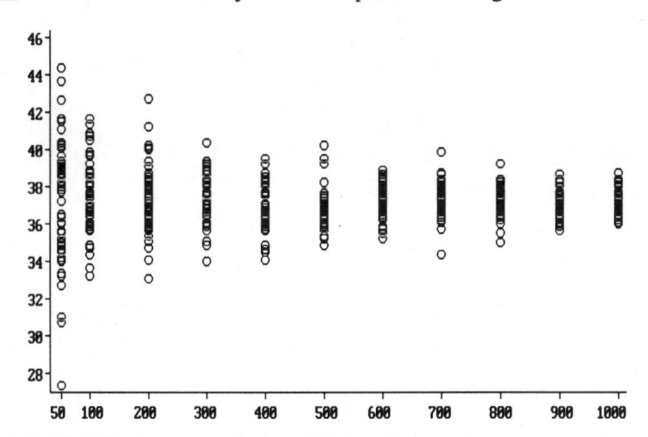

Abbildung 7.6: Je 50 Mittelwerte zu jedem Stichprobenumfang

In Abbildung 7.7 haben wir vier solche Bilder übereinander drucken lassen, haben also je 200 Mittelwerte zu jedem Stichprobenumfang. Aus diesen Bildern wird deutlich, daß die Streuung mit wachsendem Stichprobenumfang abnimmt, und man könnte sich vielleicht auch schon vorstellen, daß schließlich alle Punkte zusammenfallen, also praktisch keine Streuung mehr vorhanden ist. Aber das soll im Programm ALMI näher verdeutlicht wer-

den. Hier wollen wir uns mit der Frage befassen, wie die Streuung, also die Breite der
Punktwolke, abnimmt. Diesem Zweck dienen die Übungen 3 - 5.

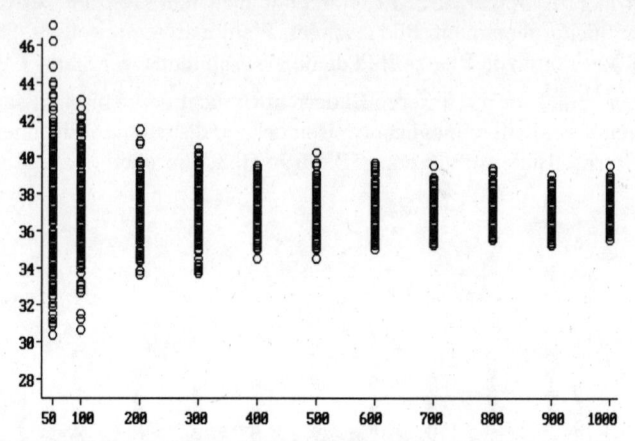

Abbildung 7.7: Je 200 Mittelwerte zu jedem Stichprobenumfang

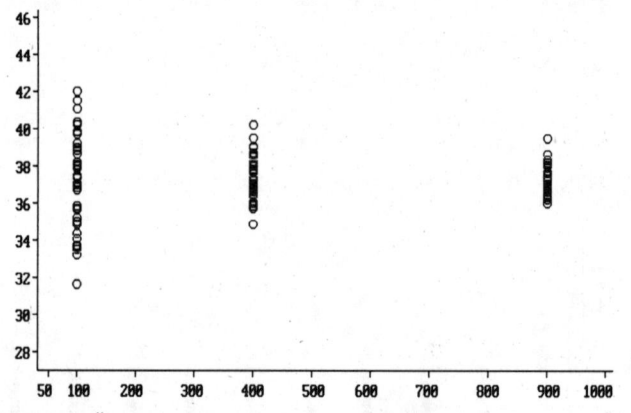

Abbildung 7.8: Bild zu Übung 3

n	100	400	900
Breite	6.2 5.8 7.9 6.5 6.1	3.4 3.7 2.9 2.6 2.8	1.8 2.4 2.1 2.1 2.2
Summe	32.5	15.4	10.6

Tabelle 7.1: Breite der Punktwolke bei 5 Messungen

In Abbildung 7.8 sind jeweils 50 Stichproben zu den Stichprobenumfängen 100, 400 und
900 eingetragen. Mit dem Lineal haben wir in der Originalgröße die Breite gemessen und

Mittelwerte in Abhängigkeit von der Stichprobengröße 73

beginnend mit n=100 die folgenden Werte erhalten: 6.3, 2.3 und 1.6. Da diese Zahlen noch sehr stark von diesem einen Bild abhängen können, haben wir die Messungen an 5 weiteren Bildern wiederholt und die in Tabelle 7.1 stehenden Werte erhalten.

Ganz grob kann man wohl sagen, daß diese Zahlen ungefähr im Verhältnis 6:3:2 stehen, wenn man der Zahl für n=900 den Wert 2 zuordnet. Betrachten wir nun die Zahlen $1/\sqrt{n}$, also 1/10, 1/20 und 1/30. Nach Multiplikation mit 60 sehen wir, daß sie ebenfalls im Verhältnis 6:3:2 stehen. Demnach hätten wir herausgefunden, daß *die Streuung wie $1/\sqrt{n}$ abnimmt*, wenn n den Stichprobenumfang bezeichnet.

Versucht man, die Punktwolke von oben und unten möglichst gut durch eine geschlossene Kurve einzugrenzen, ähnlich "wie man in der Regressionsrechnung eine Kurve anpaßt", so haben diese Kurven zusammen betrachtet die schon oben erwähnte trichterförmige Gestalt, und wer mit dem Verlauf von Kurven etwas vertraut ist, wird wohl zustimmen (zumindest nach Übung 5), daß die obere Kurve wie $c/\sqrt{n}$ abfällt, während die untere Kurve wie $-c/\sqrt{n}$ steigt, wenn c eine Konstante bezeichnet. In Abbildung 7.9 haben wir die Kurven $\mu \pm 2(3)\sigma/\sqrt{n}$ einzeichnen lassen, wobei μ (=37.268) der bekannte Mittelwert und σ (=22.460) die bekannte Standardabweichung in der Grundgesamtheit ist. Wir wollen diese Kurven im Folgenden als 2- und 3σ-Kurven oder Grenzen bezeichnen.

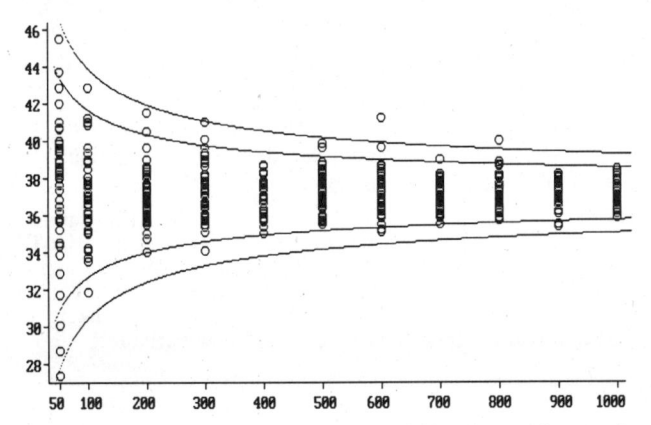

Abbildung 7.9: Je 50 Mittelwerte als Funktion des Stichprobenumfangs mit eingezeichneten 2- und 3σ-Grenzen

Man sieht an dieser Abbildung, daß diese Kurven die Punktwolke recht gut einschließen und das langsamer werdende Abfallen der Streuung der Mittelwerte gut beschreiben. Nur 3 von insgesamt 550 Punkten liegen außerhalb der 3σ-Kurven, weitere 3 berühren die 3σ-Kurven, und die große Masse der Punkte liegt innerhalb der 2σ-Kurven. Vergleicht man die Abbildung 7.9 mit den Abbildungen 7.7 und 7.10, die letztere Abbildung enthält die Punktwolke aus Abbildung 7.7 mit eingezeichneten 2- und 3σ-Grenzen, so fällt auf, daß wir in Abbildung 7.9, mit seiner verhältnismäßig starken Streuung, doch ein recht seltenes Bild erhalten haben. Die Abbildung 7.10 enthält nämlich viermal so viele Punkte.

Wir haben also bisher gesehen, daß die Streuung der Mittelwerte mit wachsendem Stichprobenumfang proportional zu $1/\sqrt{n}$ abnimmt. Dies kann man auch exakt beweisen. Es gilt nämlich: Ist σ die Standardabweichung in der Grundgesamtheit, so ist die Standardabweichung des Mittelwertes in einer Stichprobe des Umfanges n gleich $\sigma/\sqrt{n}$.

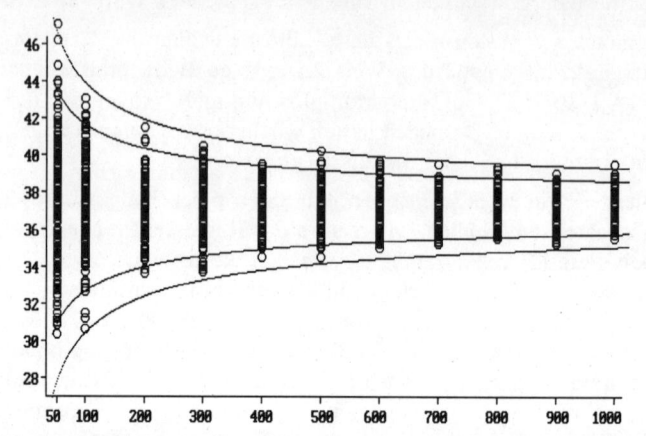

Abbildung 7.10: Je 200 Mittelwerte als Funktion des Stichprobenumfangs mit eingezeichneten 2- und 3σ-Grenzen

In den Programmen ALTMIHI und STALMIHI haben wir gesehen, daß die Mittelwerte in Stichproben aus der Altersverteilung annähernd normalverteilt sind. Für die Normalverteilung gilt nun, daß ungefähr 2/3 der Beobachtungen innerhalb der 1σ-Grenzen, ungefähr 95% innerhalb der 2- und 99% innerhalb der 3σ-Grenzen liegen. Dies wird durch die Abbildungen 7.9 und 7.10 recht gut bestätigt.

Anmerkung: Die 1-, 2- und 3σ-Grenzen können mit dem Programm SAWO in die Punktwolke eingezeichnet werden, wenn man anstelle der Leertaste die Taste "G" drückt. Drückt man dann die Tasten 1, 2 oder 3, so werden die entsprechenden σ-Grenzen eingezeichnet. Mit der Taste 0 wird das Bild mit der Punktwolke neu aufgebaut, und mit der Taste 9 kommt man wieder zurück. Wir haben auf diese Möglichkeit nicht ausführlich hingewiesen, um nicht von vornherein alle Lerneffekte zu verbauen.

8. ALMI

A: Programmbeschreibung

Kurzbeschreibung:

Es wird eine Stichprobe der Größe 25000 aus der Altersverteilung der Bundesrepublik Deutschland im Jahre 1974 gezogen. Jeweils nach 25, 50, 100, 250, 500, 1000, 2500, 5000, 10000, 25000 gezogenen Werten wird der Mittelwert aus den bisher gezogenen Werten berechnet. Mittelwert und Stichprobenumfang werden in einem x, y-Koordinatensystem abgetragen. Dabei ist die Skala für die x-Achse logarithmisch eingeteilt. Beliebig viele Pfade können in einem Bild dargestellt werden.

Menü:

```
            Simulation              ==> 1
            Kurzbeschreibung        ==> 2
            Programmende            ==> 9
```

8.1 Simulation

Ausgabe des Bildes (siehe Abbildung 8.1)

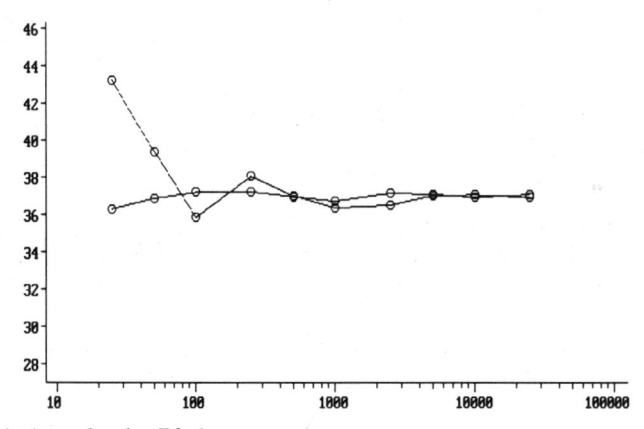

Abbildung 8.1: Ausgabe der Pfade

Nach jedem eingetragenen Wert ist die Leertaste zu drücken.

J(a)/N(ein)-Abfrage: Weiterer Pfad? J --> 8.1, N --> Menü.
Der neue Pfad wird in dasselbe Bild gezeichnet.

B: Übungen

1.) Machen Sie sich zunächst mit dem Programm vertraut, indem Sie mehrere Pfade zeichnen lassen.

2.) Lassen Sie sich mehrmals hintereinander möglichst viele Pfade in einem Bild darstellen.

3.) Messen Sie mehrmals in Bildern mit möglichst vielen Pfaden mit einem Lineal die Breite der Streuung für die Stichprobenumfänge 25, 100, 2500, 10000 aus. Geben Sie ungefähr das Verhältnis dieser Breiten an. Vergleichen Sie diese Zahlen mit den Standardabweichungen der Stichprobenmittelwerte, die z.B. im Programm ALTMIHI angegeben werden.

C: Lernziele

Auf den ersten Blick scheint das Programm ALMI dem Programm SAWO sehr ähnlich zu sein. Es werden Mittelwerte in Stichproben aus der Altersverteilung berechnet, und in einem x,y-Koordinatensystem werden die Mittelwerte gegen den Stichprobenumfang abgetragen. Ein erster Unterschied zum Programm SAWO ist, daß hier die Stichprobe sukzessive vergrößert wird bis zur Stichprobengröße 25000. Zu den bereits gezogenen Werten werden noch weitere Werte dazu gezogen, während im Programm SAWO immer neue Stichproben gezogen werden. In dieser Hinsicht ist das Programm ALMI also ähnlich dem Programm ALMIPFAD, in dem ein Pfad der Mittelwerte gezeichnet wurde, während hier mehrere Pfade in einem Bild und auf einem Bildschirm dargestellt werden können. Der entscheidende Unterschied, der es auch ermöglicht, daß das ganze Bild auf einem Bildschirm dargestellt werden kann, ist der, daß die x-Achse für den Stichprobenumfang jetzt logarithmisch eingeteilt ist, d.h. auf der x-Achse wird nicht der Stichprobenumfang, sondern der Logarithmus des Stichprobenumfangs abgetragen. Da der Logarithmus wesentlich langsamer steigt als sein Argument, können wir jetzt wesentlich größere Stichproben in einem Bild zusammen mit kleinen Stichproben darstellen und das Abfallen der Streuung der Mittelwerte beobachten.

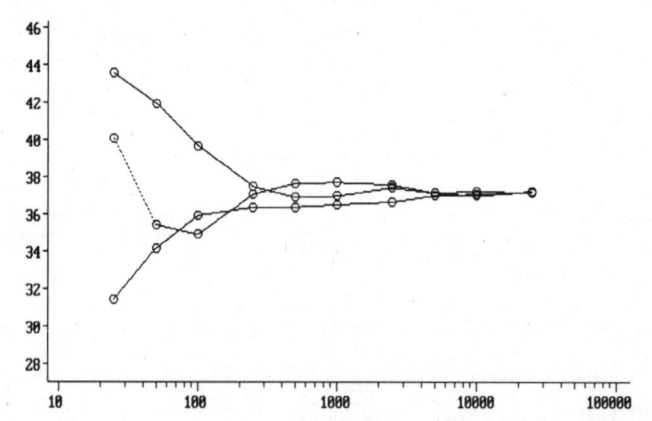

Abbildung 8.2: Pfade von Mittelwerten in 3 Stichproben aus der Altersverteilung

Zeichnet man sich mehrere Pfade in ein Bild, so fällt natürlich sofort auf, daß die Pfade mit wachsendem Stichprobenumfang auf einen Wert zusammenlaufen, der in der Nähe von 37 liegt. Dies sieht man schon an der Abbildung 8.1 mit nur 2 Pfaden. Betrachtet man die Abbildungen 8.2 - 8.4, so sieht man weiter, daß alle Pfade um diesen einen Wert streuen, dieser Wert also in der Mitte des ganzen Pfadgebildes liegt, er also ein *"mittlerer Wert"* oder *"Mittelwert"* ist, auf den schließlich alle Pfade zulaufen. In der mathematischen Theorie oder der Wahrscheinlichkeitstheorie bezeichnet man diesen Wert als *Erwartungswert*. Er ist demnach der Wert, den man als Mittelwert in der Stichprobe erwarten kann, wenn man nur die Stichprobe groß genug wählt.

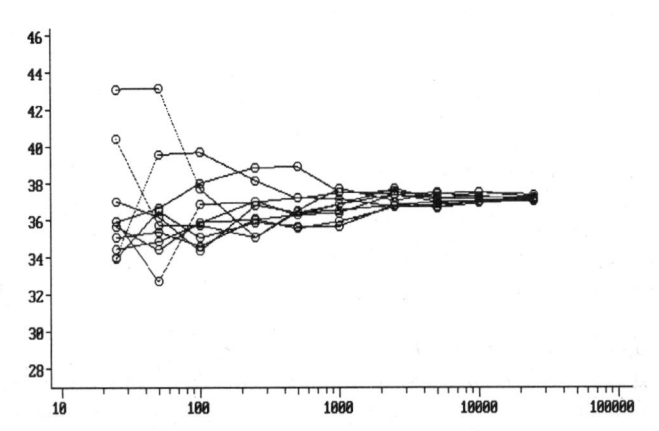

Abbildung 8.3: Pfade von Mittelwerten in 10 Stichproben aus der Altersverteilung

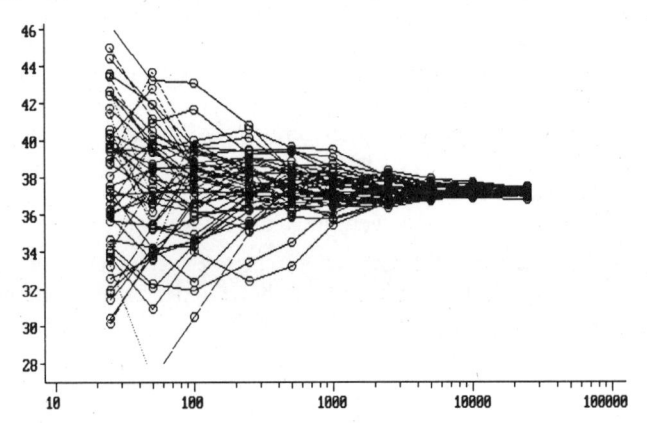

Abbildung 8.4: Pfade von Mittelwerten in 50 Stichproben aus der Altersverteilung

Damit haben wir inzwischen gelernt, daß *Histogramme* sich mit wachsendem Stichprobenumfang auf eine *"endgültige"* Gestalt einpendeln, die in der Theorie der *Dichtefunktion* entspricht (Programm ALTER). Ebenso nähern sich *relative Häufigkeiten* mit wachsendem Stichprobenumfang *"endgültigen"* Werten, denen in der Theorie die *Wahrscheinlichkeiten* entsprechen. Da die relativen Häufigkeiten im Histogramm als Flächen dargestellt werden und diese bei dem oben beschriebenen Übergang in Flächen unter der Dichtefunktion übergehen, kann man Wahrscheinlichkeiten als Flächen unter der Dichtefunktion berechnen. Dies ist in der Theorie durch Berechnung von Integralen möglich.

Jetzt haben wir gesehen, daß auch die *Mittelwerte in Stichproben* mit wachsendem Stichprobenumfang *"endgültigen"* Werten zustreben, die man in der Theorie als *Erwartungswerte* bezeichnet, gelegentlich auch als Mittelwert. Um hier keine Verwirrung zu stiften, haben wir uns bemüht, immer Mittelwert in der Stichprobe zu sagen. Für den endgültigen Wert wollen wir Erwartungswert sagen. Damit haben wir für einen weiteren theoretischen Begriff eine plausible Erklärung gefunden. Mit Hilfe der Theorie ist es dann möglich, auf einfache Weise Berechnungen durchzuführen. Dazu muß man natürlich wissen, welche Dichtefunktion die richtige ist oder besser gesagt, welche Dichtefunktion am besten zu den gegebenen Daten paßt. Dies herauszufinden, ist Aufgabe der *Modellanpassung*, einem wichtigen Teilgebiet der Statistik.

Hat man die "richtige" Dichtefunktion f(x) gefunden, so kann man den Erwartungwert wieder mit Hilfe eines Integrals berechnen. Man hat jetzt die Funktion xf(x) über den ganzen Definitionsbereich der Dichtefunktion f(x) zu integrieren, d.h. über den Bereich, in dem f(x)>0 gilt, d.h. in dem die betreffende Zufallsvariable Werte annehmen kann. Dies kann man sich vielleicht so klarmachen: Man denke sich zu den n gegebenen Beobachtungen ein Histogramm mit I Klassen (i=1,2,...,I). Die Häufigkeiten in den Klassen seien n_i. Dann kann man sich den Mittelwert in der Stichprobe angenähert berechnen nach der Formel $\Sigma_i\, x_i n_i/n$, wenn x_i ein mittlerer Wert aus der Klasse i ist. Die Güte dieser Approximation hängt natürlich von der Anzahl der verwendeten Klassen ab, mit wachsender Klassenanzahl wird sie besser. Nun denken wir uns die übliche Situation wie beim Übergang von Histogrammen zu Dichtefunktionen, d.h. die Anzahl der Beobachtungen wird erhöht und die Klassenbildung wird immer weiter verfeinert. Dabei gehen relative Häufigkeiten oder, eigentlich genauer, Summen von relativen Häufigkeiten über in Wahrscheinlichkeiten, die durch Integrale über die Dichtefunktion f(x) berechnet werden können. In unserer obigen Formel für den Mittelwert haben wir sozusagen Summen von gewichteten relativen Häufigkeiten, die bei dem oben geschilderten Übergang wieder in ein Integral über die mit x gewichtete Dichtefunktion übergehen, also in das Integral der Funktion xf(x) über den ganzen Definitionsbereich. Bei diesem Übergang ist aber der Unterschied zwischen dem Mittelwert in der Stichprobe und seiner Approximation verschwindend gering, und da der Mittelwert in der Stichprobe gegen den Erwartungswert konvergiert, folgt, daß der Erwartungswert durch das Integral berechnet werden kann.

Wir wollen noch einmal den wichtigen Unterschied zwischen dem Mittelwert in der Stichprobe und dem Erwartungswert, dem "Mittelwert in der Theorie", hervorheben. Der *Mittelwert in der Stichprobe* ist eine *Zufallsvariable*, wie wir schon im Programm ALTER gesehen haben. Der *Erwartungswert* ist dagegen eine *feste Zahl*.

n	25	100	2500	10000
Breite	11.0	3.7	0.6	0.4
	8.5	5.5	0.8	0.4
	10.3	4.6	0.5	0.4
	8.7	3.4	0.8	0.3
	6.2	5.6	0.8	0.5
Summe	44.7	22.8	3.5	2.0

<u>Tabelle 8.1:</u> Breite der Punktwolke bei 5 Messungen

Die 3. Übung wiederholt noch einmal die entsprechende Übung (3) zum Programm SAWO. Es soll gezeigt werden, daß die Breite der Punktwolke, also die Streuung umge-

Pfade der Mittelwerte 79

kehrt proportional zu $\sqrt{n}$ ist, wenn n der Stichprobenumfang ist. Für die Pfade in Abbildung 8.3 haben wir in der Originalgröße mit dem Lineal die Breite ausgemessen und beginnend mit n=25 die folgenden Werte in cm erhalten: 5.2, 3.1, 0.6 und 0.4, die ungefähr im Verhältnis 13:8:1.5:1 stehen. Da diese Ergebnisse natürlich noch stark vom Zufall abhängen können, haben wir die Messsungen wieder an 5 weiteren Bildern mit je 10 Pfaden wiederholt. Dabei ergaben sich die in Tabelle 8.1 stehenden Werte.

Die Summen stehen etwa im Verhältnis 22:11:2:1, wenn man der Zahl 2.0 den Wert 1 zuordnet. Die Zahlen $1/\sqrt{n}$ stehen im Verhältnis 20:10:2:1. Die Verhältniszahlen aufgrund der 5 Bilder kommen diesen von der Theorie gelieferten Zahlen schon viel näher als die Zahlen aufgrund einer Stichprobe. Mit dem Bild der Abbildung 8.3 haben wir kein sehr repräsentatives Bild gefunden. Die Streuungen für n=25 und n=100 waren unverhältnismäßig gering. Auch bei den Ergebnissen aufgrund der 5 Bilder muß man sich natürlich klarmachen, daß man keine genauen Ergebnisse erhalten kann. Um die richtigen Verhältnisse genauer zu schätzen, hätte man wesentlich mehr Bilder betrachten müssen, evtl. auch die Anzahl der Pfade in den Bildern erhöhen müssen, ganz abgesehen von der Ungenauigkeit der Meßmethode.

Am Schluß des letzten Absatzes haben wir das Wort *"schätzen"* erwähnt, dieses Wort ist ein wichtiger statistischer Begriff. Wir haben versucht, aufgrund von 5 Bildern das Verhältnis der Streuungen der Mittelwerte in Stichproben bei unterschiedlichen Stichprobenumfängen zu schätzen. Hier ist das Verhältnis aufgrund der Theorie bekannt. Man würde in der Praxis also nicht schätzen. Wir haben es nur getan, um den Begriff der Streuung und Standardabweichung anschaulich zu machen. In der Praxis gibt es aber Situationen, in denen man irgendwelche feste Zahlen oder auch nur eine feste Zahl schätzen möchte, weil ihr Wert unbekannt ist. Wie wir in obiger Situation gesehen haben, können wir nicht erwarten, daß wir den genauen Wert der zu schätzenden Größe mit unserer Schätzung treffen. Wir können nur hoffen, möglichst nah an den richtigen Wert heranzukommen, etwa indem man die Anzahl der Stichproben groß genug macht. Wie groß man diese Anzahl zu wählen hat, um eine vorgegebene Genauigkeit mit einer ebenfalls vorgegebenen Wahrscheinlichkeit einzuhalten, ist ein Problem der *Stichprobentheorie*.

Für die Abbildung 8.3 haben wir die Breite der Streuung auch an der vertikalen Skala abgelesen, die Mittelwerte für n=25 variieren zwischen 34 und 43, d.h. die Breite der Streuung ist 9. Für die anderen Stichprobenumfänge erhalten wir der Größe nach die Werte 5.2, 1.0 und 0.75. Die Standardabweichungen für die Stichprobenmittel, die uns das Programm ALTMIHI liefert, sind, wieder der Stichprobengröße nach, 4.5, 2.2, 0.45 und 0.22. Die Breite der Streuung ist abgesehen vom letzten Fall weniger als das 3fache der Standardabweichung. Wir haben also ein sehr schmales Pfadgebilde erhalten, wovon man sich auch sehr schnell überzeugen kann, indem man sich mehrere solcher Bilder zeichnen läßt. Ein einzelnes Bild gibt also wenig Aufschluß über die tatsächlich vorliegende Realität.

9. STETIG

A: Programmbeschreibung

Kurzbeschreibung:
Es werden aus den eingelesenen Daten die folgenden Kennzahlen berechnet:
  a) Minimum, Maximum,
  b) die Lageparameter Mittelwert und Median,
  c) die Streuungsparameter Varianz, Standardabweichung und Spannweite,
  d) Quantile.

Es werden Histogramme gezeichnet mit verschiedenen Möglichkeiten der Klasseneinteilung.

Hauptmenü:

```
            Datenverwaltung       ==> 1
            Kennzahlen            ==> 2
            Histogramm            ==> 3
            Kurzbeschreibung      ==> 4
            Programmende          ==> 9
```

9.1 Datenverwaltung (Siehe 1.10)

9.2 Kennzahlen (>1)

Ausgabe der Kennzahlen (siehe Abbildung 9.1).

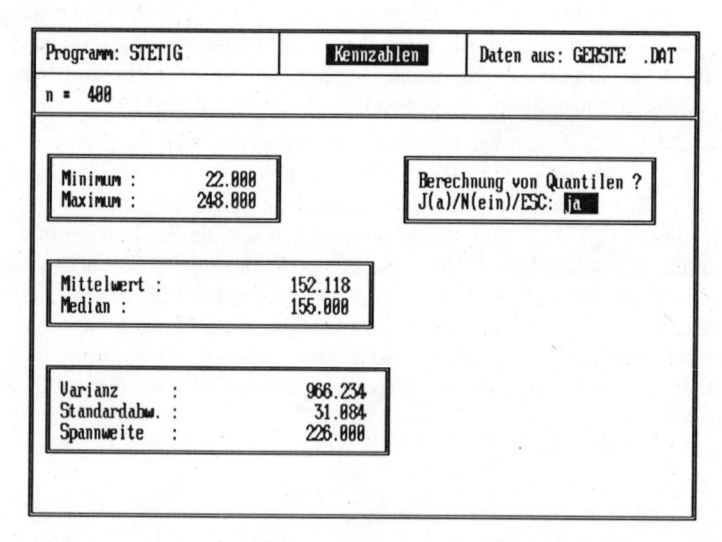

```
Programm: STETIG          Kennzahlen     Daten aus: GERSTE  .DAT
n = 400

   Minimum :      22.000        Berechnung von Quantilen ?
   Maximum :     248.000        J(a)/N(ein)/ESC: ja

   Mittelwert :  152.118
   Median :      155.000

   Varianz     :  966.234
   Standardabw.:   31.084
   Spannweite  :  226.000
```

Abbildung 9.1: Ausgabe der Kennzahlen für die Datei GERSTE.DAT

Deskriptive Analyse stetiger Daten

J(a)/N(ein)-Abfrage: Berechnung von Quantilen

N --> Zurück ins Hauptmenü. J --> Eingabe (Prozentwert) bzw. Untermenü (Quantil-Berechnung), falls schon früher Quantile berechnet und diese nicht gelöscht wurden.

Eingabe: Prozentwert

Jeder Wert darf nur einmal eingelesen werden. Die Eingabe wird durch Drücken der ESC-Taste abgebrochen.

<u>Ausgabe</u>: Quantilwert (siehe Abbildung 9.2).

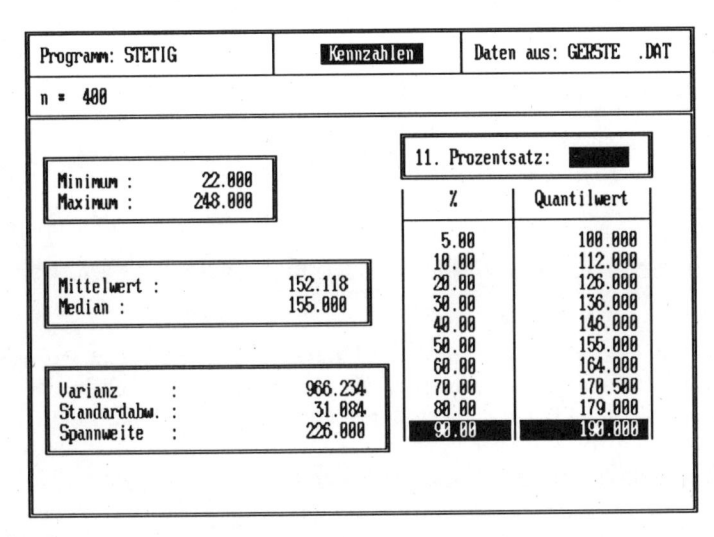

```
Programm: STETIG          Kennzahlen    Daten aus: GERSTE  .DAT
n = 400

                                    11. Prozentsatz: ▓▓▓▓
  Minimum :      22.000
  Maximum :     248.000          %          Quantilwert
                                 5.00         100.000
                                10.00         112.000
                                20.00         126.000
  Mittelwert :   152.118        30.00         136.000
  Median :       155.000        40.00         146.000
                                50.00         155.000
                                60.00         164.000
  Varianz    :   966.234        70.00         170.500
  Standardabw.:   31.084        80.00         179.000
  Spannweite :   226.000        90.00         190.000
```

<u>Abbildung 9.2</u>: Berechnung von Quantilen für die Datei GERSTE.DAT

Untermenü Quantil- Berechnung:

```
        Neueingabe der Prozentpunkte            ==> 1
        Erweitern/Anhängen von Prozentpunkten   ==> 2
        Quantile auflisten                      ==> 3
        Zurück ins Hauptmenü                    ==> 9
```

9.2.1 Neueingabe der Prozentpunkte

Alle bisher berechneten Quantile werden gelöscht. --> Eingabe (Prozentwert)

9.2.2 Erweitern/Anhängen von Prozentpunkten

Die bisher berechneten Quantile werden nicht gelöscht. --> 9.2.1

9.2.3 Quantile auflisten

Die Tabelle der Quantile kann, wie in 1.7 beschrieben, durchgeblättert werden. Die Quantile sind der Größe nach sortiert.

9.3 Histogramm (>1)

Untermenü Klasseneinteilung:

```
Klassengrenzen selbst eingeben                      ==> 1
Klassengrenzen gleichmäßig in das Intervall
[x̄-3s,x̄+3s] legen lassen                            ==> 2
Klassengrenzen gleichmäßig in das Intervall [a,b]
legen lassen                                        ==> 3
Zurück ins Hauptmenü                                ==> 9
```

9.3.K1 Klassengrenzen selbst eingeben

Eingabe: Anzahl der Klassen Kl (Kl≤20)

Eingabe: Klassengrenzen

Man beachte die Werte von Minimum und Maximum in der 2. Zeile als Hilfe bei der Wahl der Klassengrenzen. --> Untermenü Ausgabe

9.3.K2 Klassengrenzen gleichmäßig in das Intervall [x̄ - 3s, x̄ + 3s] legen lassen

Eingabe: Anzahl der Klassen Kl (Kl≥3)

Kl-2 Klassen gleicher Breite werden in das Intervall [x̄-3s,x̄+3s] gelegt, wobei x̄ der Mittelwert und s die Standardabweichung ist. Die zwei übrigen Klassen haben ebenfalls gleiche Breite und werden links bzw. rechts angefügt. --> Untermenü Ausgabe

9.3.K3 Klassengrenzen gleichmäßig in das Intervall [a,b] legen lassen

Eingabe: a und b

Man beachte Minimum und Maximum in der 2. Zeile.

Eingabe: Anzahl der Klassen. --> Untermenü Ausgabe

Untermenü Ausgabe:

```
            Klassenübersicht            ==> 1
            Histogramm                  ==> 2
            Neue Klasseneinteilung      ==> 3
            Zurück ins Hauptmenü        ==> 9
```

9.3.A1 Klassenübersicht

Ausgabe der Klassenübersicht mit Intervallgrenzen, absoluten und relativen Häufigkeiten sowie relative Häufigkeit/Klassenbreite. Die letzte Größe ist proportional zur Höhe der entsprechenden Teilfläche im Histogramm. Die Klassenübersicht kann, wie unter 1.7 beschrieben, durchgeblättert werden (siehe Abbildung 9.3).

9.3.A2 Histogramm

Eingabe: Breite des Histogramms in Bildschirmpunkten

Hier wird bestimmt, wie breit das Histogramm auf dem Bildschirm werden soll. Die maximale Breite ist 600 Bildpunkte. Haben alle Klassen die gleiche Breite, so ist die maxi-

Deskriptive Analyse stetiger Daten 83

male Breite das größte Vielfache der Klassenzahl, das kleiner oder gleich 600 ist. Die maximale Breite wird vom Rechner als Eingabe vorgegeben. Werden die Klassengrenzen selbst eingegeben, so wird die Histogrammbreite entsprechend den Klassenbreiten auf die Klassen aufgeteilt. Wegen der Rundungen kann es dann passieren, daß die maximal mögliche Zahl der Bildschirmpunkte von 600 überschritten wird. In diesem Fall muß ein neuer, kleinerer Wert für die Breite des Histogramms eingegeben werden.

Programm: STETIG		Histogramm	Daten aus: GERSTE .DAT	
n = 400	Minimum:	22.000 Maximum:	248.000 Klassenanzahl:	10

Klasse	von	bis	Häufigkeit		rel.Häufigkeit
			absolute	relative	Klassenbreite
1	35.551	58.865	1	0.0025	0.1072 E-3
2	58.865	82.178	6	0.0150	0.6434 E-3
3	82.178	105.491	17	0.0425	0.1823 E-2
4	105.491	128.804	66	0.1650	0.7078 E-2
5	128.804	152.118	98	0.2450	0.1051 E-1
6	152.118	175.431	118	0.2950	0.1265 E-1
7	175.431	198.744	75	0.1875	0.8043 E-2
8	198.744	222.057	16	0.0400	0.1716 E-2
9	222.057	245.370	1	0.0025	0.1072 E-3
10	245.370	268.684	1	0.0025	0.1072 E-3

Abbildung 9.3: Ausgabe der Klassenübersicht

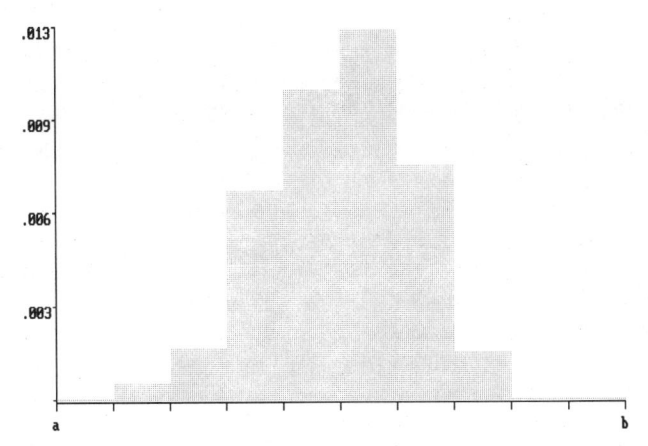

Abbildung 9.4: Histogramm für die Datei GERSTE.DAT (a=35.551, b=268.684)

Eingabe: Höhe

Hier wird bestimmt, wie hoch das Histogramm auf dem Bildschirm werden soll. Zur Orientierung wird der maximal mögliche Wert angegeben und auch als Eingabe vorgegeben. Bei diesem Wert nimmt die höchste Teilfläche des Histogramms die ganze Bildschirmhöhe ein.

Ausgabe: Histogramm (siehe Abbildung 9.4)

9.3.A3 Neue Klasseneinteilung
--> Untermenü Klasseneinteilung

B: Übungen

1.) Untersuchen Sie die Daten aus der Datei GERSTE.DAT, berechnen Sie sich die Kennzahlen und auch Quantile, insbesondere die Quartile, d.h. die 25-, 50- und 75-Prozentpunkte der Verteilung. Lassen Sie sich auch Histogramme zeichnen. Nutzen Sie dabei die verschiedenen Möglichkeiten der Klasseneinteilung.
Die Datei GERSTE.DAT enthält die Gerste-Erträge von 400 kleinen Parzellen (siehe L/Z1, S.17).
2.) Untersuchen Sie die Daten aus der Datei BILANZ.DAT.
Die Datei BILANZ.DAT enthält die Forderungen einer Einkaufsgenossenschaft an ihre Mitglieder zu einem bestimmten Zeitpunkt.

C: Lernziele

Das Programm STETIG ist seiner Art nach mehr ein Hilfsprogramm. Wir haben es in dieser Eigenschaft auch schon häufiger benutzt, um uns Kennzahlen auszurechnen oder Histogramme zeichnen zu lassen.

Kennzahlen sind, wie es schon der Name sagt, Zahlen, die die vorliegenden Daten kennzeichnen, d.h. charakterisieren, oder mit anderen Worten, Information über die Daten in komprimierter Form enthalten, jedoch so, daß sie etwas aussagen. Bei den Kennzahlen haben wir neben Minimum und Maximum die beiden Gruppen der *Lage-* und *Streuungsparameter*. Wie wieder die Namen sagen, enthalten die Lageparameter Information über die Lage der Daten auf der Zahlengeraden, während die Streuungsparameter angeben, wie breit sich die Daten ausdehnen oder wie stark sie streuen.

Der einfachste Lageparameter ist der *Mittelwert*. Er ist das arithmetische Mittel aus den Daten, d.h. die Summe aller Daten, dividiert durch die Anzahl der Daten. Er ist somit ein mittlerer Wert und liefert uns bei zufälligen Beobachtungen einen Schätzer des Erwartungswertes (siehe Programm ALMI). Wir haben gerade gesagt: "bei zufälligen Beobachtungen". Mit dieser Ausdrucksweise wollen wir andeuten, daß die Daten, die wir mit dem Programm STETIG (entsprechendes gilt für das Programm DISKRET) untersuchen, nicht unbedingt zufällig sein müssen. Wir können das Programm STETIG auch für deterministische Daten im rein deskriptiven Sinn gebrauchen. Der zweite Lageparameter ist der *Median*. Bei einer ungeraden Stichprobengröße ist der Median die mittlere der nach der Größe geordneten Beobachtungen. Bei einer geraden Stichprobengröße ist er die Mitte des Intervalls zwischen den zwei mittleren Beobachtungen. Bei Daten, die einer symmetrischen Verteilung (z.B. Normalverteilung) entstammen, liegen Mittelwert und Median meistens nahe zusammen (siehe Kennzahlen der Datei GERSTE.DAT in Abbildung 9.1). Bei sehr schiefen Verteilungen kann das anders sein (siehe Kennzahlen der Datei BILANZ.DAT in Abbildung 9.5). Der Median ist weniger empfindlich gegen sogenannte "Ausreißer", d.h. gegen Daten, die sehr stark von den übrigen Daten abweichen.

Deskriptive Analyse stetiger Daten 85

```
Minimum :        18.658
Maximum :    4562899.728
```

```
Mittelwert :      321279.872
Median :          166386.728
```

```
Varianz      :   257763828511.862
Standardabw. :        507704.470
Spannweite   :       4562881.070
```

<u>Abbildung 9.5</u>: Kennzahlen der Daten aus der Datei BILANZ.DAT

Für den Median gilt, daß höchstens 50% der Beobachtungen kleiner und höchstens 50% größer sind als der Median. Der Median ist ein sogenanntes 50%-Quantil der vorliegenden Beobachtungen. Entsprechend kann man *Quantile* für jeden anderen Prozentwert definieren. (Ein 20%-Quantil ist jeder Wert x^*, für den gilt, daß höchstens 20% kleiner und höchstens 80% größer sind als x^*.) Nun sind diese Quantile nicht notwendig eindeutig bestimmt. Meistens bilden sie ein Intervall, dessen Grenzen zwei aufeinanderfolgende Zahlen aus der Menge der nach der Größe geordneten Daten sind. Wir verwenden dann, wie beim Median, die Mitte dieses Intervalls als Quantil. Die 25%-, 50%- und 75%-Quantile werden auch als *Quartile* bezeichnet.

Als Kennzahl für die Streuung der Daten um ihren Mittelwert verwendet man die *(empirische) Varianz* (oder *Varianz in der Stichprobe*, wie wir bisher meistens gesagt haben). Sie ist einfach das Mittel der quadrierten Abstände vom Mittelwert in der Stichprobe (siehe L/Z1, S.43 oder DIFF-Heft SR1). Bisher haben wir fast immer mit der *(empirischen) Standardabweichung* (Standardabweichung in der Stichprobe) gearbeitet. Sie ist einfach die Quadratwurzel aus der Varianz. Wir haben es hier immer mit den Schätzern der theoretischen Begriffe Mittelwert (Erwartungswert), Varianz und Standardabweichung zu tun. Deshalb benutzen wir die Zusätze "empirisch" oder häufiger "in der Stichprobe". Wie wir schon gesehen haben, nähern sich diese empirischen Größen mit wachsender Stichprobengröße den theoretischen Größen. Als weiteres Streuungsmaß gibt unser Programm noch die *Spannweite*, die Differenz aus Maximum und Minimum, an. Dieses Maß ist wieder sehr empfindlich gegen Ausreißer. Gelegentlich wird auch der *Quartilsabstand*, die Differenz zwischen dem 75%- und 25%-Quantil, als Streuungsmaß verwendet.

Mit dem Histogramm wollen wir uns ein erstes Bild von den vorliegenden Daten verschaffen. Aufgrund dieses Bildes gewinnt man vielleicht schon eine Vorstellung, welche Verteilung den Daten zugrunde liegen oder welche Verteilung ähnliche Daten erzeugen könnte und daher als Modell für die vorliegenden Beobachtungen geeignet wäre. So könnte man bei den Daten aus der Datei GERSTE.DAT (siehe Abbildung 9.4) versuchen, eine Normalverteilung anzupassen, auch wenn das Histogramm etwas schief ist. Die höchste Histogrammfläche liegt etwas rechts vom Mittelwert. Darauf deutete auch schon hin, daß der Median etwas größer war als der Mittelwert. Wir sollten aber nicht zu kleinlich sein, denn wir haben doch auch schon bei Simulationen in Situationen, in denen wir die richtige Verteilung kannten, gesehen, daß die Histogramme der empirischen Verteilung bei solchen Stichprobengrößen, wie sie hier vorliegen, noch stark von der tatsächlichen Verteilung abweichen. Auf jeden Fall müßte noch weiter geprüft werden, ob die Annahme einer Normalverteilung der Gerste-Erträge gerechtfertigt ist.

Bei den Daten aus der Datei BILANZ.DAT (siehe Abbildung 9.6) wird man aber auf jeden Fall eine Normalverteilung ausschließen müssen.

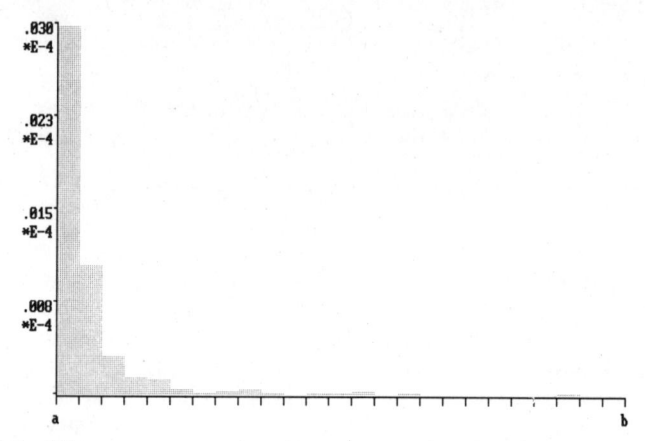

Abbildung 9.6: Histogramm zu den Daten aus der Datei BILANZ.DAT (a=0, b=5000000)

Wir sehen anhand des Histogramms, daß es viele kleine Beobachtungen und sehr wenige große Beobachtungen gibt. Die wenigen großen Beobachtungen beeinflussen jedoch sehr stark die Kennzahlen der Verteilung. Der Mittelwert ist ungefähr doppelt so groß wie der Median. Die Standardabweichung ist um die Hälfte größer als der Mittelwert, aber alle Beobachtungen sind größer als Null. Mit den auf der Normalverteilung basierenden 3σ-Regeln (siehe Programm NORMAL) und der auf diesen Regeln beruhenden Klasseneinteilungsmöglichkeit (Punkt 2 im Untermenü Klasseneinteilung, siehe 9.3.K2) kommen wir hier nicht mehr zurecht. Mehr als 75% der Beobachtungen sind kleiner als der Mittelwert, mehr als 91% weichen um weniger als eine Standardabweichung vom Mittelwert ab (siehe Abbildung 9.7).

Wir haben es bei den Daten aus der Datei BILANZ.DAT mit einer sehr schiefen Verteilung zu tun, mit einem langen "Schwanz" zum rechten Ende hin. Man könnte hier versuchen, eine Lognormalverteilung oder vielleicht besser eine Gammaverteilung anzupassen.

%	Quantilwert	%	Quantilwert
1.00	341.020	70.00	279451.170
2.00	2898.710	75.00	311767.940
5.00	28249.060	76.00	322598.190
10.00	46570.510	80.00	381380.810
20.00	76127.390	90.00	689410.340
25.00	88437.210	91.00	777942.350
30.00	104885.730	92.00	914928.260
40.00	135649.500	95.00	1154890.090
50.00	166306.720	98.00	2289756.780
60.00	197653.360	99.00	2692037.990

Abbildung 9.7: Quantile zu den Daten aus der Datei BILANZ.DAT

10. DISKRET

A: Programmbeschreibung

Kurzbeschreibung:
Es werden aus den eingelesenen Daten die folgenden Kennzahlen berechnet:
- a) Minimum, Maximum,
- b) die Lageparameter Mittelwert, Median und Modalwert,
- c) die Streuungsparameter Varianz, Standardabweichung und Spannweite.

Es wird ein Stabdiagramm der relativen Häufigkeiten gezeichnet.

Hauptmenü:
```
Datenverwaltung                                          ==> 1
Kennzahlen                                               ==> 2
Stabdiagramm der rel. Häufigkeiten                       ==> 3
Stabdiagramm der rel. Häufigkeiten (Drucker)             ==> 4
Stabdiagramm der kumul. rel. Häufigkeiten                ==> 5
Stabdiagramm der kumul. rel. Häufigkeiten (Drucker)      ==> 6
Kurzbeschreibung                                         ==> 7
Programmende                                             ==> 9
```

10.1 Datenverwaltung
Siehe 1.10. Bei der Eingabe der Daten werden die Werte, die die diskrete Zufallsvariable annehmen kann, mit x(j) bezeichnet. Die Häufigkeit, mit der der Wert x(j) angenommen wurde, wird mit n(j) bezeichnet.

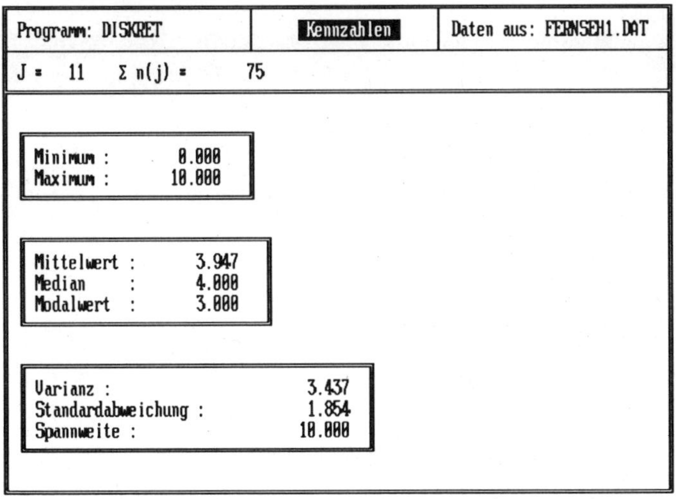

```
Programm: DISKRET          | Kennzahlen |    Daten aus: FERNSEH1.DAT
J = 11    Σ n(j) =    75


     Minimum :       0.000
     Maximum :      10.000


     Mittelwert :    3.947
     Median     :    4.000
     Modalwert  :    3.000


     Varianz :              3.437
     Standardabweichung :   1.854
     Spannweite :          10.000
```

Abbildung 10.1: Ausgabe der Kennzahlen für die Datei FERNSEH1.DAT

DISKRET

10.2 Kennzahlen (>1)

Ausgabe der Kennzahlen (siehe Abbildung 10.1).

10.3 Stabdiagramm der rel. Häufigkeiten (>1)

Es wird ein Stabdiagramm der relativen Häufigkeiten n(j)/n gezeichnet (n ist die Gesamtanzahl der Beobachtungen). Das Stabdiagramm wird waagerecht auf dem Bildschirm liegend ausgegeben.

Eingabe: Höhenfaktor

Der Höhenfaktor bestimmt die Höhe des Stabdiagramms auf dem Bildschirm. Der für die eingelesenen Daten maximale Höhenfaktor, das ist der Faktor, bei dessen Verwendung der höchste Stab gerade die ganze Bildschirmbreite einnimmt, wird angegeben und als Eingabewert vorgegeben. Um verschiedene Stabdiagramme vergleichen zu können, müssen die Maßstäbe, d.h. die verwendeten Höhenfaktoren, übereinstimmen.

Ausgabe des Stabdiagramms (siehe Abbildung 10.2)

Am linken Rand werden die Beobachtungen x(j) und die relativen Häufigkeiten n(j)/n angegeben.

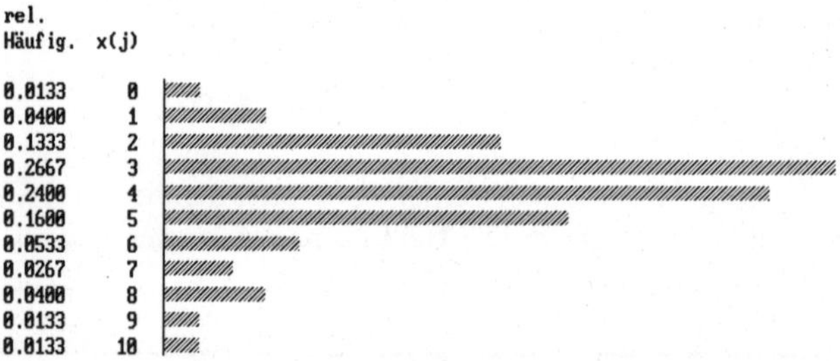

```
rel.
Häufig.  x(j)
0.0133    0
0.0400    1
0.1333    2
0.2667    3
0.2400    4
0.1600    5
0.0533    6
0.0267    7
0.0400    8
0.0133    9
0.0133   10
```

Abbildung 10.2: Ausgabe des Stabdiagramms der relativen Häufigkeiten für die Datei FERNSEH1.DAT

10.4 Stabdiagramm der rel. Häufigkeiten (Drucker) (>1)

Siehe 10.3. Die Ausgabe des Stabdiagramms erfolgt jetzt über den Drucker. Da die Ausgabe im Textmodus erfolgt, ist das Auflösungsvermögen geringer als bei der Ausgabe auf dem Bildschirm.

10.5 Stabdiagramm der kumul. rel. Häufigkeiten (>1)

Es wird ein Stabdiagramm der kumulierten relativen Häufigkeiten $\Sigma_{i \leq j} n(i)/n$ gezeichnet.

Eingabe: Höhenfaktor

Siehe 10.3

Ausgabe des Stabdiagramms (siehe Abbildung 10.3)

Am linken Rand werden die Beobachtungen x(j) und die kumulierten relativen Häufigkeiten $\Sigma_{i \leq j} n(i)/n$ angegeben.

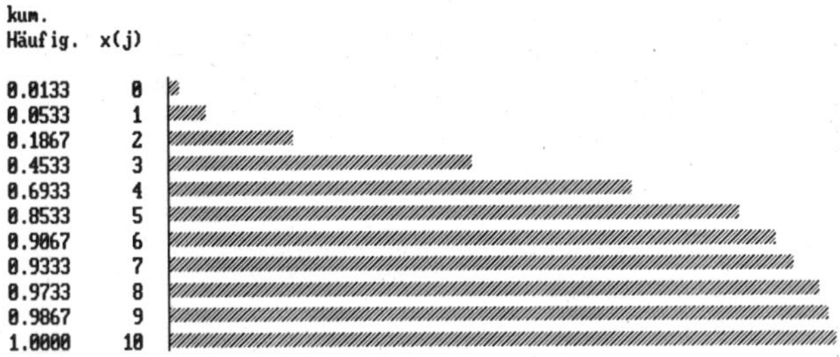

Deskriptive Analyse diskreter Daten

```
kum.
Häufig.   x(j)
0.0133    0  
0.0533    1  
0.1867    2  
0.4533    3  
0.6933    4  
0.8533    5  
0.9067    6  
0.9333    7  
0.9733    8  
0.9867    9  
1.0000   10  
```

Abbildung 10.3: Ausgabe des Stabdiagramms der kumulierten relativen Häufigkeiten für die Datei FERNSEH1.DAT

10.6 Stabdiagramm der kumul. rel. Häufigkeiten (Drucker) (>1)

Siehe 10.5 und 10.4.

B: Übungen

1.) Untersuchen Sie die Daten aus den Dateien FERNSEH1.DAT, FERNSEH2.DAT, CD1.DAT, CD2.DAT, GLUEH1.DAT und GLUEH2.DAT. Berechnen Sie die Kennzahlen und vergleichen Sie die Stabdiagramme.

Zu diesen Dateien: Am Institut für Marketing und Handel der Universität Göttingen (Knoblich, Schubert (1987)) wurden zu verschiedenen Produkten Umfragen unter möglichen Konsumenten durchgeführt. Dabei wurden den befragten Personen u.a. Karten vorgelegt mit Markennamen des entsprechenden Produktes. Die Personen wurden gefragt: "Angenommen, Sie wollten sich in der nächsten Woche dieses Produkt kaufen. Welche der angegebenen Marken würden Sie in Erwägung ziehen?" Die Befragung wurde nach vier Wochen mit denselben Personen wiederholt.

Die oben genannten Dateien enthalten die Anzahlen der genannten Marken, d.h. die Häufigkeiten, mit der die möglichen Anzahlen genannt wurden für die Produkte Fernseher, Compact-Disk-Gerät und Glühbirne. Dabei bezieht sich die "1" im Dateinamen auf die erste, die "2" auf die zweite Befragung.

2.) Die Datei AL74100.DAT enthält die Altersverteilung der Bevölkerung der Bundesrepublik Deutschland im Jahre 1974, d.h für jede Altersklasse (1-100) die Anzahl der Personen in Tausend.

Betrachten Sie das Stabdiagramm der relativen Häufigkeiten und versuchen Sie, die markanten Täler in der Verteilung zu erklären.

3.) Untersuchen Sie die Daten aus den Dateien AL74.DAT und AL85.DAT. Vergleichen Sie die Kennzahlen und die Stabdiagramme.

Lesen Sie aus dem Stabdiagramm der kumulierten relativen Häufigkeiten die 10-, 20-, ..., 90-Prozentpunkte der Altersverteilung ab.

Die Dateien AL74.DAT und AL85.DAT enhalten die Altersverteilung der Bevölkerung der Bundesrepublik Deutschland im Jahre 1974 bzw. 1985, d.h. für jede Altersklasse 1, 2, ..., 90 die Anzahl der Personen in Tausend. (Quelle: Statistisches Jahrbuch 1976 bzw. 1987)

4.) Untersuchen Sie die Daten aus den Dateien SONNE86.DAT und SONNELD.DAT. Diese Dateien enthalten die Anzahlen der Sonnenscheinstunden in Hannover-Langenhagen in den Monaten November 1985 (=1) bis Oktober 1986 (=12) bzw. im langjährigen Durchschnitt. (Quelle: Statistisches Jahrbuch 1987)

Welche Bedeutungen haben hier die relativen Häufigkeiten, die im Stabdiagramm dargestellt werden? Wie sind die entsprechenden Wahrscheinlichkeiten zu interpretieren? Welchen Sinn haben die Kennzahlen?

Vergleichen Sie die Sonnenscheinstunden im langjährigen Durchschnitt in Hannover auch mit denen in Freiburg, die in der Datei SONNEFRL.DAT stehen.

Wählen Sie die Höhenfaktoren so, daß Sie die absoluten Häufigkeiten vergleichen können.

Vergleichen Sie auch die relativen und absoluten Häufigkeiten der Sommertage (=Höchsttemperatur mindestens 25°) in Hannover-Langenhagen im Jahre 1986 und im langjährigen Durchschnitt, die in den Dateien SOMMER86.DAT und SOMMERLD.DAT stehen. Dabei steht die "1" für den Monat Mai und die "4" für den Monat August. (Quelle: Statistisches Jahrbuch 1987)

C: Lernziele

Das Programm DISKRET ist wie das Programm STETIG ein Hilfsprogramm, das uns Kennzahlen berechnet und Stabdiagramme zeichnet.

Die einzig neue Kennzahl ist der *Modalwert*. Dies ist der Wert mit der größten Häufigkeit. Quantile werden hier nicht berechnet. Wenn wir sie benötigen, können wir sie auch aus den kumulierten relativen Häufigkeiten ablesen, die zusammen mit dem Stabdiagramm ausgegeben werden. Wir werden das weiter unten noch für die Altersverteilung tun.

Das Stabdiagramm stellt die relativen bzw. die kumulierten relativen Häufigkeiten graphisch dar. Die Höhe des Stabes ist proportional zur entsprechenden relativen Häufigkeit. Der Proportionalitätsfaktor ist der im Programm einzugebende Höhenfaktor ho. Wollen wir verschiedene Stabdiagramme miteinander vergleichen, so müssen die Höhenfaktoren übereinstimmen, jedenfalls wenn wir relative Häufigkeiten vergleichen wollen.

In der Formulierung des letzten Satzes haben wir mit dem Wort "jedenfalls" schon angedeutet, daß wir mit unseren Stabdiagrammen nicht nur relative Häufigkeiten vergleichen können. Für ein einzelnes Stabdiagramm wird die absolute Häufigkeit n_i für den i-ten Wert zunächst durch die Summe aller Häufigkeiten, die wir mit n bezeichnen wollen, dividiert und dann mit dem Höhenfaktor ho multipliziert. Die Höhe des Stabes für den i-ten Wert ist also $(n_i/n)ho$. Wollen wir die absoluten Häufigkeiten n_i mit denen eines anderen Stabdiagramms vergleichen, so müssen wir dafür sorgen, daß die n_i in beiden Stabdiagrammen mit demselben Faktor multipliziert werden, d.h. wir müssen ho/n konstant halten. Die verwendeten Höhenfaktoren müssen im selben Verhältnis stehen wie die Gesamtanzahlen der Beobachtungen. Wir werden das weiter unten an einem Beispiel zeigen.

Als Hinweis sei noch erwähnt, daß wir in diesem Buch das Programm DISKRET nicht nur verwendet haben, um Häufigkeiten darzustellen, sondern auch für Wahrscheinlichkeiten (z.B. Abbildung 6.7). Wir brauchen dann nur die (gleiche Anzahl) Nachkommastellen der Wahrscheinlichkeiten als "Häufigkeiten" einzugeben. Wir haben das Programm DISKRET auch benutzt, wenn die dargestellten Wahrscheinlichkeiten nicht zu derselben Verteilung gehören (z.B. Abbildung 13.16). Will man dann verschiedene Stabdiagramme vergleichen, so ist darauf zu achten, daß die Höhenfaktoren im richtigen Verhältnis gewählt werden (siehe oben). Die Zahlen in der Spalte "relative Häufigkeiten" geben dann natürlich keinen Sinn mehr.

Wir wollen uns jetzt die Stabdiagramme und Kennzahlen zu Übung 1 ansehen (siehe Abbildung 10.4 und 10.5 und Tabelle 10.1 für die Ergebnisse der ersten Befragung, Abbildung 10.6 und 10.7 und Tabelle 10.2 für die Ergebnisse der Wiederholungsbefragung).

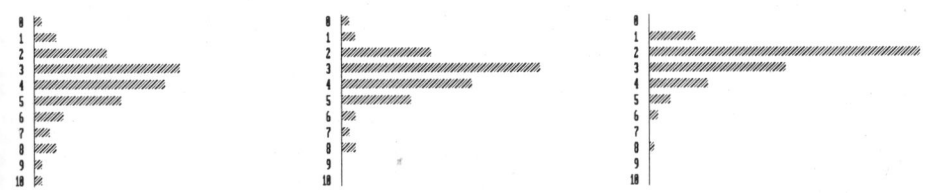

Abbildung 10.4: Stabdiagramme der relativen Häufigkeiten zu den Anzahlen der genannten Marken bei den Befragungen über Fernseher, CD-Geräte und Glühbirnen (1. Befragung)

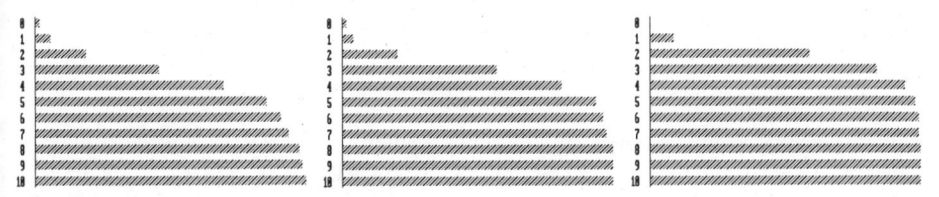

Abbildung 10.5: Stabdiagramme der kumulierten relativen Häufigkeiten zu den Anzahlen der genannten Marken bei den Befragungen über Fernseher, CD-Geräte und Glühbirnen (1. Befragung)

Wir wollen uns zunächst ansehen, welche Anzahlen bei den drei Produkten am häufigsten auftreten. Bei den Fernsehgeräten sind die häufigsten Anzahlen 3 und 4. Ungefähr 1/4 aller Befragten nennt 3 bzw. 4 Marken. Bei den CD-Geräten sind ebenfalls 3 und 4 die häufigsten Anzahlen, jedoch ist jetzt der Anteil der Personen, die 3 Marken nennen, wesentlich größer ($>1/3$), was sich in der Höhe des zugehörigen Stabes ausdrückt. Bei den Glühbirnen nennt die Hälfte der Befragten nur 2 und ein Viertel der Befragten 3 Marken. Hier nennen 80% der Befragten 3 oder weniger Marken, während bei den Fernsehgeräten mehr als 50% der Befragten noch vier oder mehr Marken nennen. Bei den CD-Geräten sind es 43% der Befragten, die 4 oder mehr Marken nennen. Die Gründe für diese Unterschiede sind wohl in den unterschiedlichen Produkten zu suchen, wobei zwischen Fernsehern und CD-Geräten weitgehende Ähnlichkeit besteht, beide aber den Glühbirnen doch sehr unähnlich sind. Die meisten Konsumenten machen sich über die Marke einer Glühbirne weniger Gedanken als um die eines Fernsehgerätes oder eines CD-Gerätes. Die geringere Anzahl der Marken bei den CD-Geräten dürfte im geringeren Bekanntheits- bzw. Verbreitungsgrad dieses Produktes zu finden sein. Sieht man sich die Stabdiagramme noch einmal an, so wird man wohl die Streuung der Werte für die Fernseher am größten (das Stabdiagramm ist flach und breit), für die Glühbirnen am kleinsten (das Stabdiagramm ist hoch und schmal) einschätzen.

Wir wollen uns jetzt ansehen, wie sich das bisher Gesagte in den Stabdiagrammen der kumulierten relativen Häufigkeiten ausdrückt (siehe Abbildung 10.5). Das Stabdiagramm der kumulierten relativen Häufigkeiten für die Fernsehgeräte steigt am langsamsten, das für die Glühbirnen am schnellsten. Letzteres hat auch den größten Sprung, der der größten relativen Häufigkeit entspricht. Das Stabdiagramm für die CD-Geräte liegt in der Mitte zwischen den beiden anderen.

Nun wollen wir uns noch ansehen, wie sich das oben Gesagte in den Kennzahlen widerspiegelt, denn diese sollen ja die Stichprobe kennzeichnen (siehe Tabelle 10.1).

Kennzahl \ Produkt	Fernseher	CD-Gerät	Glühbirne
Minimum	0	0	1
Maximum	10	8	8
Mittelwert	3.947	3.494	2.598
Median	4	3	2
Modalwert	3	3	2
Varianz	3.437	1.946	1.255
Standardabweichung	1.854	1.395	1.120
Spannweite	10	8	7

Tabelle 10.1: Kennzahlen zu der Variablen "Anzahl der genannten Marken" in den Befragungen über Fernseher, CD-Geräte und Glühbirnen (1. Befragung)

Mittelwert und Median nehmen von links nach rechts ab, sind also für Fenseher am größten, für Glühbirnen am kleinsten. Der Unterschied im Mittelwert ist beträchtlich. Im Mittel werden für Fernseher 1.3 Marken mehr genannt. Der Median für Fernseher ist 4, für CD-Geräte 3 und für Glühbirnen 2, d.h. die mittlere der nach der Größe geordneten beobachteten Anzahlen hat diesen Wert. (Dabei sind die Zahlen so oft zu zählen, wie ihre Häufigkeit angibt.) Für Fernseher bedeutet das z.B., daß mehr als 50% vier oder weniger Marken nennen und ebenfalls mehr als 50% vier oder mehr Marken. Diese Informationen sind nur recht grob. Mehr Information steckt in den relativen oder kumulierten relativen Häufigkeiten, die zusammen mit den Stabdiagrammen ausgegeben werden.

Die Streuungsparameter nehmen ebenfalls von links nach rechts ab, was wir auch schon den Stabdiagrammen angesehen haben. Der Unterschied zwischen Fernseher und Glühbirnen ist wieder sehr deutlich.

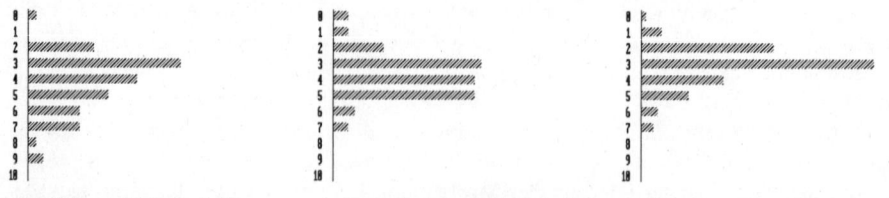

Abbildung 10.6: Stabdiagramme der relativen Häufigkeiten zu den Anzahlen der genannten Marken bei den Befragungen über Fernseher, CD-Geräte und Glühbirnen (2. Befragung)

Deskriptive Analyse diskreter Daten 93

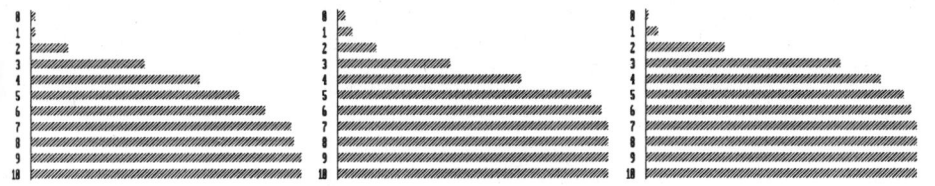

Abbildung 10.7: Stabdiagramme der kumulierten relativen Häufigkeiten zu den Anzahlen der genannten Marken bei den Befragungen über Fernseher, CD-Geräte und Glühbirnen (2. Befragung)

Wir wollen uns jetzt die Ergebnisse der Wiederholungsbefragung ansehen, zunächst die Stabdiagramme (Abbildung 10.6 und 10.7) und dann die Kennzahlen (Tabelle 10.2).

Bei allen drei Produkten ist das Stabdiagramm weiter nach unten verschoben, d.h. die Anzahl der genannten Marken in der 2. Befragung mit denselben Personen ist größer geworden. Am deutlichsten ist der Unterschied bei den Glühbirnen. Die am häufigsten genannte Anzahl, also der Modalwert, ist jetzt 3. Ungefähr 43% der Befragten nennen jetzt drei Marken, 24% nennen zwei Marken. In der ersten Befragung hatten 50% zwei und 25% drei Marken genannt. Die Befragten haben offensichtlich durch die erste Befragung oder in der Zwischenzeit dazugelernt. Sie haben neue Markennamen kennengelernt. Daß der Lerneffekt bei den Glühbirnen am deutlichsten ist, liegt an der Art des Produktes.

Die Unterschiede zwischen den beiden Befragungen drücken sich natürlich auch in den Kennzahlen aus. Mittelwerte und Mediane sind größer geworden. Man beachte noch die allerdings geringfügige Abnahme der Standardabweichung für Fernseher und CD-Geräte und die Zunahme der Standardabweichung für Glühbirnen.

Kennzahl \ Produkt	Fernseher	CD-Gerät	Glühbirne
Minimum	0	0	0
Maximum	9	7	7
Mittelwert	4.230	3.779	3.157
Median	4	4	3
Modalwert	3	3	3
Varianz	3.204	1.886	1.518
Standardabweichung	1.790	1.373	1.232
Spannweite	9	7	7

Tabelle 10.2: Kennzahlen zu der Variablen "Anzahl der genannten Marken" in den Befragungen über Fernseher, CD-Geräte und Glühbirnen (2. Befragung)

Da wir uns im ganzen Buch so ausgiebig mit der Altersverteilung der Wohnbevölkerung der Bundesrepublik Deutschland im Jahre 1974 befassen, wollen wir uns jetzt die Verteilung in der Grundgesamtheit ansehen. Wir betrachten zunächst das Stabdiagramm der relativen Häufigkeiten der Altersverteilung im Jahre 1974 (siehe Abbildung 10.8). Man beachte, daß die relativen Häufigkeiten für die Altersklassen 1-100 gleich den Wahrscheinlichkeiten sind, daß eine zufällig ausgewählte Person aus der Grundgesamtheit der

Bewohner der Bundesrepublik Deutschland im Jahre 1974 (genauer am Jahresende 1974) dieses Alter hat.

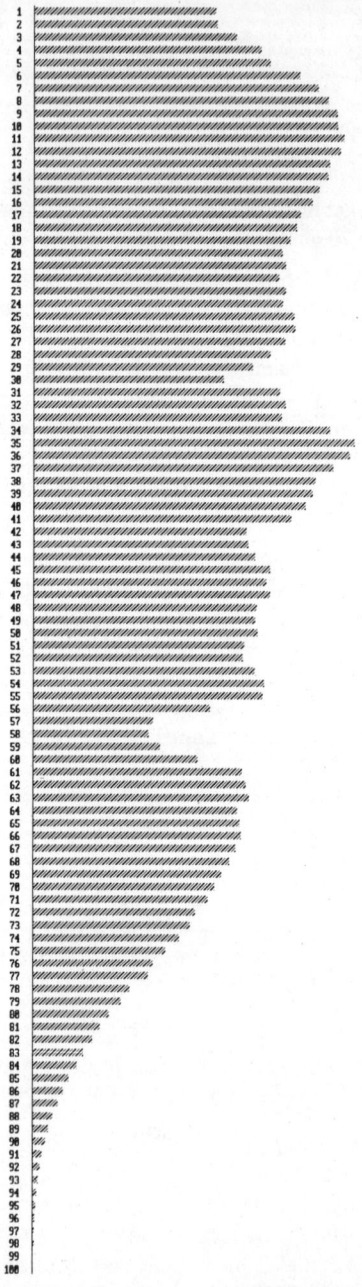

Abbildung 10.8: Stabdiagramm der relativen Häufigkeiten in der Altersverteilung der Bundesrepublik Deutschland im Jahre 1974

Deskriptive Analyse diskreter Daten

Abbildung 10.9: Stabdiagramm der relativen Häufigkeiten in der Altersverteilung der unter 90jährigen im Jahre 1974 (links) und 1985 (rechts)

Auffallend an der Verteilung sind zunächst die augenblicklichen geburtenschwachen Jahrgänge (1-3) im Vergleich zu den vorangegangenen starken Jahrgängen mit dem Gipfel bei 11, dann das durch den natürlichen Sterbevorgang bedingte Abfallen zum Ende hin. Darüber hinaus sind aber noch drei sehr markante Täler (bei 30, 42-43 und 57-59) zu beobachten. Diese sind der Reihe nach durch die Geburtenausfälle am Ende des 2.Weltkrieges, während der Weltwirtschaftskrise um 1932 und im 1.Weltkrieg zu erklären.

Sollten Sie sich mit dieser Datei die Kennzahlen errechnen, so sind die Abweichungen des Mittelwertes und der Standardabweichung gegenüber den früher genannten Werten dadurch zu erklären, daß wir in dieser Datei die Anzahlen in Tausend angegeben haben, während wir sie in den anderen Programmen, in denen wir die Altersverteilung simulieren, in Hundert angegeben haben. Unsere dortigen Zahlen sind also genauer.

Wir wollen jetzt die Altersverteilung aus 1974 mit der aus 1985 vergleichen. Wir können dies jedoch nur für die Grundgesamtheit der unter 90jährigen tun, da uns das Statistische Jahrbuch nur diese Zahlen gibt und wir für 1986 die anderen Zahlen nicht zur Verfügung haben. Der Anteil der über 90jährigen ist aber sehr gering (0.16% (1974) und 0.29% (1985)), so daß auch in den Kennzahlen keine allzu großen Unterschiede auftreten können. Aber die Zahlen in Klammern deuten schon an, daß der Anteil der älteren Menschen gestiegen ist.

Die Abbildung 10.9 zeigt die Stabdiagramme der relativen Häufigkeiten für 1974 und 1985 direkt nebeneinander. Wir können beobachten, wie sich die Bevölkerung im Laufe der 11 Jahre weiter entwickelt hat. Die jüngsten Geburtenjahrgänge sind weiterhin schwach besetzt, die markanten Täler und Höhen haben sich um 11 Jahre weiter nach rechts verschoben. Am Ende ist der Anteil der älteren Menschen etwas größer geworden. Das Maximum liegt 1985 bei den 22jährigen, 1974 lag es bei den 35jährigen. Der Wechsel ist durch die mit dem Alter zunehmende Sterberate zu erklären.

Wir wollen jetzt noch die Kennzahlen und die Prozentpunkte der beiden Verteilungen vergleichen (siehe Tabelle 10.3 und 10.4)

Kennzahlen \ Jahr	1974	1985
Mittelwert	37.121	39.533
Median	36.000	38.000
Modalwert	35.000	22.000
Varianz	498.870	484.131
Standardabweichung	22.335	22.003

<u>Tabelle 10.3</u>: Kennzahlen der Altersverteilung der Bevölkerung der Bundesrepublik Deutschland in den Jahren 1974 und 1985

In den Kennzahlen kommt zum Ausdruck, daß die Bevölkerung der Bundesrepublik Deutschland im Laufe der 11 Jahre von 1974 bis 1985 älter geworden ist. Damit ist nicht gemeint, daß jede Person für sich 11 Jahre älter geworden ist, sondern das Durchschnittsalter der Bevölkerung, der Mittelwert, ist jetzt um ungefähr 2.4 Jahre größer. Auch der Median, der 50%-Punkt der Verteilung, liegt jetzt um 2 Jahre höher. Dabei ist noch zu beachten, daß wir die über 90jährigen nicht berücksichtigt haben. Tatsächlich sind also beide Mittelwerte noch etwas größer (1974=37.268), und da der Anteil der über 90jährigen gestiegen ist (0.16% (1974) und 0.29% (1985)), ist auch die Differenz der Mittelwerte in der Gesamtbevölkerung noch etwas größer. Die Alterung der Bevölkerung ist wohl durch die augenblicklichen geburtenschwachen Jahrgänge und auch durch die Zunahme an älteren Menschen zu erklären.

Die Varianz und folglich auch die Standardabweichung hat geringfügig abgenommen. Der Grund sind auch die augenblicklichen geburtenschwachen Jahrgänge.

Deskriptive Analyse diskreter Daten 97

Im diesem Programm haben wir keinen Programmpunkt "Quantile" wie im Programm STETIG. Wir können aber die Prozentpunkte ganz einfach aus der Tabelle der kumulierten relativen Häufigkeiten ablesen. Einige Prozentpunkte für die Altersverteilungen der Jahre 1974 und 1985 stehen in Tabelle 10.4.

% \ Jahr	1974	1985
10	8	11
20	14	19
30	21	25
40	28	31
50	36	38
60	42	46
70	50	52
80	60	61
90	69	72

Tabelle 10.4: Prozentpunkte der Altersverteilung der Bevölkerung der Bundesrepublik Deutschland in den Jahren 1974 und 1985

Man sieht an dieser Tabelle, daß die Prozentpunkte für 1985 größer sind als für 1974. Darin kommt noch einmal die schon oben erwähnte "Alterung" der Bevölkerung zum Ausdruck. Es sei noch wieder bemerkt, daß wir zur Berechnung der Tabelle 10.4 die Dateien AL74.DAT und AL85.DAT verwendet haben, d.h. es sind nur die unter 90jährigen berücksichtigt.

Wir wollen uns jetzt die Stabdiagramme der relativen Häufigkeiten der Sonnenscheinstunden in Hannover-Langenhagen im Jahre 1986 und im langjährigen Durchschnitt ansehen. Dabei wollen wir uns zunächst überlegen, was uns die relativen Häufigkeiten und die zugehörigen Wahrscheinlichkeiten aussagen. Denn wir haben ja früher erfahren, daß die relativen Häufigkeiten mit wachsender Stichprobengröße gegen endgültige Werte, sogenannte Wahrscheinlichkeiten, konvergieren.

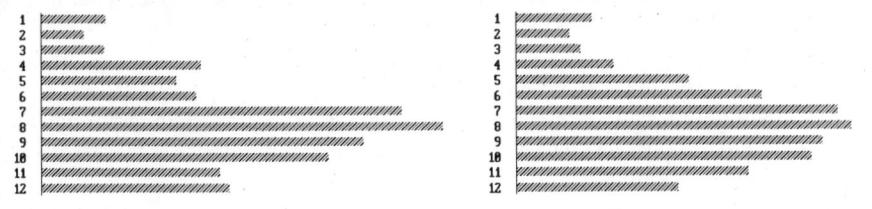

Abbildung 10.10: Stabdiagramm der relativen Häufigkeiten der Sonnenscheinstunden in Hannover-Langenhagen im Jahre 1986 (links) und im langjährigen Durchschnitt (rechts)

Zunächst müssen wir noch einmal sagen, daß die Zahl "1" für den Monat November (1985) die Zahl "12" für den Monat Oktober (1986) steht. Entsprechendes gilt für die Daten im langjährigen Mittel. Wir haben in den Abbildungen 10.10 und 10.11 die gleichen Höhenfaktoren gewählt, so daß wir also die relativen Häufigkeiten n_i/n vergleichen können. Dabei ist n_i die Anzahl der Sonnenscheinstunden im i-ten Monat und n die Gesamtanzahl der Sonnenscheinstunden im Jahr (1985/86 bzw. im langjährigen Durchschnitt). Die relative Häufigkeit n_i ist demnach der Anteil der Sonnenscheinstunden an der Gesamtanzahl der Sonnenscheinstunden, der auf den i-ten Monat entfallen ist. Wir könnten eigentlich mit dieser rein deskriptiven Betrachtungsweise zufrieden sein. Will man jedoch unbedingt eine Interpretation für die zugehörigen Wahrscheinlichkeiten (siehe oben), die wir mit π_i bezeichnen wollen, so ist dies die folgende: Greift man aus der Population der Sonnenscheinstunden eines Jahres zufällig eine Stunde heraus, so fällt diese mit Wahrscheinlichkeit π_i in den i-ten Monat.

Vergleicht man die beiden Stabdiagramme, so fällt auf, daß die Anteile an den Sonnenscheinstunden im Jahre 1985/86 in den ohnehin sonnenscheinreichen Monaten Mai - September höher als im langjährigen Durchschnitt sind, während sie in den übrigen Monaten (mit Ausnahme des Monats Februar) niedriger sind.

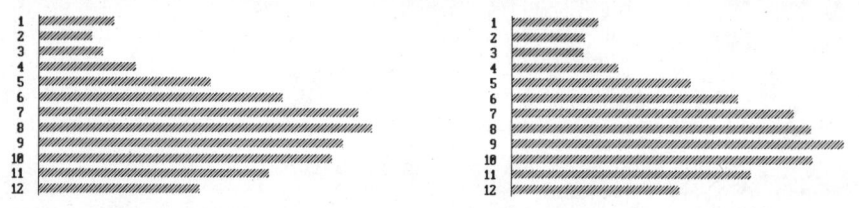

Abbildung 10.11: Stabdiagramm der relativen Häufigkeiten der Sonnenscheinstunden in Hannover-Langenhagen (links) und in Freiburg (rechts) im langjährigen Durchschnitt

Vergleicht man die Stabdiagramme der relativen Häufigkeiten der Sonnenscheinstunden in Hannover-Langenhagen und Freiburg, so kann man sagen, daß das zu Freiburg gehörende Stabdiagramm gegenüber dem zu Hannover gehörenden um einen Monat verschoben ist. Der sonnenscheinreichste Monat in Freiburg ist der Juli gegenüber dem Juni in Hannover, der sonnenscheinärmste ist in Freiburg der Januar gegenüber dem Dezember in Hannover.

Diese Vergleiche sagen aber bisher nichts über die absoluten Werte aus, sondern nur über die Verteilung der Sonnscheinstunden über das Jahr. Wir wissen bisher nicht, ob der Sommer 1986 in Hannover besser war, d.h. absolut mehr Sonnenscheinstunden hatte, als im langjährigen Durchschnitt. Auch wissen wir nicht, ob Freiburg mehr Sonnenschein hat als Hannover, was aufgrund der südlicheren Lage von Freiburg zu vermuten ist. Wenn wir das aus den Stabdiagrammen erkennen wollen, müssen die Höhenfaktoren im gleichen Verhältnis zueinander stehen wie die Gesamtanzahlen der Sonnenscheinstunden, also 1597:1517:1746, wobei Hannover (1986) ganz links und Freiburg (langjähriger Durchschnitt) ganz rechts steht.

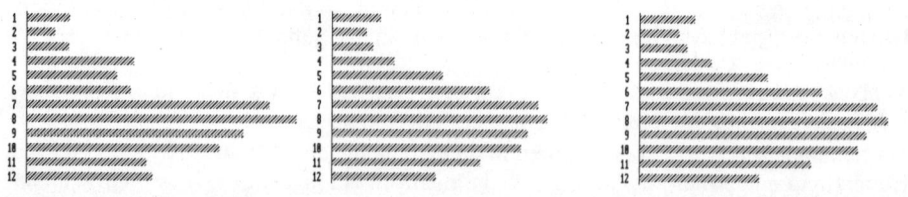

Abbildung 10.12: Stabdiagramme der absoluten Sonnenscheinstunden in Hannover-Langenhagen 1986 (links) und im langjährigen Durchschnitt (Mitte) und in Freiburg im langjährigen Durchschnitt (rechts)

Deskriptive Analyse diskreter Daten 99

Wir legen zuerst den Höhenfaktor für das Stabdiagramm mit der größten relativen Häufigkeit fest, das ist Hannover (1986). Wir wählen als Höhenfaktor ho=3018. Dann sind die richtigen Höhenfaktoren 2867 für Hannover im langjährigen Durchschnitt und 3300 für Freiburg im langjährigen Durchschnitt. Abbildung 10.12 zeigt die drei Stabdiagramme nebeneinander. Wir erkennen, daß der Sommer 1986 in Hannover besser war als im langjährigen Durchschnitt und auch, daß Freiburg absolut mehr Sonnenscheinstunden hat als Hannover.

Wir wollen uns noch überlegen, welchen Sinn in diesem Beispiel die Kennzahlen haben. Sagt es uns etwas aus, daß der Mittelwert in Hannover 1986 den Wert 7.775 hat, im langjährigen Durchschnitt dagegen den Wert 7.730? Die Interpretation der Wahrscheinlichkeiten π_i weiter oben waren doch schon recht künstlich und die Zuordnung der Zahl "1" zum Monat November geschah doch nur, weil die Angaben in dieser Reihenfolge im Statistischen Jahrbuch stehen. Genausogut hätten wir die üblichen Zahlen für die Monate, d.h. "1" für Januar usw., verwenden können. Wir wollen also darauf verzichten, dem Mittelwert und ebenso den Kennzahlen Varianz und Standardabweichung einen Sinn zu geben. Analoges gilt immer dann, wenn man eigentlich qualitativen Merkmalen, wie hier den Monaten, mehr oder weniger willkürlich numerische Werte zuordnet. Am ehesten kann man in diesem Beispiel mit den Kennzahlen Median und Modalwert etwas anfangen. Für Hannover (1986) sind beide Werte gleich 8. Das sagt uns, daß der Monat Juni 1986 in Hannover die höchste Sonnenscheindauer hatte (Modalwert), und daß im Monat Juni die Hälfte der Sonnenscheindauer des ganzen Jahres überschritten wurde, wenn wir das "Sonnenjahr", wie im Statistischen Jahrbuch, mit November beginnen lassen.

Dieses letzte Beispiel soll uns zeigen, daß wir das Programm DISKRET auch dann im rein deskriptiven Sinn gebrauchen können, wenn die formal ausgegebenen relativen Häufigkeiten nicht unbedingt zu "natürlichen" Wahrscheinlichkeiten führen und die formal berechneten Kennzahlen nicht alle einen Sinn ergeben. Die Stabdiagramme beschreiben uns aber in jedem Fall die Daten. Man muß sich nur überlegen, was sie darstellen sollen, wenn man mehrere Stabdiagramme vergleichen will. Je nachdem, ob man relative oder absolute Häufigkeiten vergleichen will, können die Bilder sehr verschieden aussehen, wie die Abbildungen 10.13 und 10.14 noch einmal zeigen sollen. Dort werden die relativen Häufigkeiten und die absoluten Häufigkeiten der Sommertage (mindestens 25° Celsius) in Hannover-Langenhagen (1986) jeweils mit denen im langjährigen Durchschnitt verglichen.

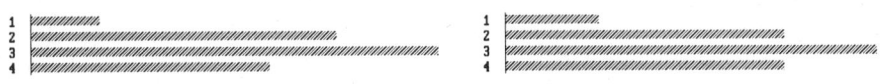

Abbildung 10.13: Vergleich der relativen Häufigkeiten der Sommertage in Hannover-Langenhagen 1986 (links) mit denen im langjährigen Durchschnitt (rechts) (1=Mai, 4=August)

Abbildung 10.14: Vergleich der absoluten Häufigkeiten der Sommertage in Hannover-Langenhagen 1986 (links) mit denen im langjährigen Durchschnitt (rechts) (1=Mai, 4=August)

11. NORMAL

A: Programmbeschreibung

Kurzbeschreibung:

Beliebig viele Dichten der Normalverteilung können für $-5 \leq \mu \leq 5$ und $0.1 \leq \sigma \leq 3$ in einem Bild graphisch dargestellt werden. Die Verteilungsfunktion der Standardnormalverteilung $N(0,1)$, deren Umkehrfunktion sowie Wahrscheinlichkeiten $P(a \leq X \leq b)$ für $N(\mu, \sigma^2)$-verteiltes X werden berechnet. Dabei werden die Werte der Verteilungsfunktion und die Wahrscheinlichkeiten für $N(0,1)$-verteiltes X als Flächen unter der Dichtefunktion graphisch dargestellt. Realisationen normalverteilter Zufallsvariablen können simuliert und in einer Datei abgespeichert werden.

Menü:

```
Graphische Darstellung                            ==> 1
Berechnung von Wahrscheinlichkeiten (µ=0, σ=1)    ==> 2
Berechnung von Wahrscheinlichkeiten               ==> 3
Verteilungsfunktion der N(0,1)-Verteilung         ==> 4
Umkehrfunktion der N(0,1)-Verteilungsfunktion     ==> 5
Simulation                                        ==> 6
Umschalten auf erhöhte Genauigkeit                ==> 7
Kurzbeschreibung                                  ==> 8
Programmende                                      ==> 9
```

11.1 Graphische Darstellung

Eingabe: Mittelwert ($-5 \leq \mu \leq 5$) und Standardabweichung ($0.1 \leq \sigma \leq 3$)

Man beachte, daß hier und in allen folgenden Eingaben σ und nicht σ^2 einzugeben ist.

Ausgabe: Graphische Darstellung der Dichtefunktion (siehe Abbildung 11.1).

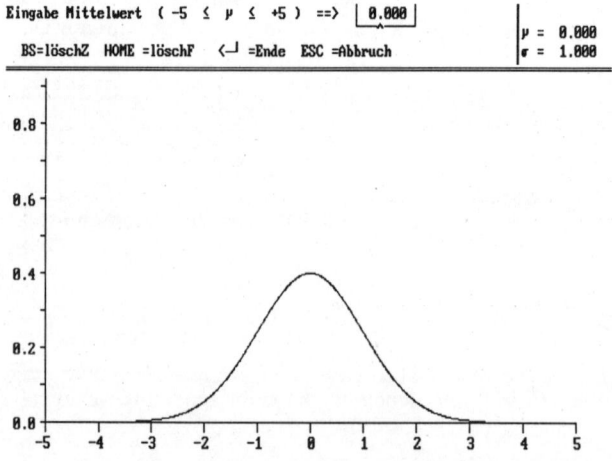

Abbildung 11.1: Graphische Darstellung der Dichte der $N(0,1)$-Verteilung

Graphiken und Berechnungen zur Normalverteilung 101

--> Eingabe: Mittelwert. Es können beliebig viele Dichtefunktionen in einem Bild dargestellt werden. Dieser Programmpunkt wird mit der ESC-Taste beendet.

11.2 Berechnung von Wahrscheinlichkeiten ($\mu=0$, $\sigma=1$)

Hier werden Wahrscheinlichkeiten P(a≤X≤b) für -9≤a<b≤9 berechnet und als Flächen unter der Dichtefunktion graphisch dargestellt.

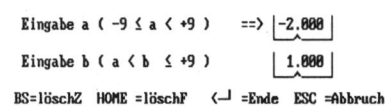

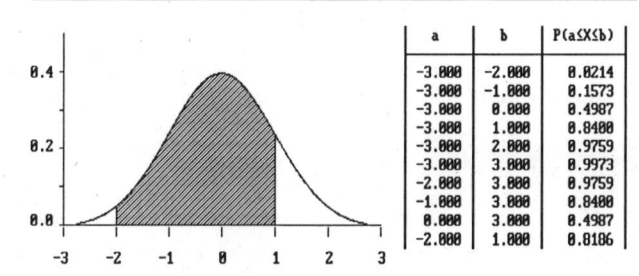

Abbildung 11.2: Ausgabe der Wahrscheinlichkeiten P(a≤X≤b) und Darstellung der Wahrscheinlichkeit als Fläche unter der Dichtefunktion

Abbildung 11.3: Ausgabe der Wahrscheinlichkeiten

Eingabe: a (-9≤a<9) und b (a<b≤9)

Ausgabe:

Die Wahrscheinlichkeiten werden in einer Tabelle ausgegeben. Im Schaubild (siehe Abbildung 11.2) wird die zuletzt berechnete Wahrscheinlichkeit als Fläche unter der Dichtefunktion schraffiert dargestellt. --> Eingabe: a oder ESC.

11.3 Berechnung von Wahrscheinlichkeiten

Hier werden für $N(\mu, \sigma^2)$-verteiltes X Wahrscheinlichkeiten $P(a \leq X \leq b)$ berechnet.

Eingabe: μ und σ ($\sigma > 0$)

J(a)/N(ein)-Abfrage: Eingabe korrekt?

Gegebenenfalls kann hier eine falsche Eingabe korrigiert werden.

Eingabe: a und b (b>a)

Ausgabe der Wahrscheinlichkeit $P(a \leq X \leq b)$ (--> Eingabe: a)

Die Wahrscheinlichkeiten werden in einer Tabelle ausgegeben (siehe Abbildung 11.3). Dieser Programmpunkt wird mit der ESC-Taste beendet.

11.4 Verteilungsfunktion der N(0,1)-Verteilung

Eingabe: z ($-9 \leq z \leq 9$)

Ausgabe: F(z) und graphische Darstellung von F(z) als schraffierte Fläche unter der Dichtefunktion (siehe Abbildung 11.4). --> Eingabe: z oder ESC.

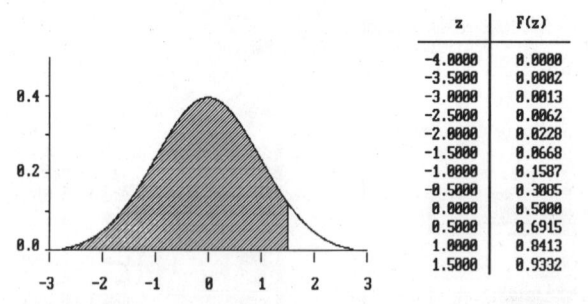

Abbildung 11.4: Ausgabe F(z) und graphische Darstellung als Fläche unter der Dichtefunktion

11.5 Umkehrfunktion der N(0,1)-Verteilungsfunktion

Eingabe: F(z) (0 < F(z) < 1)

Ausgabe: z und graphische Darstellung (siehe Abbildung 11.5). --> Eingabe F(z) oder ESC.

Graphiken und Berechnungen zur Normalverteilung 103

Zu vorgegebenem Wert F(z) der Verteilungsfunktion der N(0,1) - Verteilung
(= schraffierte Fläche unterhalb der Dichtefunktion) wird z berechnet.

Eingabe F(z) (0 < F(z) < 1) ==> |_____|

BS=löschZ HOME =löschF <─┘ =Ende ESC =Abbruch

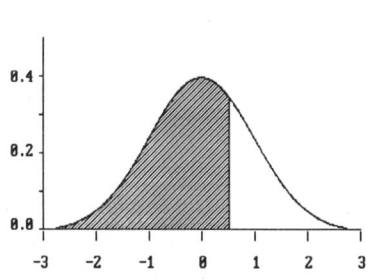

F(z)	z
0.0001	-3.7190
0.0005	-3.2905
0.0010	-3.0902
0.0050	-2.5758
0.0100	-2.3263
0.0500	-1.6449
0.1000	-1.2816
0.2000	-0.8416
0.3000	-0.5244
0.4000	-0.2533
0.5000	0.0000
0.6000	0.2533
0.7000	0.5244

Abbildung 11.5: Ausgabe der Umkehrfunktion

11.6 Simulation

Eingabe: μ und σ ($\sigma > 0$)

Eingabe: Anzahl der Simulationen ($1 \leq n < 10000$)

Ausgabe der ersten 50 Werte

Die ersten 50 Zufallszahlen werden auf dem Bildschirm angezeigt. Danach gibt "Simulation Nr." an, wie viele Zufallszahlen schon erzeugt wurden.

J(a)/N(ein)-Abfrage: Abspeichern der Daten?

Das Abspeichern der Daten in eine Datei wurde in Abschnitt 1.9 beschrieben.

11.7 Umschalten auf erhöhte Genauigkeit

Berechnete Wahrscheinlichkeiten werden mit 6 statt 4 Nachkommastellen ausgegeben.

B: Übungen

1.) Machen Sie sich zunächst mit dem Programm und seinen verschiedenen Programmpunkten vertraut.

2.) Lassen Sie sich mit dem Programmpunkt 1 die Dichte der N(0,1)-Verteilung graphisch darstellen. Beschreiben Sie die Gestalt und den Verlauf der Kurve. Variieren Sie dann zunächst den Parameter σ und anschließend den Parameter μ. Halten Sie dabei jeweils den anderen Parameter konstant.

3.) Berechnen Sie mit dem Programmpunkt 4 die Werte F(z) der Verteilungsfunktion der N(0,1)-Verteilung für z = -3, -2, ..., 2, 3. Lassen Sie sich für verschiedene Werte von z>0 mit einem Drucker sowohl die Bilder für F(z) als auch die für F(-z) ausdrucken. Legen Sie die Bilder umgekehrt übereinander, so daß die Kurven zur Deckung kommen.

4.) Berechnen Sie mit dem Programmpunkt 5 die Werte z der Umkehrfunktion der Verteilungsfunktion der N(0,1)-Verteilung für F(z) = 0.01, 0.05, 0.1, 0.2, ..., 0.9, 0.95, 0.99.

5.) Berechnen Sie mit dem Programmpunkt 2 die Wahrscheinlichkeiten P(a≤X≤b) für N(0,1)-verteiltes X und folgende Werte von a und b:

i)

a	b	a	b	a	b
-5	5	-5	0	0	5
-4	4	-4	0	0	4
-3	3	-3	0	0	3
-2	2	-2	0	0	2
-1	1	-1	0	0	1

ii)

a	b	a	b
-3	-2	2	3
-3	-1	1	3
-2	-1	1	2
-2	1	-1	2
-2	3	-3	2

iii)

a	b	a	b
0	0.5	-0.5	0.5
-0.5	1.0	-1.0	1.0
-1.0	2.0	-2.0	2.0
-2.0	3.0	-3.0	3.0
-3.0	4.0	-4.0	4.0

iv)

a	b	a	b
-3.000	3.000	-3.000	2.000
0.000	2.000	0.000	1.800
1.000	1.800	1.000	1.700
1.400	1.700	1.400	1.600
1.500	1.600	1.500	1.550
1.540	1.550	1.540	1.546
1.543	1.546	1.543	1.544

v)

a	b	a	b	a	b
1.500	2.000	2.000	2.700	1.500	2.700
-2.345	0.000	0.000	0.450	-2.345	0.450
0.200	0.400	0.400	1.200	0.200	1.200
0.200	3.000	3.000	4.000	0.200	4.000
0.200	4.000	4.000	5.000	0.200	5.000

6.) Berechnen Sie mit dem Programmpunkt 3 die Wahrscheinlichkeiten P(a≤X≤b) für N(μ, σ^2)-verteiltes X mit den folgenden Werten für μ und σ, a und b:

i) μ=3 (1), σ=2 (1,4)

a	b	a	b
1	2	4	5
-2	-1	7	8
1	5	-1	7
-3	9	-5	11
-5	3	3	11

ii) μ=5 σ=2

a	b	a	b
3	4	6	7
0	1	9	10
3	7	1	9
-1	11	-3	13
-3	5	5	13

Graphiken und Berechnungen zur Normalverteilung

			a	b	a	b
iii)	μ=5	σ=4	1	3	7	9
			-5	-3	13	15
			1	9	-3	13
			-7	17	-11	21
			-11	5	5	21
iv)	μ=0	σ=1	-1.0	-0.5	0.5	1.0
			-2.5	-2.0	2.0	2.5
			-1.0	1.0	-2.0	2.0
			-3.0	3.0	-4.0	4.0
			-4.0	0.0	0.0	4.0

Vergleichen Sie jeweils die Ergebnisse. Wie ändern sich die Ergebnisse, wenn man die Parameter μ und σ ändert, aber a und b konstant hält? Erklären Sie die weiteren Ergebnisse.

7.) Berechnen Sie für $\mu=3$, $\sigma=2$ und den in Aufgabe 6.i) angegebenen Werten für a und b nach der Formel $P(a \le X \le b) = F((b-\mu)/\sigma) - F((a-\mu)/\sigma)$ die Wahrscheinlichkeiten, daß $a \le X \le b$ gilt, wobei F die Verteilungsfunktion der N(0,1)-Verteilung bezeichne. Berechnen Sie deren Werte mit Programmpunkt 4.

8.) Erzeugen Sie sich Stichproben mit normalverteilten Zufallszahlen, speichern Sie die Daten in einer Datei und betrachten Sie dann mit dem Programm STETIG ein Histogramm Ihrer Daten. Vergleichen Sie die Form der Histogramme mit der Gestalt der Dichtefunktion.

C: Lernziele

Zunächst wollen wir uns ein Bild von der Gestalt der Dichtefunktion der Normalverteilung machen. Dazu betrachten wir die graphische Darstellung der Dichtefunktion der N(0,1)-Verteilung in Abbildung 11.6, also der Normalverteilung mit den Parametern $\mu=0$ und $\sigma=1$. Diese Verteilung wird auch die *Standardnormalverteilung* genannt.

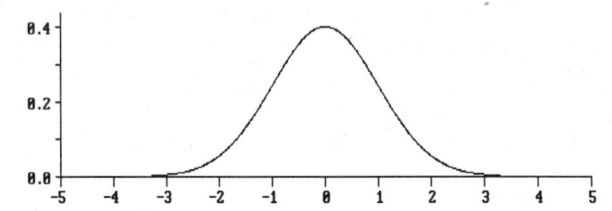

Abbildung 11.6: Die Dichtefunktion der N(0,1)-Verteilung

Wir erkennen in Abbildung 11.6 die typische Form der Normalverteilung, die oft auch als *Glockenform* bezeichnet wird. Die Kurve hat ihren höchsten Punkt an der Stelle 0, also genau an der Stelle des Wertes des Parameters μ. Sie fällt zu beiden Seiten gleichmäßig ab, zunächst sehr langsam, dann immer schneller und wieder langsamer, bis sie schließlich ganz flach ausläuft und bei -3 und +3 schon nahezu mit der waagerechten Achse zusammenfällt. Wollte man den Verlauf dieser Kurve mathematisch beschreiben, so würde man sagen: Die Kurve hat im negativ-unendlichen Bereich die x-Achse als Asymptote, steigt in einer Linkskurve allmählich an (beginnend etwa bei -3), erreicht die maximale Steigung bei -1, geht an diesem Punkt in eine Rechtskurve über, nimmt bei 0 ihr Maximum an, geht hier von einer steigenden in eine fallende Kurve über, bei +1 wendet sie von einer Rechtskurve wieder in eine Linkskurve, hat also hier auch einen Wendepunkt (damit ihr stärkstes Gefälle). Schließlich nähert sie sich wieder asymptotisch der x-Achse. Wer mit den Begriffen Links- und Rechtskurven nicht vertraut ist, denke an Kurven im Straßenverkehr und stelle sich vor, er wolle auf der Dichtefunktion mit einem Fahrrad oder einem Motorrad entlang fahren und lege sich dabei ordentlich in die Kurven, in einer Linkskurve nach links, in einer Rechtskurve nach rechts. Genau in den Wendepunkten sitzt man wieder gerade und legt sich dann zur anderen Seite. Man beachte, daß die Wendepunkte vom Mittelpunkt die Entfernung 1 haben. Dies ist gerade der Wert der Standardabweichung.

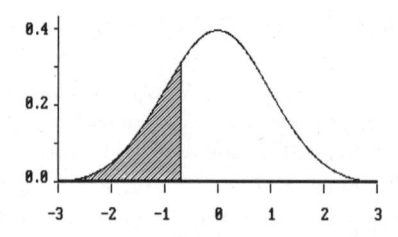

Abbildung 11.7: Die Verteilungsfunktion als schraffierte Fläche unter der Dichtefunktion (hier z=-0.7)

Wohl die wichtigste Eigenschaft des Kurvenverlaufs ist die Symmetrie um 0, genauer um eine durch 0 gedachte vertikale Achse. Spiegelt man die Dichtefunktion an dieser vertikalen Achse, so geht sie in sich über, oder schlägt man die eine Hälfte der Dichtefunktion um diese Achse auf die andere Hälfte, so fallen beide Hälften zusammen. Diese Eigenschaft ist sehr wichtig bei der Berechnung von Wahrscheinlichkeiten, die man sich ja als Flächen unter der Dichtefunktion vorzustellen hat. Da man jede Fläche, die links von der Mittelachse liegt, in eine gleich große Fläche spiegeln kann, die rechts von der Mittelachse liegt, genügt es, wenn man Flächen berechnet, die rechts von der Mittelachse liegen. Genau das macht man sich bei vielen Tabellen der Standardnormalverteilung zunutze. Tabelliert sind nur die Werte der Verteilungsfunktion $F(z)$ für $z \geq 0$. Dabei ist $F(z) = P(X \leq z)$ die Wahrscheinlichkeit, daß eine $N(0,1)$-verteilte Zufallsvariable X einen Wert kleiner oder gleich z annimmt. Diese Wahrscheinlichkeit ist gleich dem Flächeninhalt der Fläche zwischen der x-Achse und der Dichtefunktion von $-\infty$ bis z. Für $z=-0.7$ ist diese Fläche in Abbildung 11.7 schraffiert.

Unser Programm liefert uns auch den Wert $F(z) = 0.2420$. Hat man jedoch nur eine Tabelle der Verteilungsfunktion $F(z)$ für $z \geq 0$ zur Verfügung, so kann man $F(z)$ für negative z-Werte auf folgende Weise erhalten. Man denke sich die schraffierte Fläche in Abbildung 11.7 an einer vertikalen Achse durch 0 gespiegelt. Die schraffierte Fläche in Abbildung 11.7 geht dann über in die nichtschraffierte Fläche in Abbildung 11.8. Diese Fläche ist gleich meiner gesuchten Wahrscheinlichkeit $F(-0.7)$. Die Tabelle mit $F(z)$ für $z \geq 0$ gibt mir den Wert der in Abbildung 11.8 schraffierten Fläche mit $F(0.7) = 0.7580$ an. Da die Gesamtfläche unter der Dichtefunktion, hier die Summe beider Flächen, gleich 1 sein muß, denn sie ist die Wahrscheinlichkeit, daß die Zufallsvariable irgendeinen Wert zwi-

Graphiken und Berechnungen zur Normalverteilung 107

schen −∞ und +∞ annimmt, erhalte ich F(-0.7) als Differenz zwischen 1 und F(0.7), also F(-0.7) = 1-0.7580 = 0.2420.

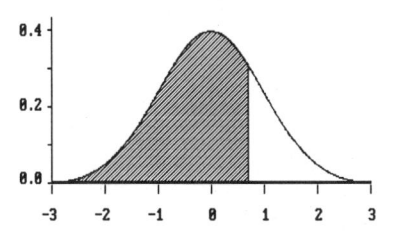

Abbildung 11.8: Die Verteilungsfunktion als schraffierte Fläche unter der Dichtefunktion (hier z = +0.7)

Um sich die Symmetrie zu verdeutlichen, kopiere man sich die Abbildungen 11.7 und 11.8 auf möglichst durchscheinendes Papier und lege eine der Abbildungen umgekehrt auf die andere, so daß beide Kurven zur Deckung kommen. Die schraffierte Fläche in Abbildung 11.7 fällt dann genau auf die unschraffierte Fläche in Abbildung 11.8 und umgekehrt.

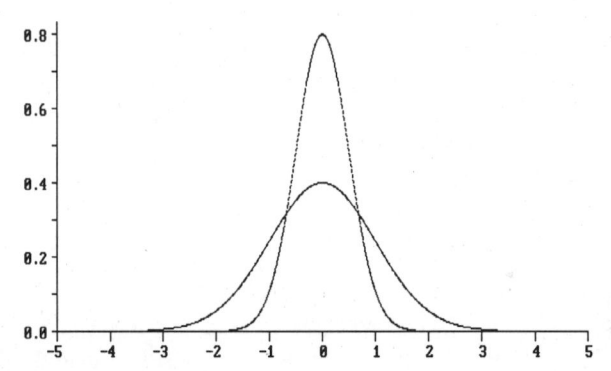

Abbildung 11.9: Dichtefunktionen der Normalverteilung für $\mu = 0$ und $\sigma = 1, 0.5$

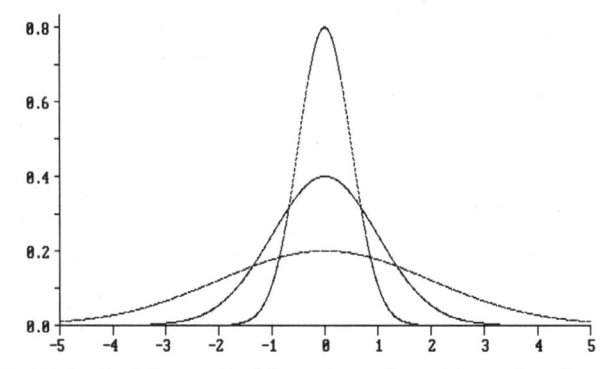

Abbildung 11.10: Dichtefunktionen der Normalverteilung für $\mu = 0$ und $\sigma = 1, 0.5, 2$

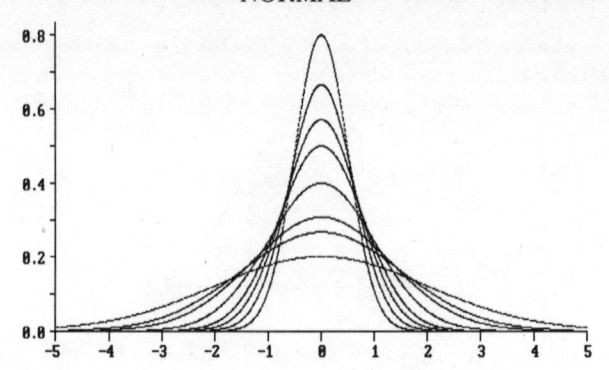

Abbildung 11.11: Dichtefunktionen der Normalverteilung für $\mu=0$ und $0.5 \leq \sigma \leq 2$

Wie ändert sich nun die Gestalt der Dichtefunktion, wenn wir die Parameter μ und σ verändern? Bisher war ja immer $\mu=0$ und $\sigma=1$. Zunächst verändern wir den Parameter σ. In Abbildung 11.9 ist zusätzlich zur Standardnormalverteilung noch die Dichte der Normalverteilung mit $\mu=0$ und $\sigma=0.5$ eingezeichnet, in Abbildung 11.10 auch noch die für $\sigma=2$ und in Abbildung 11.11 noch mehrere andere Dichten mit $0.5 \leq \sigma \leq 2$ und jeweils $\mu=0$.

Die Kurven haben alle eine ähnliche Gestalt, sie haben weiterhin ihr Maximum bei 0 und sind symmetrisch um eine vertikale Achse durch 0. Auch den Verlauf der Kurve mit Links-, Rechtskurve und Wendepunkten würde man genauso beschreiben wie für die Standardnormalverteilung. Man beachte, daß die Wendepunkte jeweils die Entfernung σ von 0 haben, daß sich ferner die Kurve ungefähr bei -3σ und bei $+3\sigma$ der x-Achse nähert. Die Kurven unterscheiden sich lediglich durch ihre unterschiedliche Steilheit oder Flachheit. Die Kurve mit $\sigma=0.5$ (siehe Abbildung 11.9) ist höher und steiler als die Standardnormalverteilung, für $\sigma=2$ ist sie niedriger und flacher (siehe Abbildung 11.10). Für $\sigma=0.5$ ist die Gesamtfläche wesentlich näher bei 0, für $\sigma=2$ streut sie weiter, die Kurve ist breiter. Die *Standardabweichung* σ ist ja auch ein *Maß für die Streuung*. Die gesamte Breite der Fläche, d.h. die Breite der Werte mit echt positiven Werten der Dichtefunktion, ist 6σ, die Kurve löst sich ungefähr bei -3σ von der x-Achse und nähert sich wieder bei $+3\sigma$ der x-Achse.

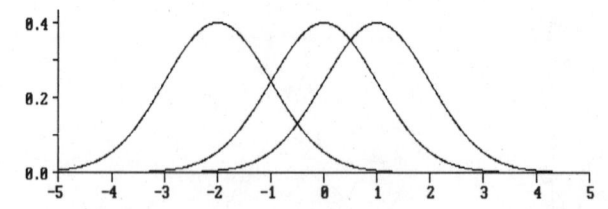

Abbildung 11.12: Dichtefunktionen der Normalverteilung für $\mu=-2, 0, 1$ und $\sigma=1$

Jetzt verändern wir den Parameter μ und halten $\sigma=1$ konstant. In Abbildung 11.12 sind die Dichtefunktionen für $\mu=-2, 0, 1$ eingezeichnet. Wir sehen an dieser Abbildung, daß eine Änderung des Parameters μ nur eine Verschiebung der gesamten Dichtefunktion um μ Einheiten nach links oder rechts bewirkt, entsprechend dem Vorzeichen von μ. Der Parameter μ wird deshalb auch als *Lageparameter* bezeichnet, er beschreibt die Lage

Graphiken und Berechnungen zur Normalverteilung   109

der Verteilung, und zwar genau das Maximum, das auch der Ort der Symmetrie ist. Die Dichtefunktion ist jetzt nicht mehr wie bei der Standardnormalverteilung um 0, sondern um μ symmetrisch, genauer um eine durch μ gelegte vertikale Achse. Entsprechend gilt auch für andere Werte von σ: eine Veränderung von μ bewirkt lediglich eine Verschiebung der Dichtefunktion (siehe Abbildung 11.13).

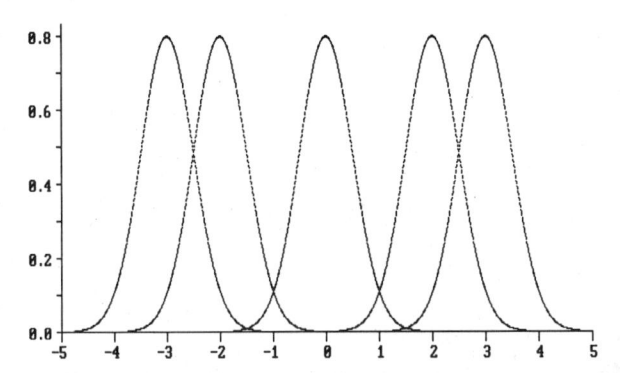

Abbildung 11.13: Dichtefunktionen der Normalverteilung für $\mu = -3, -2, 0, 2, 3$ und $\sigma = 0.5$

Wir können uns diese Eigenschaften wieder bei der Berechnung von Wahrscheinlichkeiten zunutze machen, denn Wahrscheinlichkeiten sind ja Flächen unter der Dichtefunktion, und will man eine Wahrscheinlichkeit berechnen für eine Normalverteilung mit einem von 0 verschiedenen Parameter μ, so verschiebe man die ganze Dichtefunktion mitsamt der zu berechnenden Fläche, so daß der neue Mittelpunkt bei 0 liegt. Dabei ändert sich die Größe der Fläche nicht. Es genügt also, wenn man Wahrscheinlichkeiten für $\mu = 0$ berechnen kann. Wir werden später sehen, daß es sogar genügt, wenn man sie für $\mu = 0$ und $\sigma = 1$, also für die Standardnormalverteilung berechnen kann.

Zusammenfassend kann man zur Bedeutung der beiden Parameter μ und σ sagen: der Parameter μ beschreibt die Lage der Verteilung, den Symmetriepunkt, das Maximum der Verteilung, den Ort, um den sich die meiste Masse verteilt, wenn man sich die Flächen unter der Dichtefunktion mal als Masse vorstellt, während der Parameter σ die Streuung oder Ausbreitung dieser Masse um μ beschreibt. Entsprechend werden normalverteilte Beobachtungen symmetrisch um den Erwartungswert (Mittelwert) μ verteilt sein mit einer durch die Standardabweichung σ bestimmten Streuung.

Wir kommen jetzt noch einmal zur Verteilungsfunktion der Standardnormalverteilung zurück, die wir ja schon weiter oben kurz angesprochen hatten. Formal ist die Verteilungsfunktion $F(z)$ definiert als die Wahrscheinlichkeit, daß eine $N(0,1)$-verteilte Zufallsvariable einen Wert kleiner oder gleich z annimmt, also $F(z) = P(X \leq z)$ für eine beliebige Zahl z. Berechnet wird diese Wahrscheinlichkeit durch ein Integral über die Dichtefunktion von $-\infty$ bis zum gegebenen Wert z. Der Wert dieses Integrals ist aber gerade gleich dem Flächeninhalt der Fläche zwischen der x-Achse und der Dichtefunktion von $-\infty$ bis z. Für unsere Zwecke ist es vollkommen ausreichend, wenn wir uns als Wert der *Verteilungsfunktion die Größe der Fläche unter der Dichtefunktion von $-\infty$ bis z vorstellen* (siehe Abbildung 11.14).

Haben wir die im vorigen Absatz genannte Vorstellung von der Verteilungsfunktion, so ist es auch unmittelbar einleuchtend, daß die Verteilungsfunktion größer wird, wenn man den Wert von z vergrößert, denn dadurch wird ja die Fläche unter der Dichtefunktion vergrößert, und man kann sich vielleicht auch vorstellen, daß dazu schon ein ganz kleines Stück genügt, daß also die Verteilungsfunktion eine streng wachsende Funktion ist. Jede noch so kleine Vergrößerung von z bewirkt eine Vergrößerung von F(z). Umgekehrt kann man sich vorstellen, daß man auch jeden Wert von F(z) zwischen 0 und 1 erreichen kann, denn die Dichtefunktion ist ja eine durchgezogene stetige Funktion. Zu jedem Wert y zwischen 0 und 1 gibt es also auch eine Fläche unter der Dichtefunktion von $-\infty$ bis zu einem gewissen Wert z, so daß F(z)=y gilt. Mit anderen Worten heißt das: die Verteilungsfunktion ist umkehrbar.

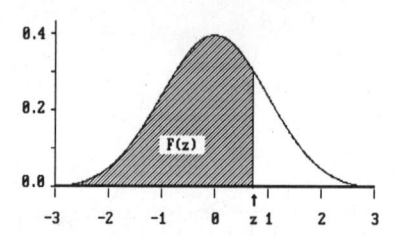

Abbildung 11.14: Verteilungsfunktion F(z) als Fläche unter der Dichtefunktion

Die *Umkehrfunktion* zur Verteilungsfunktion wird in Programmpunkt 5 berechnet, während Programmpunkt 4 die Verteilungsfunktion berechnet. Der Unterschied zwischen diesen beiden Programmpunkten ist also der, daß einmal (Punkt 4) z vorgegeben wird und dazu die Fläche F(z) unter der Dichtefunktion berechnet wird, während in Punkt 5 der Flächeninhalt F(z) vorgegeben wird und das zugehörige z berechnet wird.

Die obigen Überlegungen spiegeln sich in den Ergebnissen zu den Übungen 3 und 4 wider (siehe Tabellen 11.1 und 11.2).

z	F(z)
-3.0000	0.0013
-2.0000	0.0228
-1.0000	0.1587
0.0000	0.5000
1.0000	0.8413
2.0000	0.9772
3.0000	0.9987

Tabelle 11.1: Werte der Verteilungsfunktion F(z) (Übung 3)

Man sieht an den Ergebnissen, daß beide Funktionen monoton wachsend sind. Ferner achte man auf die Auswirkungen der Symmetrie. Für z=0 erhält man F(z)=0.5, d.h. genau die Hälfte der Masse liegt links vom Mittelwert, die andere Hälfte liegt rechts. Ferner gilt für alle Werte von z: F(z)=1-F(-z), z.B. F(2)=0.9772=1-0.0228=1-F(-2). Bei der Umkehrfunktion achte man ebenfalls auf die Symmetrie, man vergleiche hier jeweils den ersten Wert mit dem letzten, den zweiten mit dem vorletzten usw., also jeweils die zu F(z) und 1-F(z) gehörigen z-Werte, die sich nur durch ihr entgegengesetztes Vorzeichen unterscheiden.

Graphiken und Berechnungen zur Normalverteilung 111

F(z)	z
0.0100	-2.3263
0.0500	-1.6449
0.1000	-1.2816
0.2000	-0.8416
0.3000	-0.5244
0.4000	-0.2533
0.5000	0.0000
0.6000	0.2533
0.7000	0.5244
0.8000	0.8416
0.9000	1.2816
0.9500	1.6449
0.9900	2.3263

Tabelle 11.2: Werte der Umkehrfunktion der Verteilungsfunktion (Übung 4)

Auf die Ergebnisse der 5. Übung kann hier nicht in allen Einzelheiten eingegangen werden. Es sollte nur klar werden, daß die *Wahrscheinlichkeit* P(a≤X≤b), daß eine standardnormalverteilte Zufallsvariable X Werte in einem Intervall [a,b] annimmt, *als Fläche unter der Dichtefunktion* zwischen den Grenzen a und b interpretiert werden kann (siehe Abbildung 11.15).

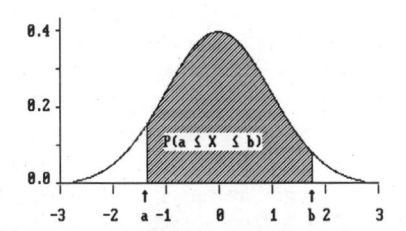

Abbildung 11.15: Wahrscheinlichkeit P(a≤X≤b) als Fläche unter der Dichtefunktion

Die letzte Aussage gilt nicht nur für N(0,1)-verteilte Zufallsvariablen, sondern ganz allgemein für alle Zufallsvariablen, deren Verteilung eine Dichtefunktion besitzt. Man kann dies auf vereinfachte Weise so begründen: Im Programm ALTER haben wir gesehen, daß Histogramme sich auf Dichtefunktionen einpendeln, wenn wir den Stichprobenumfang immer weiter vergrößern und dabei die Intervalleinteilung immer feiner machen. Die Flächeninhalte der "Histogrammrechtecke" waren ein Maß für die relativen Häufigkeiten. Bei Vergrößerung des Stichprobenumfangs pendeln sich die relativen Häufigkeiten auf Wahrscheinlichkeiten ein, wie wir im Programm MUENZE gesehen haben. Dort war zwar die betrachtete Zufallsvariable diskret, d.h. nahm nur endlich viele Werte (0,1) an, aber diese Aussage gilt allgemein auch für eine stetige Zufallsvariable. Beim "Einpendeln" der Histogramme auf die Dichtefunktion geht die Fläche der "Histogrammrechtecke" über in die Fläche unter der Dichtefunktion, und da die relativen Häufigkeiten übergehen in Wahrscheinlichkeiten, ist die Fläche unter der Dichtefunktion gleich der Wahrscheinlichkeit, daß die Zufallsvariable einen Wert im Intervall [a,b] annimmt. Da die Summe aller relativen Häufigkeiten gleich 1 ist, folgt auch sofort, daß die Gesamtfläche unter der Dichtefunktion und damit die Wahrscheinlichkeit, daß die Zufallsvariable irgendeinen Wert annimmt, ebenfalls 1 ist.

Darüber hinaus sollten in der Übung 5 die Folgen der Symmetrie der Dichtefunktion der Normalverteilung um den Mittelwert weiter verdeutlicht werden. In Teil i) bemerke man, daß $P(-z \leq X \leq z) = 2P(-z \leq X \leq 0) = 2P(0 \leq X \leq z)$ für positives z, außerdem, daß fast alle Masse im Intervall [-4,4] konzentriert ist, in Teil ii), daß Flächen, die durch Spiegelung an der vertikalen Achse auseinander hervorgehen, gleich groß sind, und zwar nicht nur, wenn sie ganz auf einer Seite der Achse liegen (siehe die letzten zwei Zeilen dieser Teilaufgabe und Abbildung 11.16). Zur Veranschaulichung lege man sich die entsprechenden Bilder wieder umgekehrt übereinander.

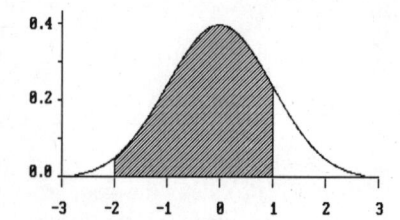

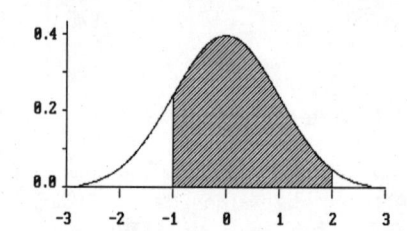

Abbildung 11.16: Durch Spiegelung an der Mittelachse auseinander hervorgehende Flächen

In Übung 5.iii) soll man beobachten, daß die Wahrscheinlichkeit größer wird, wenn das Intervall [a,b], also auch die Fläche unter der Dichtefunktion vergrößert wird. Hier wird die Wahrscheinlichkeit in zwei aufeinander folgenden Schritten jeweils um den gleichen Betrag vergrößert, weil die entsprechenden Vergrößerungen des Intervalls symmetrisch zu 0 sind. In Teil iv) der Aufgabe 5 wird das Intervall in jedem Schritt verkleinert, bis sich schließlich a und b nur noch um ein Hundertstel unterscheiden. Die Wahrscheinlichkeiten werden dabei immer kleiner und konvergieren schließlich gegen 0 (siehe Tabelle 11.3 und Abbildung 11.17).

a	b	$P(a \leq X \leq b)$
-3.000	3.000	0.9973
-3.000	2.000	0.9759
0.000	2.000	0.4772
0.000	1.800	0.4641
1.000	1.800	0.1227
1.000	1.700	0.1141
1.400	1.700	0.0362
1.400	1.600	0.0260
1.500	1.600	0.0120
1.500	1.550	0.0062
1.540	1.550	0.0012
1.540	1.546	0.0007
1.543	1.546	0.0004
1.543	1.544	0.0001

Tabelle 11.3: Ergebnisse zu Aufgabe 5.iv)

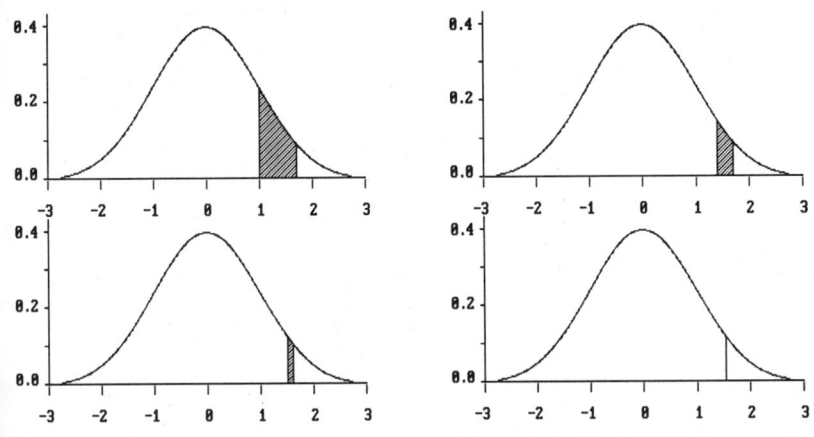

Graphiken und Berechnungen zur Normalverteilung

Abbildung 11.17: Graphische Darstellung einiger Wahrscheinlichkeiten aus Aufgabe 5.iv)

Daraus schließen wir, daß die Wahrscheinlichkeit, daß eine N(0,1)-verteilte Zufallsvariable einen festen vorgegebenen Wert, z.B. wie hier in der Aufgabe den Wert 1.543 annimmt, gleich Null ist. Deshalb ist es auch egal, wenn ich Wahrscheinlichkeiten berechne, daß eine Zufallsvariable in ein Intervall [a,b] fällt, ob die Endpunkte des Intervalls dazu gehören oder nicht, d.h. es gilt $P(a \leq X \leq b) = P(a < X < b)$. Diese Aussage gilt wieder für alle Zufallsvariablen, deren Verteilung eine Dichtefunktion besitzt.

Im letzten Teil der Übung 5 grenzen die beiden ersten Intervalle einer Zeile unmittelbar aneinander, während das dritte Intervall die Vereinigung beider Intervalle ist. Die Wahrscheinlichkeit für dieses dritte Intervall ist die Summe der Wahrscheinlichkeiten für die beiden ersten Intervalle. Diese Aussage gilt wieder allgemeiner. Die Wahrscheinlichkeit für die Vereinigung disjunkter, d.h. sich nicht überlappender Ereignisse, ist die Summe der Wahrscheinlichkeiten für die einzelnen Ereignisse.

Die Ergebnisse zu Aufgabe 6.i) mit $\mu = 3$ und $\sigma = 2$ stehen in Tabelle 11.4:

a	b	P(a≤X≤b)
1.000	2.000	0.1499
4.000	5.000	0.1499
-2.000	-1.000	0.0165
7.000	8.000	0.0165
1.000	5.000	0.6827
-1.000	7.000	0.9545
-3.000	9.000	0.9973
-5.000	11.000	0.9999
-5.000	3.000	0.5000
3.000	11.000	0.5000

Tabelle 11.4: Ergebnisse zu Übung 6.i) $\mu = 3$, $\sigma = 2$

In den ersten vier Zeilen stimmen wieder jeweils zwei Ergebnisse überein, da die entsprechenden Flächen symmetrisch um den Mittelwert $\mu = 3$ liegen. Die weiteren Ergebnisse aus 6.i) können zum Teil anhand der graphischen Darstellung der Dichtefunktionen erklärt werden. Wir gehen hier nicht näher darauf ein, empfehlen aber, sich die Dichtefunktionen mit Programmpunkt 1 ausdrucken zu lassen (evtl. mit einer Verschiebung der Skala, d.h. $\mu = 0$ anstatt 3 zu verwenden und die Skala per Hand zu ändern).

Bei den weiteren Berechnungen zu Übung 6 (ii - iv) erhalten wir genau die gleichen Ergebnisse wie in Tabelle 11.4, trotz der unterschiedlichen Werte für die Intervallgrenzen a und b. Wenn man sich diese Intervallgrenzen jedoch genauer ansieht, fällt auf, daß sie sich in allen Teilaufgaben immer um das gleiche Vielfache von σ vom Mittelwert μ unterscheiden. Diese Vielfachen entnimmt man am besten aus 6.iv). Für die Normalverteilung gilt nun: Unterscheiden sich für verschiedene Parameter μ und σ die Intervallgrenzen um das gleiche Vielfache von σ vom Mittelwert μ, so stimmen die Wahrscheinlichkeiten, daß die entsprechende Zufallsvariable einen Wert in diesem Intervall annimmt, überein. Bezeichnen wir diese Vielfachen von σ, um das sich die Intervallgrenzen von μ unterscheiden mit v(a) für die linke Grenze a und mit v(b) für die rechte Grenze b, so haben wir a=μ+v(a)σ und b=μ+v(b)σ oder v(a)=(a-μ)/σ und v(b)=(b-μ)/σ. Diese Vielfachen sind aber gerade die Intervallgrenzen für μ=0 und σ=1 (man setze nur in den Gleichungen für v(a) und v(b) μ=0 und σ=1 ein), d.h. um eine Wahrscheinlichkeit für beliebiges μ und σ zu berechnen, kann ich die entsprechende Wahrscheinlichkeit für μ=0 und σ=1 mit den Intervallgrenzen v(a) und v(b) berechnen. So werden auch die Wahrscheinlichkeiten intern im Rechner bestimmt. Dies ist auch der Grund, weshalb es genügt, Tabellen für die Standardnormalverteilung zu haben. Das Bestimmen der äquivalenten Intervallgrenzen für die Standardnormalverteilung nennt man auch "Standardisieren". Genauer gilt nämlich: ist eine Zufallsvariable X normalverteilt mit den Parametern μ und σ, so ist die standardisierte Zufallsvariable (X-μ)/σ verteilt wie N(0,1). Dieses Standardisieren, das man immer macht, wenn man Wahrscheinlichkeiten mit Hilfe einer Tabelle für die N(0,1)-Verteilung berechnet, soll in der letzten Aufgabe 7 geübt werden, und es soll noch einmal demonstriert werden, daß man dabei dieselben Ergebnisse erhält.

a	b	P(a≤X≤b)
-1.000	1.000	0.6827
-2.000	2.000	0.9545
-3.000	3.000	0.9973

Tabelle 11.5: Wahrscheinlichkeiten für die Standardnormalverteilung zur Begründung der 3σ-Regeln

Schließlich wollen wir von den Übungen 6 und 7 noch die folgenden Ergebnisse (siehe Tabelle 11.5) festhalten. Mit unseren Erörterungen des vorigen Absatzes folgt daraus, daß für die Normalverteilung mit beliebigen Parametern μ und σ gilt:

$$P(\mu - \sigma \leq X \leq \mu + \sigma) = 0.6827$$
$$P(\mu - 2\sigma \leq X \leq \mu + 2\sigma) = 0.9545$$
$$P(\mu - 3\sigma \leq X \leq \mu + 3\sigma) = 0.9973$$

In Worten kann man diese Ergebnisse auch so beschreiben: Für normalverteilte Beobachtungen weichen ungefähr 2/3 der Beobachtungen um weniger als eine Standardabweichung vom Mittelwert ab, ungefähr 95% um weniger als 2σ und 99% um weniger als 3σ. Diese Regeln werden gelegentlich auch als 3σ-Regeln bezeichnet. Wir haben sie schon mehrfach in anderen Programmen direkt oder indirekt benutzt. Wir haben in den Programmen ALTMIHI und STALMIHI gesehen, daß der Mittelwert in Stichproben aus der Altersverteilung angenähert normalverteilt ist. Wir konnten dann aus der Breite des Histogramms im Programm ALTMIHI die Standardabweichung ablesen. Ferner haben

Histogramms im Programm ALTMIHI die Standardabweichung ablesen. Ferner haben wir aus der Streuung der Mittelwerte in den Graphiken der Programme SAWO und ALMI die Standardabweichung abgelesen. Bei der Gestaltung der Programme ALTMIHI, STALMIHI, SAWO und ALMI wurden die 3σ-Regeln benutzt, um die Skaleneinteilung festzulegen, denn es muß ja sichergestellt sein, daß nicht zu viele Beobachtungen außerhalb des Bildschirmbereichs liegen, andererseits möchte man auch keinen Platz verschenken. Beim Programm ALMI muß man schon sehr lange warten, bis einmal die erste Beobachtung außerhalb des Skalenbereichs liegt.

Anmerkung: Die Verteilungsfunktion der N(0,1)-Verteilung und deren Umkehrfunktion wird auch im Programm KRIWERTE in GSTAT2 behandelt. Dort findet man auch eine gleichzeitige Darstellung der Dichte- und Verteilungsfunkion in einem Bild.

12. EXPO

A: Progammbeschreibung

Kurzbeschreibung:
Dichtefunktion und Verteilungsfunktion der Exponentialverteilung werden graphisch dargestellt. Es werden Wahrscheinlichkeiten P(a≤X≤b) für exponentialverteiltes X berechnet und graphisch dargestellt. Realisationen exponentialverteilter Zufallsvariablen können simuliert und in einer Datei abgespeichert werden.

Menü:

```
            Dichtefunktion                            ==> 1
            Dichtefunktion und Verteilungsfunktion    ==> 2
            Wahrscheinlichkeiten mit Graphik          ==> 3
            Berechnung von Wahrscheinlichkeiten       ==> 4
            Simulation                                ==> 5
            Umschalten auf erhöhte Genauigkeit        ==> 6
            Kurzbeschreibung                          ==> 7
            Programmende                              ==> 9
```

12.1 Dichtefunktion

Eingabe: Lambda (0.5≤Lambda≤3)

Ausgabe: Graphische Darstellung der Dichtefunktion (--> Eingabe Lambda)

Beliebig viele Dichtefunktionen können in ein Bild gezeichnet werden (siehe Abbildung 12.1). Dieser Programmpunkt wird mit der ESC-Taste beendet.

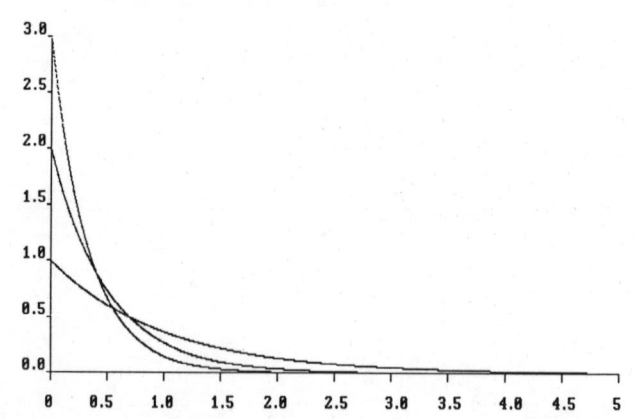

Abbildung 12.1: Dichtefunktionen der Exponentialverteilung (Lambda = 1, 2 und 3)

12.2 Dichtefunktion und Verteilungsfunktion

Eingabe: Lambda (1≤Lambda≤2)

Graphiken und Berechnungen zur Exponentialverteilung 117

Ausgabe: Graphische Darstellung der Dichtefunktion und Verteilungsfunktion (--> Eingabe Lambda)

Beliebig viele Dichtefunktionen und Verteilungsfunktionen können auf einem Bildschirm dargestellt werden (siehe Abbildung 12.2). Dieser Programmpunkt wird mit der ESC-Taste beendet.

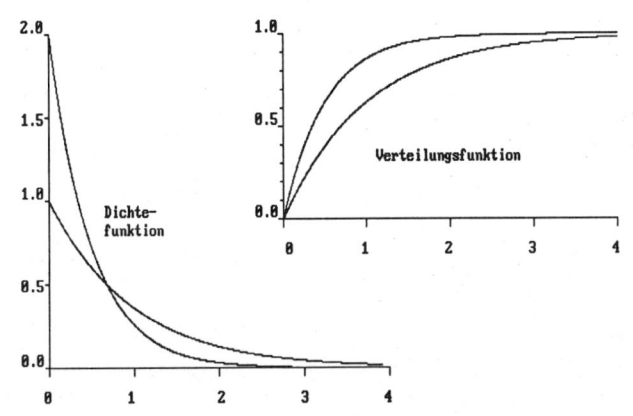

Abbildung 12.2: Dichtefunktionen und Verteilungsfunktionen der Exponentialverteilung mit Parametern 1 bzw. 2

12.3 Wahrscheinlichkeiten mit Graphik

Eingabe: Lambda

J(a)/N(ein)-Abfrage: Eingabe korrekt?

Gegebenenfalls kann hier eine falsche Eingabe korrigiert werden.

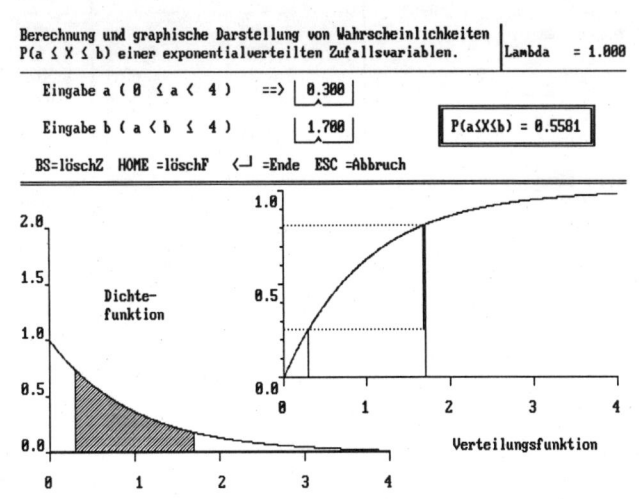

Abbildung 12.3: Graphische Darstellung der Wahrscheinlichkeit P(a≤X≤b)

Eingabe: a (0≤a<4) und b (a<b≤4)

118 EXPO

Ausgabe der Wahrscheinlichkeit P(a≤X≤b) und graphische Darstellung dieser Wahrscheinlichkeit

Die Wahrscheinlichkeit wird als schraffierte Fläche unter der Dichtefunktion und als Differenz der Werte der Verteilungsfunktion (P(a≤X≤b)=F(b)-F(a)) dargestellt. In der letzteren Darstellung ist die Wahrscheinlichkeit durch einen Doppelstrich gekennzeichnet (siehe Abbildung 12.3).

12.4 Berechnung von Wahrscheinlichkeiten

Hier werden für exponentialverteiltes X Wahrscheinlichkeiten P(a≤X≤b) berechnet.

Eingabe: Lambda

J(a)/N(ein)-Abfrage: Eingabe korrekt?

Gegebenenfalls kann hier eine falsche Eingabe korrigiert werden.

Eingabe: a (a≥0) und b (b>a)

Ausgabe der Wahrscheinlichkeit P(a≤X≤b) (--> Eingabe Lambda)

Die Wahrscheinlichkeiten werden in einer Tabelle ausgegeben (siehe Abbildung 12.4). Dieser Programmpunkt wird mit der ESC-Taste beendet.

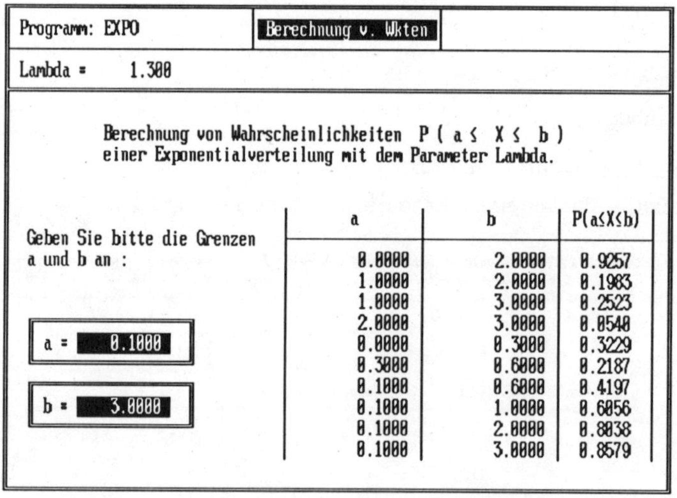

```
Programm: EXPO          Berechnung v. Wkten
Lambda =   1.300

              Berechnung von Wahrscheinlichkeiten  P ( a ≤ X ≤ b )
              einer Exponentialverteilung mit dem Parameter Lambda.

                              |    a        b       P(a≤X≤b)
Geben Sie bitte die Grenzen   |
a und b an :                  | 0.0000    2.0000    0.9257
                              | 1.0000    2.0000    0.1983
                              | 1.0000    3.0000    0.2523
                              | 2.0000    3.0000    0.0540
    a =   0.1000              | 0.0000    0.3000    0.3229
                              | 0.3000    0.6000    0.2187
                              | 0.1000    0.6000    0.4197
    b =   3.0000              | 0.1000    1.0000    0.6856
                              | 0.1000    2.0000    0.8838
                              | 0.1000    3.0000    0.8579
```

Abbildung 12.4: Ausgabe der Wahrscheinlichkeiten P(a≤X≤b) für exponentialverteiltes X mit Parameter 1.3

12.5 Simulation

Eingabe: Lambda (>0) und Anzahl der Simulationen (1≤n≤10000)

Ausgabe der ersten 50 Werte

Die ersten 50 Zufallszahlen werden auf dem Bildschirm angezeigt. Danach gibt "Simulation Nr." an, wie viele Zufallszahlen schon erzeugt wurden.

Graphiken und Berechnungen zur Exponentialverteilung   119

J(a)/N(ein)-Abfrage: Abspeichern der Daten? (Siehe Abschnitt 1.9.)

12.6 Umschalten auf erhöhte Genauigkeit

Wahrscheinlichkeiten werden mit 6 statt 4 Nachkommastellen ausgegeben.

B: Übungen

1.) Machen Sie sich zunächst mit allen Programmpunkten vertraut.

2.) Lassen Sie sich für verschiedene Parameterwerte die Dichten der Exponentialverteilung graphisch darstellen. Welche Gestalt hat die Dichtefunktion? Wie ändert sich die Gestalt der Dichtefunktion mit wachsendem Parameter?

3.) Lassen Sie sich für verschiedene Parameterwerte die Dichte und die Verteilungsfunktion der Exponentialverteilung graphisch darstellen. Beschreiben Sie den Verlauf der Verteilungsfunktion. Wie ändert sich die Gestalt der Verteilungsfunktion mit wachsendem Parameter?

4.) Berechnen Sie mit dem Programmpunkt 3 für verschiedene Parameterwerte mehrere Wahrscheinlichkeiten $P(a \leq X \leq b)$ für exponentialverteiltes X. Achten Sie auf die Graphik, die die verschiedenen Berechnungsmöglichkeiten der Wahrscheinlichkeiten zeigt.

5.) Erzeugen Sie sich Stichproben mit exponentialverteilten Zufallszahlen, speichern Sie die Daten in einer Datei und betrachten Sie dann mit dem Programm STETIG ein Histogramm Ihrer Daten. Vergleichen Sie die Form der Histogramme mit der Gestalt der Dichtefunktion.

C: Lernziele

Das Programm EXPO soll uns zunächst einen Eindruck vom Verlauf der Dichtefunktion der Exponentialverteilung vermitteln. Darüber hinaus wollen wir am Beispiel der Exponentialverteilung den Zusammenhang zwischen Dichtefunktion und Verteilungsfunktion sowie die verschiedenen Berechnungsmöglichkeiten für Wahrscheinlichkeiten $P(a \leq X \leq b)$ studieren.

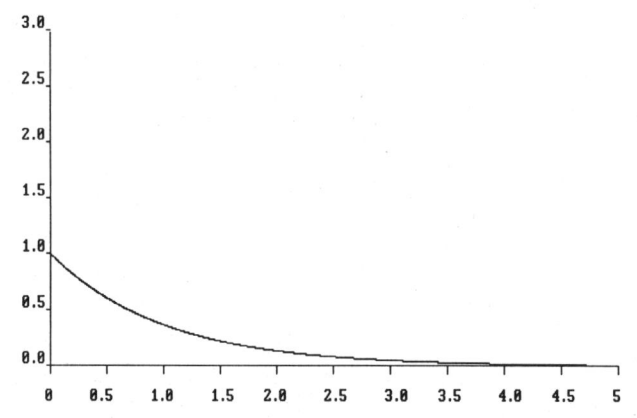

Abbildung 12.5: Dichtefunktion der Exponentialverteilung mit Parameter 1

Die Dichtefunktion der Exponentialverteilung ist nur für nichtnegative Werte von x größer als Null. Sie ist monoton fallend, hat ihr Maximum für x=0. Der Wert des Maximums ist gleich dem Wert des Parameters. Für große Werte von x nähert sich die Dichtefunktion asymptotisch der x-Achse (siehe Abbildung 12.5).

Eine Stichprobe aus exponentialverteilten Zufallsvariablen wird demnach aus vielen kleinen und wenigen großen Beobachtungen bestehen. Abbildung 12.6 zeigt ein Histogramm zu einer simulierten Stichprobe von 200 exponentialverteilten Zufallsvariablen mit Parameter 1. Typische Anwendungsbeispiele für die Exponentialverteilung sind Lebenszeiten, Verweildauern, Ausfallzeiten von Maschinen usw., alles zufällige Variablen, die nur positive Werte annehmen können.

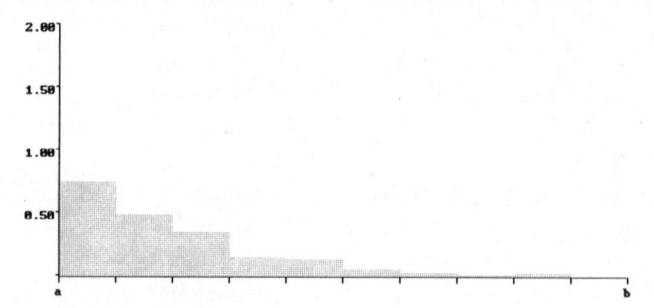

Abbildung 12.6: Histogramm zu 200 Realisierungen einer exponentialverteilten Zufallsvariablen mit Parameter 1 (a=0, b=5)

Vergrößern wir den Wert des Parameters, so wird die Kurve am Anfang höher, fällt dann steiler ab und nähert sich schneller der x-Achse (siehe Abbildung12.7).

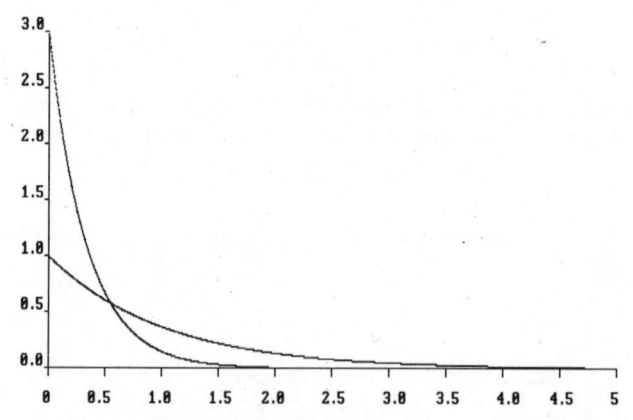

Abbildung 12.7: Dichtefunktionen der Exponentialverteilung mit den Parametern 1 und 3

Eine entsprechende Zufallsvariable wird also mit größerer Wahrscheinlichkeit kleinere Werte annehmen. Eine Stichprobe wird mehr kleine und weniger große Werte annehmen. Abbildung 12.8 zeigt das Histogramm zu einer Stichprobe von 200 Realisationen einer exponentialverteilten Zufallsvariablen mit Parameter 3.

Graphiken und Berechnungen zur Exponentialverteilung

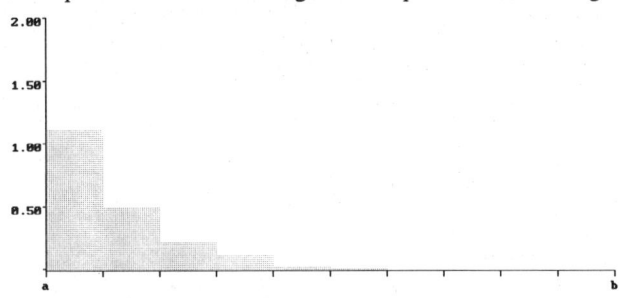

Abbildung 12.8: Histogramm zu 200 Realisierungen einer exponentialverteilten Zufallsvariablen mit Parameter 3 (a=0, b=5)

Wir wollen uns jetzt mit dem Zusammenhang zwischen Dichtefunktion und Verteilungsfunktion befassen. Wir hatten uns schon im Programm NORMAL mit der Verteilungsfunktion der N(0,1)-Verteilung befaßt. Das meiste, was wir dort gesagt haben, gilt ganz allgemein für beliebige stetige Verteilungen. Die Verteilungsfunktion F(z) einer Zufallsvariablen X ist definiert durch die Beziehung $F(z) = P(X \leq z)$. Sie gibt uns die Wahrscheinlichkeit an, daß die Zufallsvariable X einen Wert kleiner oder gleich z annimmt. Diese Wahrscheinlichkeit ist gleich dem Flächeninhalt zwischen der Dichtefunktion und der x-Achse von -∞ bis z. Wenn wir mit dieser Vorstellung arbeiten, ist es auch leicht einzusehen, daß die Verteilungsfunktion eine monoton steigende Funktion ist, die jeden Wert zwischen 0 und 1 annimmt, jedenfalls solange wir nur stetige Zufallsvariablen betrachten.

Die Exponentialverteilung nimmt nur nichtnegative Werte an. Deshalb betrachten wir die Verteilungsfunktion auch nur in diesem Bereich. Für negative Werte von z ist selbstverständlich F(z)=0 zu setzen. Im Programmpunkt 2 werden Dichtefunktion und Verteilungsfunktion in einem Bild gezeigt (siehe Abbildung 12.9).

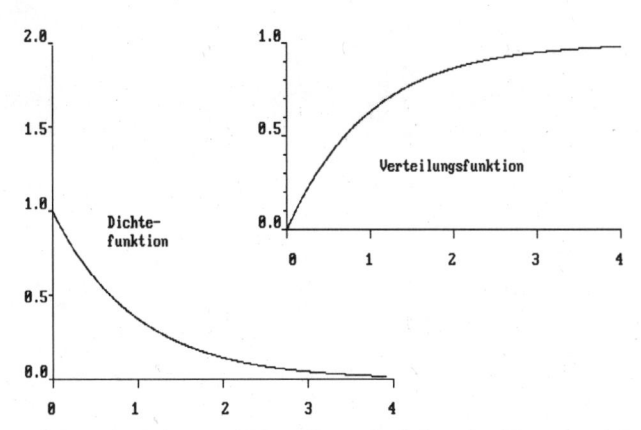

Abbildung 12.9: Dichtefunktion und Verteilungsfunktion der Exponentialverteilung mit Parameter 1

Vergrößern wir den Parameter, so wird die Dichtefunktion am Anfang höher, folglich ist die Fläche unter der Dichtefunktion hier größer, d.h. die Verteilungsfunktion ist größer und steigt schneller an. Sie nähert sich früher dem asymptotischen Wert 1 (siehe Abbildung 12.10).

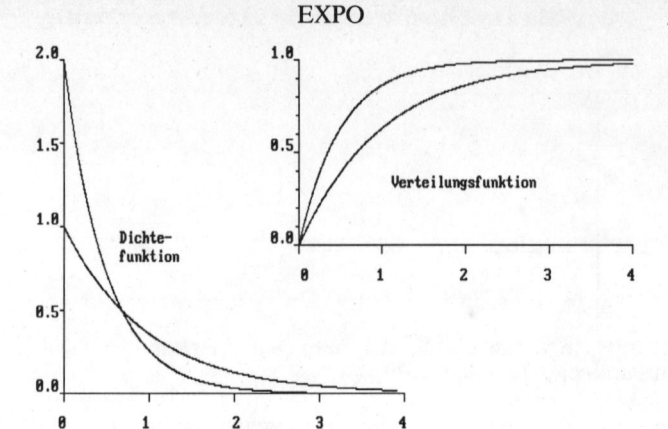

Abbildung 12.10: Dichte- und Verteilungsfunktionen der Exponentialverteilungen mit Parameter 1 bzw. 2

Wir haben bereits im Programm NORMAL erfahren, daß Wahrscheinlichkeiten P(a≤X≤b) den Flächeninhalt zwischen der Dichtefunktion und der x-Achse von a bis b angeben. Wir haben dort die entsprechende Fläche schraffiert dargestellt. Das machen wir auch hier im Programmpunkt 3 für Parameterwerte zwischen 1 und 2 (siehe Abbildung 12.11).

Es bedeutet keine Einschränkung, wenn wir nur Parameterwerte zwischen 1 und 2 zulassen, denn es geht uns hier nicht um die Berechnungen der Wahrscheinlichkeiten, sondern nur um die Illustration der Berechnungsmöglichkeiten.

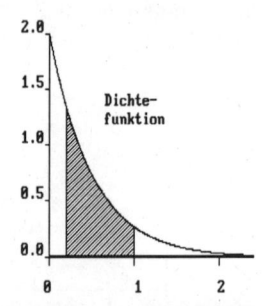

Abbildung 12.11: Darstellung der Wahrscheinlichkeit P(0.2≤X≤1) als Fläche unter der Dichtefunktion für exponentialverteiltes X mit Parameter 2

Wir haben oben gesagt, daß die Verteilungsfunktion F(z) die Fläche unter der Dichtefunktion von -∞ bis z angibt, im Fall der Exponentialverteilung natürlich auch von 0 bis z. Wir können die Fläche unter der Dichtefunktion von a bis b, also die Wahrscheinlichkeit P(a≤X≤b), auch erhalten, indem wir von der Fläche von Null bis b die Fläche von Null bis a subtrahieren, d.h. die Differenz der Werte der Verteilungsfunktion an den Stellen b und a bilden: P(a≤X≤b)=F(b)-F(a) (siehe Abbildung 12.12).

In Programmpunkt 3 werden immer beide Berechnungsmöglichkeiten graphisch dargestellt. Wir hatten bereits im Programm NORMAL festgestellt, daß die Wahrscheinlichkeit, daß die Zufallsvariable einen festen Wert annimmt, gleich Null ist. Deshalb ist es

Graphiken und Berechnungen zur Exponentialverteilung 123

unerheblich, ob wir Wahrscheinlichkeiten P(a<X<b), P(a<X≤b), P(a≤X<b) oder P(a≤X≤b) berechnen.

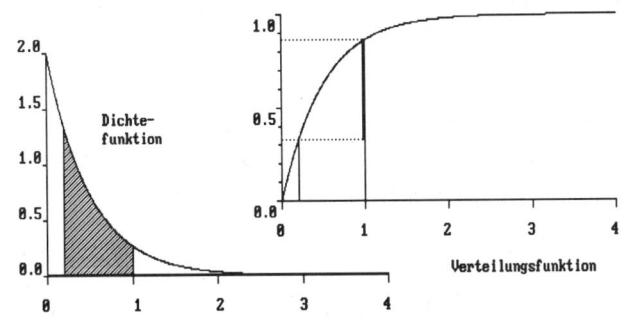

Abbildung 12.12: Darstellung der Wahrscheinlichkeit P(0.2≤X≤1) als Fläche unter der Dichtefunktion und als Differenz der Werte der Verteilungsfunktion für exponentialverteiltes X mit Parameter 2

Im Programmpunkt 4 können wir Wahrscheinlichkeiten P(a≤X≤b) für beliebige Exponentialverteilungen berechnen. Wir gehen hier nicht weiter darauf ein, da wir alles Wesentliche, was zu Wahrscheinlichkeiten zu sagen ist, schon sehr ausführlich beim Programm NORMAL diskutiert haben.

13. BINOMIAL

A: Programmbeschreibung

Kurzbeschreibung:

Die Wahrscheinlichkeits- und Verteilungsfunktion der Binomialverteilung mit den Parametern n und π werden berechnet und graphisch dargestellt. Außerdem werden Quantile berechnet. Realisationen binomialverteilter Zufallsvariablen können simuliert und in einer Datei abgespeichert werden.

Menü:

```
        Eingabe der Parameter                    ==> 1
        Wahrscheinlichkeitsfunktion              ==> 2
        Verteilungsfunktion                      ==> 3
        Simulation                               ==> 4
        Umschalten auf erhöhte Genauigkeit       ==> 5
        Kurzbeschreibung                         ==> 6
        Programmende                             ==> 9
```

13.1 Eingabe der Parameter

Eingabe: n (≤ 6000) und π ($0 \leq \pi \leq 1$)

13.2 Wahrscheinlichkeitsfunktion (> 1)

Untermenü Wahrscheinlichkeitsfunktion

```
        Wert an einer Stelle k                           ==> 1
        Werte in einem Intervall [ka,ke]                 ==> 2
        Werte in einem Intervall [ka,ke] (Drucker)       ==> 3
        Wahrscheinlichkeit für ein Intervall [ka,ke]     ==> 4
        Zurück in das Hauptmenü                          ==> 9
```

13.2.1 Wert an einer Stelle k

Eingabe: k ($0 \leq k \leq n$)

Ausgabe der Wahrscheinlichkeit $P(X=k) = P(k) = b(k,n,\pi)$ (--> Eingabe k)

Die Wahrscheinlichkeiten werden in einer Tabelle ausgegeben (siehe Abbildung 13.1). Dieser Programmpunkt wird mit der ESC-Taste beendet.

13.2.2 Werte in einem Intervall [ka,ke]

Die Wahrscheinlichkeiten für die Werte $k \epsilon [ka,ke]$ werden zusammen mit einem Stabdiagramm auf dem Bildschirm ausgegeben.

Eingabe: ka ($0 \leq ka \leq n$) und ke ($ka \leq ke \leq n$)

Für ka und ke werden vom Rechner die Werte $n\pi - 3\sigma$ bzw. $n\pi + 3\sigma$ vorgegeben. Dabei ist $\sigma = \sqrt{n\pi(1-\pi)}$ die Standardabweichung der gegebenen Binomialverteilung.

Stabdiagramme und Berechnungen zur Binomialverteilung 125

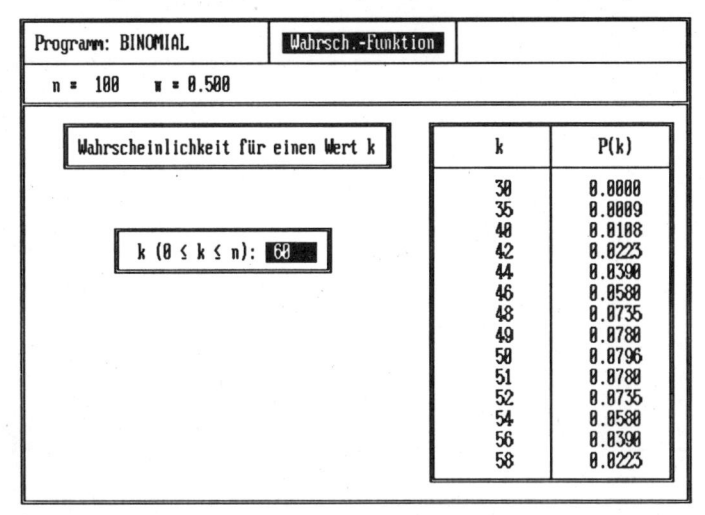

```
Programm: BINOMIAL        Wahrsch.-Funktion
n = 100    π = 0.500
```

Wahrscheinlichkeit für einen Wert k	k	P(k)
	30	0.0000
	35	0.0009
	40	0.0108
k (0 ≤ k ≤ n): 60	42	0.0223
	44	0.0390
	46	0.0580
	48	0.0735
	49	0.0780
	50	0.0796
	51	0.0780
	52	0.0735
	54	0.0580
	56	0.0390
	58	0.0223

Abbildung 13.1: Ausgabe der Wahrscheinlichkeiten P(k)

Eingabe: Höhenfaktor

Der Höhenfaktor bestimmt die Höhe des Stabdiagramms auf dem Bildschirm. Der maximale Höhenfaktor, das ist der Faktor, für den der Stab für die größte Wahrscheinlichkeit gerade die ganze Bildschirmbreite einnimmt, wird als Eingabewert vorgegeben. Um verschiedene Stabdiagramme zu vergleichen, sollten die Höhenfaktoren übereinstimmen.

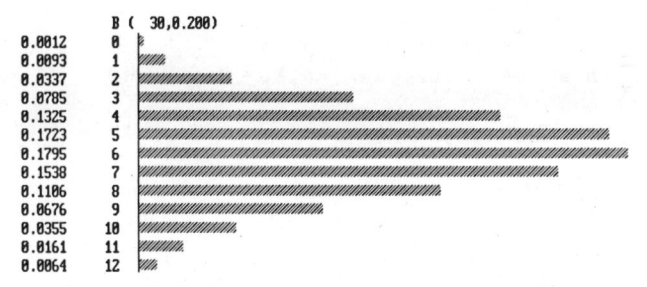

Ausgabe der Wahrscheinlichkeiten und des Stabdiagramms (siehe Abbildung 13.2)

```
              B ( 30,0.200)
0.0012    0
0.0093    1  ▨
0.0337    2  ▨▨▨▨
0.0785    3  ▨▨▨▨▨▨▨▨▨▨
0.1325    4  ▨▨▨▨▨▨▨▨▨▨▨▨▨▨▨▨
0.1723    5  ▨▨▨▨▨▨▨▨▨▨▨▨▨▨▨▨▨▨▨▨
0.1795    6  ▨▨▨▨▨▨▨▨▨▨▨▨▨▨▨▨▨▨▨▨▨
0.1538    7  ▨▨▨▨▨▨▨▨▨▨▨▨▨▨▨▨▨▨
0.1106    8  ▨▨▨▨▨▨▨▨▨▨▨▨▨
0.0676    9  ▨▨▨▨▨▨▨▨
0.0355   10  ▨▨▨▨
0.0161   11  ▨▨
0.0064   12  ▨
```

Abbildung 13.2: Ausgabe der Wahrscheinlichkeiten und des Stabdiagramms

13.2.3 Werte in einem Intervall [ka,ke] (Drucker)

Siehe 13.2.2. Die Wahrscheinlichkeiten und das Stabdiagramm werden über den Drucker ausgegeben. Die Ausgabe erfolgt im Textmodus. Daher ist das Auflösungsvermögen geringer als bei der Ausgabe auf dem Bildschirm.

13.2.4 Wahrscheinlichkeit für ein Intervall [ka,ke]

Es wird die Wahrscheinlichkeit $P(X \in [ka,ke])$ berechnet, wenn X $B(n,\pi)$-verteilt ist.

Eingabe: ka ($0 \leq ka \leq n$) und ke ($ka \leq ke \leq n$)

BINOMIAL

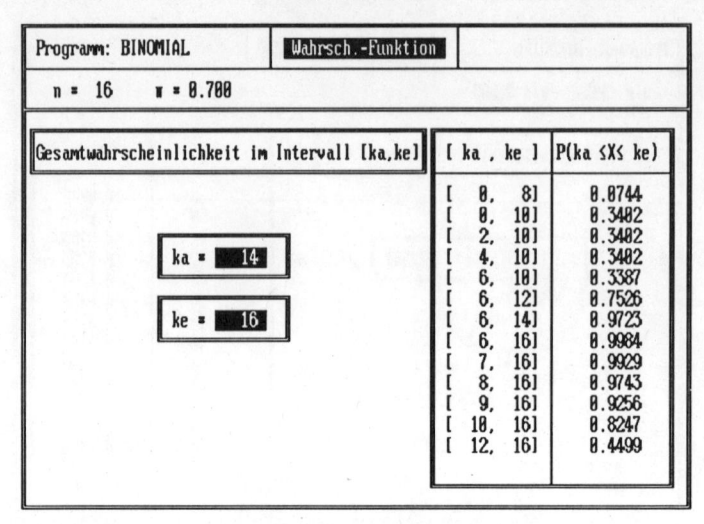

```
Programm: BINOMIAL        Wahrsch.-Funktion
n = 16    π = 0.700
```

Gesamtwahrscheinlichkeit im Intervall [ka,ke]	[ka , ke]	P(ka ≤X≤ ke)
	[0, 8]	0.0744
	[0, 10]	0.3482
	[2, 10]	0.3482
ka = 14	[4, 10]	0.3482
	[6, 10]	0.3387
	[6, 12]	0.7526
ke = 16	[6, 14]	0.9723
	[6, 16]	0.9984
	[7, 16]	0.9929
	[8, 16]	0.9743
	[9, 16]	0.9256
	[10, 16]	0.8247
	[12, 16]	0.4499

Abbildung 13.3: Ausgabe der Wahrscheinlichkeiten

Ausgabe der Wahrscheinlichkeit P(X∈[ka,ke]) (--> Eingabe ka)

Die Wahrscheinlichkeiten werden in einer Tabelle ausgegeben (siehe Abbildung 13.3). Dieser Programmpunkt wird mit der ESC-Taste beendet.

13.3 Verteilungsfunktion (>1)

Untermenü Verteilungsfunktion

```
Wert an einer Stelle k                        ==> 1
Werte in einem Intervall [ka,ke]              ==> 2
Werte in einem Intervall [ka,ke] (Drucker)    ==> 3
Quantile                                      ==> 4
Zurück in das Hauptmenü                       ==> 9
```

13.3.1 Wert an einer Stelle k

Eingabe: k (0≤k≤n)

Ausgabe des Wertes der Verteilungsfunktion F(k)=P(X≤k) (--> Eingabe k)

Die Werte der Verteilungsfunktion werden in einer Tabelle ausgegeben (siehe Abbildung 13.4). Dieser Programmpunkt wird mit der ESC-Taste beendet.

13.3.2 Werte in einem Intervall [ka,ke]

Die Werte der Verteilungsfunktion F(k) für k∈[ka,ke] werden zusammen mit einem Stabdiagramm auf dem Bildschirm ausgegeben.

Eingabe: ka (0≤ka≤n) und ke (ka≤ke≤n)

Für ka und ke werden vom Rechner die Werte nπ-3σ bzw. nπ+3σ vorgegeben. Dabei ist $\sigma = \sqrt{n\pi(1-\pi)}$ die Standardabweichung der gegebenen Binomialverteilung.

Stabdiagramme und Berechnungen zur Binomialverteilung 127

```
Programm: BINOMIAL        Verteilungsfunktion
n = 40    π = 0.600
```

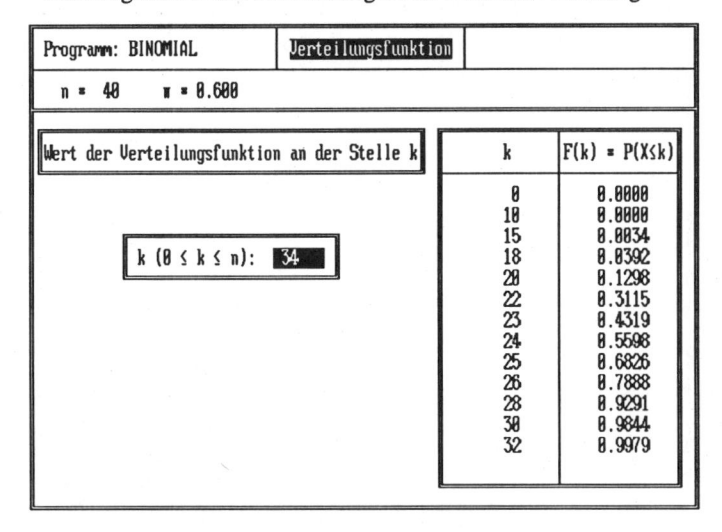

Wert der Verteilungsfunktion an der Stelle k	k	F(k) = P(X≤k)
	0	0.0000
	10	0.0000
	15	0.0034
k (0 ≤ k ≤ n): 34	18	0.0392
	20	0.1298
	22	0.3115
	23	0.4319
	24	0.5598
	25	0.6826
	26	0.7888
	28	0.9291
	30	0.9844
	32	0.9979

Abbildung 13.4: Ausgabe der Werte der Verteilungsfunktion

```
              B ( 40,0.600)
0.0034   15 ▎
0.0083   16 ▎
0.0189   17 ▍
0.0392   18 ▌
0.0744   19 ▋
0.1298   20 ▉
0.2089   21 ▉▉
0.3115   22 ▉▉▉
0.4319   23 ▉▉▉▉
0.5598   24 ▉▉▉▉▉
0.6826   25 ▉▉▉▉▉▉
0.7888   26 ▉▉▉▉▉▉▉
0.8715   27 ▉▉▉▉▉▉▉▉
0.9291   28 ▉▉▉▉▉▉▉▉▉
0.9648   29 ▉▉▉▉▉▉▉▉▉
0.9844   30 ▉▉▉▉▉▉▉▉▉▉
0.9939   31 ▉▉▉▉▉▉▉▉▉▉
0.9979   32 ▉▉▉▉▉▉▉▉▉▉
0.9994   33 ▉▉▉▉▉▉▉▉▉▉
```

Abbildung 13.5: Ausgabe der Werte der Verteilungsfunktion und des Stabdiagramms

Eingabe: Höhenfaktor

Siehe 13.2.2. Hier ist der maximale Höhenfaktor durch den größten Wert der Verteilungsfunktion bestimmt. Dieser Wert ist i.allg. ungefähr gleich 1. Daher ändert sich der maximale Höhenfaktor nicht.

Ausgabe der Werte der Verteilungsfunktion und des Stabdiagramms (siehe Abbildung 13.5)

13.3.3 Werte in einem Intervall [ka,ke] (Drucker)

Siehe 13.3.2. Die Werte der Verteilungsfunktion werden zusammen mit dem Stabdiagramm über den Drucker ausgegeben.

13.3.4 Quantile

Eingabe: Prozentwert

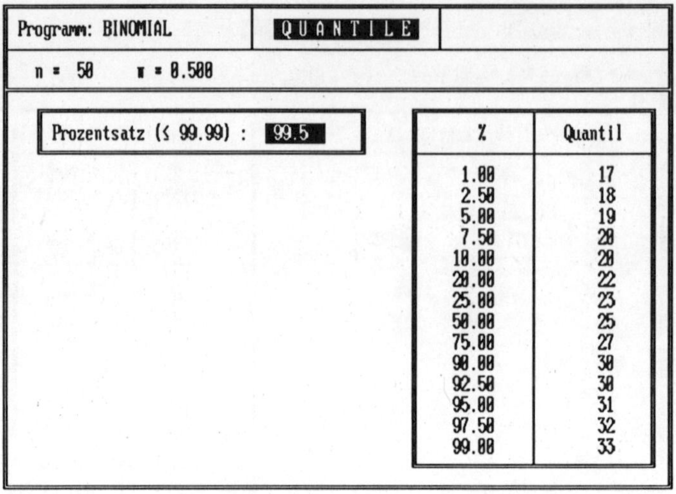

```
Programm: BINOMIAL      QUANTILE
  n = 50      π = 0.500

  Prozentsatz (≤ 99.99) : 99.5
```

%	Quantil
1.00	17
2.50	18
5.00	19
7.50	20
10.00	20
20.00	22
25.00	23
50.00	25
75.00	27
90.00	30
92.50	30
95.00	31
97.50	32
99.00	33

Abbildung 13.6: Ausgabe der Quantile

Ausgabe des Quantils (--> Eingabe Prozentwert)

Die Quantile werden in eine Tabelle geschrieben (siehe Abbildung 13.6). Dieser Programmpunkt wird mit der ESC-Taste beendet.

13.4 Simulation

Eingabe: Anzahl m der Simulationen (1≤m≤10000)

Ausgabe der ersten 65 Werte

Die ersten 65 Zufallszahlen werden auf dem Bildschirm angezeigt. Danach gibt "Simulation Nr." an, wie viele Zufallszahlen schon erzeugt wurden.

Ausgabe der beobachteten Häufigkeiten

Für jeden Wert x(i), der in der Stichprobe aufgetreten ist, wird die Häufigkeit n(i) angegeben, die uns sagt, wie oft dieser Wert in der Stichprobe beobachtet wurde.

J(a)/N(ein)-Abfrage: Häufigkeiten speichern?

Das Abspeichern der Daten in eine Datei wurde in Abschnitt 1.9 beschrieben. Hier können wahlweise die Zufallszahlen (Eingabe: N) oder die beobachteten Werte zusammen mit ihren Häufigkeiten (Eingabe: J) gespeichert werden. Will man die erzeugten Daten nicht speichern, so ist die ESC-Taste zu drücken. Falls man die erzeugten Daten mit dem Programm DISKRET untersuchen will (etwa um Stabdiagramme der beobachteten Häufigkeiten mit den entsprechenden Stabdiagrammen der Wahrscheinlichkeitsfunktion oder Verteilungsfunktion zu vergleichen), ist es am einfachsten, die Häufigkeiten zu speichern.

13.5 Umschalten auf erhöhte Genauigkeit

In Tabellen werden Wahrscheinlichkeiten mit 6 statt 4 Nachkommastellen ausgegeben.

B: Übungen

1.) Machen Sie sich zunächst mit allen Programmpunkten vertraut.

2.) Betrachten Sie das Stabdiagramm der Wahrscheinlichkeitsfunktion der Binomialverteilung für verschiedene Werte von n und π. Halten Sie dabei jeweils einen Parameter fest und variieren Sie den anderen Parameter. Betrachten Sie insbesondere für festes n Verteilungen mit den Parametern π, $1-\pi$ (z.B. $\pi=0.1$, ..., 0.4) und $\pi=0.5$. Was fällt Ihnen dabei auf? Betrachten Sie auch die zugehörigen Verteilungsfunktionen. Welche Gestalt hat das Stabdiagramm der Wahrscheinlichkeitsfunktion für großes n? Variieren Sie die Parameter n und π auch so, daß die Varianz ($n\pi(1-\pi)$) konstant bleibt.

3.) Berechnen Sie für n=9, 25, 49, 100, 400, 900 und $\pi=0.1, 0.2, 0.5$ die Wahrscheinlichkeiten $P(n\pi - c\sqrt{n\pi(1-\pi)} < X \leq n\pi + c\sqrt{n\pi(1-\pi)})$ für c=1, 2 und 3 und binomialverteiltes X. Vergleichen Sie diese Wahrscheinlichkeiten mit den Wahrscheinlichkeiten $P(Y \in (-c,c])$ für N(0,1)-verteiltes Y.

4.) Berechnen Sie für verschiedene Werte von n und verschiedene Signifikanzniveaus den Ablehnungsbereich für den Zeichentest mit Hilfe der Wahrscheinlichkeitsfunktion, der Verteilungsfunktion und der Quantile. (Hinweis: Die Prüfgröße beim Zeichentest ist B(n,1/2)-verteilt.) Berechnen Sie die exakte Wahrscheinlichkeit des Ablehnungsbereiches und seines Komplements.

5.) Bestimmen Sie mit den in Übung 4 gewählten Werten für n die Wahrscheinlichkeit, daß die Prüfgröße beim Zeichentest in den in Übung 4 bestimmten Ablehnungsbereich A fällt, wenn die Hypothese nicht erfüllt ist, d.h. berechnen Sie die Wahrscheinlichkeit $P(X \in A)$, wenn X binomialverteilt ist mit den Paramtern n und π (=0.1, 0.2, ..., 0.9).

6.) Erzeugen Sie Stichproben mit binomialverteilten Zufallszahlen. Speichern Sie die beobachteten Häufigkeiten in eine Datei. Untersuchen Sie die Daten mit dem Programm DISKRET. Vergleichen Sie die Stabdiagramme der relativen Häufigkeiten und der kumulierten relativen Häufigkeiten mit denen der Wahrscheinlichkeitsfunktion und Verteilungfunktion.

C: Lernziele

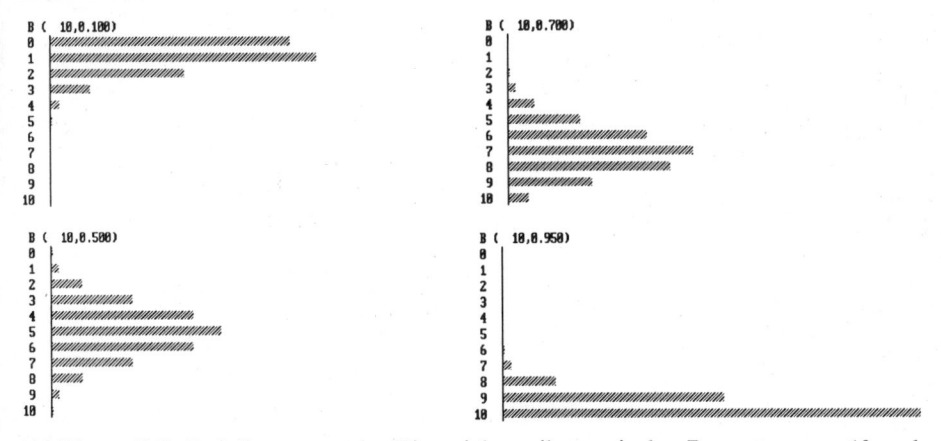

Abbildung 13.7: Stabdiagramme der Binomialverteilung mit den Parametern n=10 und $\pi = 0.1, 0.5, 0.7$ und 0.95

Das Programm BINOMIAL ist für uns hauptsächlich ein Hilfsprogramm, das uns umfangreiche Berechnungen der Wahrscheinlichkeits- und Verteilungsfunktion der Binomialverteilung ermöglicht. Wir haben es schon gelegentlich in anderen Abschnitten benutzt. Darüber hinaus wollen wir uns aber auch mit diesem Programm zunächst einmal ein Bild von dieser Verteilung machen, dann die Begriffe Wahrscheinlichkeitsfunktion und Verteilungsfunktion für diskrete Zufallsvariablen kennenlernen, den Zusammenhang zwischen Binomialverteilung und Normalverteilung studieren und schließlich mit Hilfe dieses Programms den Ablehnungsbereich für den Zeichentest bestimmen.

Betrachten wir ein Experiment, bei dem es nur zwei mögliche Ergebnisse gibt. Diese beiden Ergebnisse wollen wir "*Erfolg*" und "*Mißerfolg*" nennen. Im Programm MUENZE haben wir ein solches Experiment schon kennengelernt. Als Erfolg haben wir dort das Ereignis "Wappen" angesehen. Wir hatten dort dem Ereignis Wappen (=Erfolg) die Zahl 1 und dem Ereignis Zahl (=Mißerfolg) die Zahl 0 zugeordnet. Die Erfolgswahrscheinlichkeit beim Münzwurf war 1/2. Wir wollen weiterhin dem Ereignis Erfolg die Zahl 1 und dem Ereignis Mißerfolg die Zahl 0 zuordnen, aber jetzt beliebige Erfolgswahrscheinlichkeiten π zulassen. Natürlich muß die übliche Restriktion für eine Wahrscheinlichkeit gelten, d.h. $0 \leq \pi \leq 1$. Man nennt ein solches Experiment mit den nur zwei möglichen Ergebnissen 0 und 1 auch ein *Bernoulli-Experiment*.

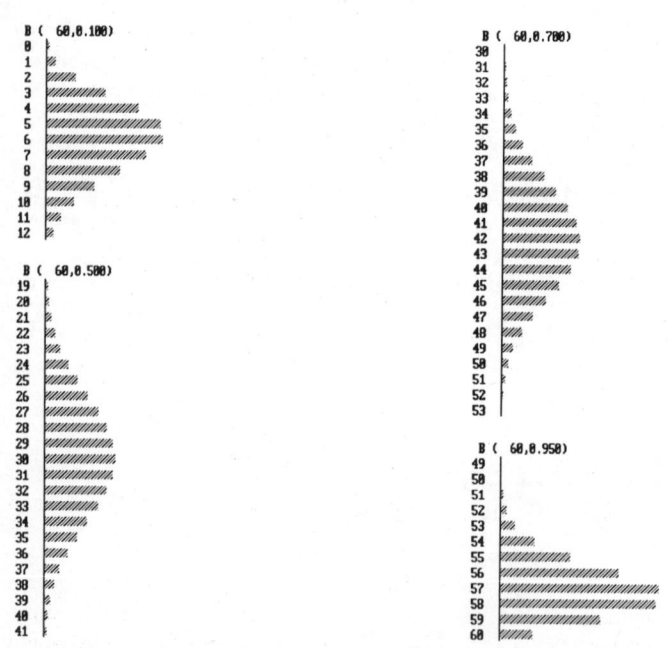

Abbildung 13.8: Stabdiagramme der Binomialverteilung mit den Parametern n=60 und π =0.1, 0.5, 0.7 und 0.95

Jetzt stellen wir uns vor, daß ein Bernoulli-Experiment mit der Erfolgswahrsscheinlichkeit π n-mal wiederholt wird. Dabei sollen sich die einzelnen Wiederholungen nicht gegenseitig beeinflussen. *Die Anzahl der Erfolge X bei diesen n Wiederholungen ist* dann *binomialverteilt* mit den Paramtern n und π (B(n,π)). Mit Hilfe kombinatorischer Überle-

Stabdiagramme und Berechnungen zur Binomialverteilung 131

gungen findet man dann eine Formel für die Wahrscheinlichkeit, daß die Zufallsvariable X, d.h. die Anzahl der Erfolge, einen bestimmten Wert annimmt (siehe L/Z1, S.36).

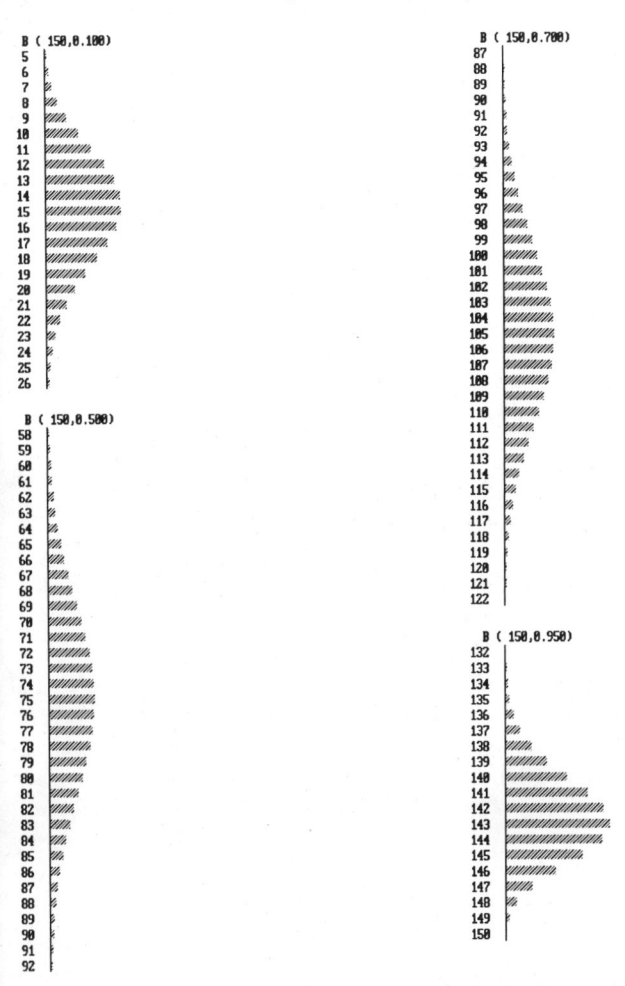

```
B ( 150,0.100)                    B ( 150,0.700)
 5                                 87
 6                                 88
 7                                 89
 8                                 90
 9                                 91
10                                 92
11                                 93
12                                 94
13                                 95
14                                 96
15                                 97
16                                 98
17                                 99
18                                100
19                                101
20                                102
21                                103
22                                104
23                                105
24                                106
25                                107
26                                108
                                  109
B ( 150,0.500)                    110
58                                111
59                                112
60                                113
61                                114
62                                115
63                                116
64                                117
65                                118
66                                119
67                                120
68                                121
69                                122
70
71                                B ( 150,0.950)
72                               132
73                               133
74                               134
75                               135
76                               136
77                               137
78                               138
79                               139
80                               140
81                               141
82                               142
83                               143
84                               144
85                               145
86                               146
87                               147
88                               148
89                               149
90                               150
91
92
```

<u>Abbildung 13.9</u>: Stabdiagramme der Binomialverteilung mit den Parametern n = 150 und π = 0.1, 0.5, 0.7 und 0.95

Die Funktion, die uns für jeden möglichen Wert k der Zufallsvariablen X die Wahrscheinlichkeit P(X=k) angibt, heißt die *Wahrscheinlichkeitsfunktion*. Hier kann die Zufallsvariable X natürlich nur ganzzahlige Werte zwischen 0 und n annehmen, sie ist daher eine diskrete Zufallsvariable. Die Summe der Wahrscheinlichkeiten über alle möglichen Werte ist gleich der Wahrscheinlichkeit, daß die Zufallsvariable X irgendeinen ihrer möglichen Werte annimmt. Sie ist deshalb gleich 1. Gelegentlich ist man aber auch an der Wahrscheinlichkeit interessiert, daß die Anzahl der Erfolge kleiner oder gleich k ist (0≤k≤n). Diese Wahrscheinlichkeit gibt uns die *Verteilungsfunktion* an. Sie ist einfach die Summe der Wahrscheinlichkeiten über alle möglichen Werte, die kleiner oder gleich k sind. Letzteres ist natürlich nicht typisch für die Binomialverteilung, sondern gilt für jede diskrete Verteilung.

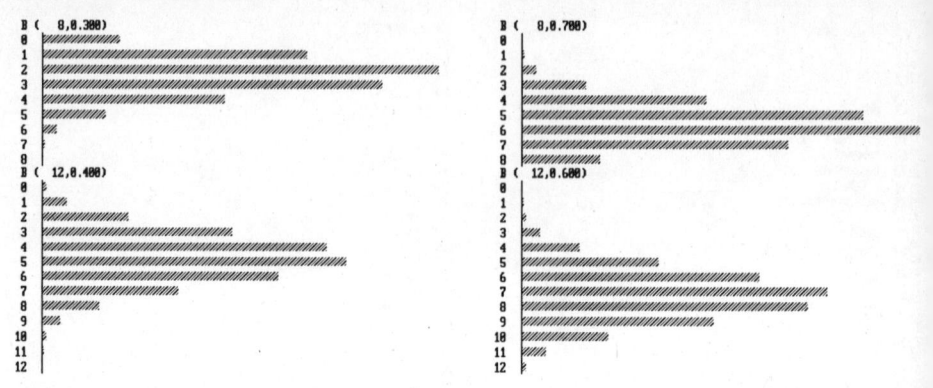

Abbildung 13.10: Stabdiagramme der Binomialverteilung mit den Parametern n = 8 und $\pi = 0.3$ und 0.7 bzw. n = 12 und $\pi = 0.4$ und 0.6

Wir wollen uns hauptsächlich Bilder der Binomialverteilung, d.h. Stabdiagramme der Wahrscheinlichkeitsfunktion ansehen. Die Höhe der Stäbe ist proportional zu der Wahrscheinlichkeit, daß die Zufallsvariable den betreffenden Wert annimmt. Um verschiedene Stabdiagramme vergleichen zu können, müssen natürlich die Proportionalitätsfaktoren, d.h. die schon bekannten Höhenfaktoren übereinstimmen.

Bei der Betrachtung der Wahrscheinlichkeitsfunktionen fällt auf, daß sie für großes n und nicht zu kleines oder großes π sehr symmetrisch sind und die typische Glockenform aufweisen. Bei kleinem n und bei kleinem und großem π können sie dagegen sehr unsymmetrisch sein (siehe Abbildungen 13.7-13.9). Für $\pi = 0.5$ sind sie immer symmetrisch um n/2. Die größte Wahrscheinlichkeit liegt in der Nähe von $n\pi$, dem Erwartungswert der Binomialverteilung.

Auffallend ist noch die Symmetrie um n/2 der Binomialverteilung mit den Parametern n und π zu der mit den Parametern n und 1-π (siehe Abbildung 13.10). Die Ursache ist, daß $P(X = k) = P(n - X = n - k)$. Dabei ist n-X die Anzahl der Mißerfolge, die wieder binomialverteilt ist mit den Parametern n und 1-π. (Denn ein "Erfolg" ist jetzt ein Mißerfolg und die "Erfolgswahrscheinlichkeit" für einen Mißerfolg ist 1-π.)

Für großes n zeigen die Stabdiagramme die typische Glockenform, wie wir sie für die Dichtefunktion der Normalverteilung kennengelernt haben. Wir wollen uns das noch etwas genauer ansehen. Dazu halten wir den Parameter π fest und vergrößern n (siehe Abbildungen 13.11).

Man sieht, daß die Stabdiagramme mit wachsendem n immer weiter nach rechts auf der Zahlengeraden wandern und flacher werden, auseinanderfließen, d.h. der Erwartungswert $(= n\pi)$ und die Varianz $(= n\pi(1-\pi))$ konvergieren gegen ∞. Die maximale Wahrscheinlichkeit konvergiert gegen Null. Man kann leicht einsehen, daß die "Breite" des Stabdiagramms und damit auch die Höhe durch die Varianz bestimmt wird. Der Erwartungswert beeinflußt dagegen die Lage auf der Zahlengeraden.

Abbildung 13.11: Stabdiagramme der Binomialverteilung bei konstantem Parameter $\pi = 0.1$ und wachsendem Parameter n

In Abbildung 13.12 haben wir die Varianz konstant gehalten und man sieht, daß die Stabdiagramme, abgesehen von der Lage, einander sehr ähnlich sind und daß die entsprechenden Verteilungen durch eine Normalverteilung mit der gleichen Varianz approximiert werden können. Dies deutet darauf hin, daß die "standardisierte" Binomialverteilung durch eine Standardnormalverteilung angenähert werden kann.

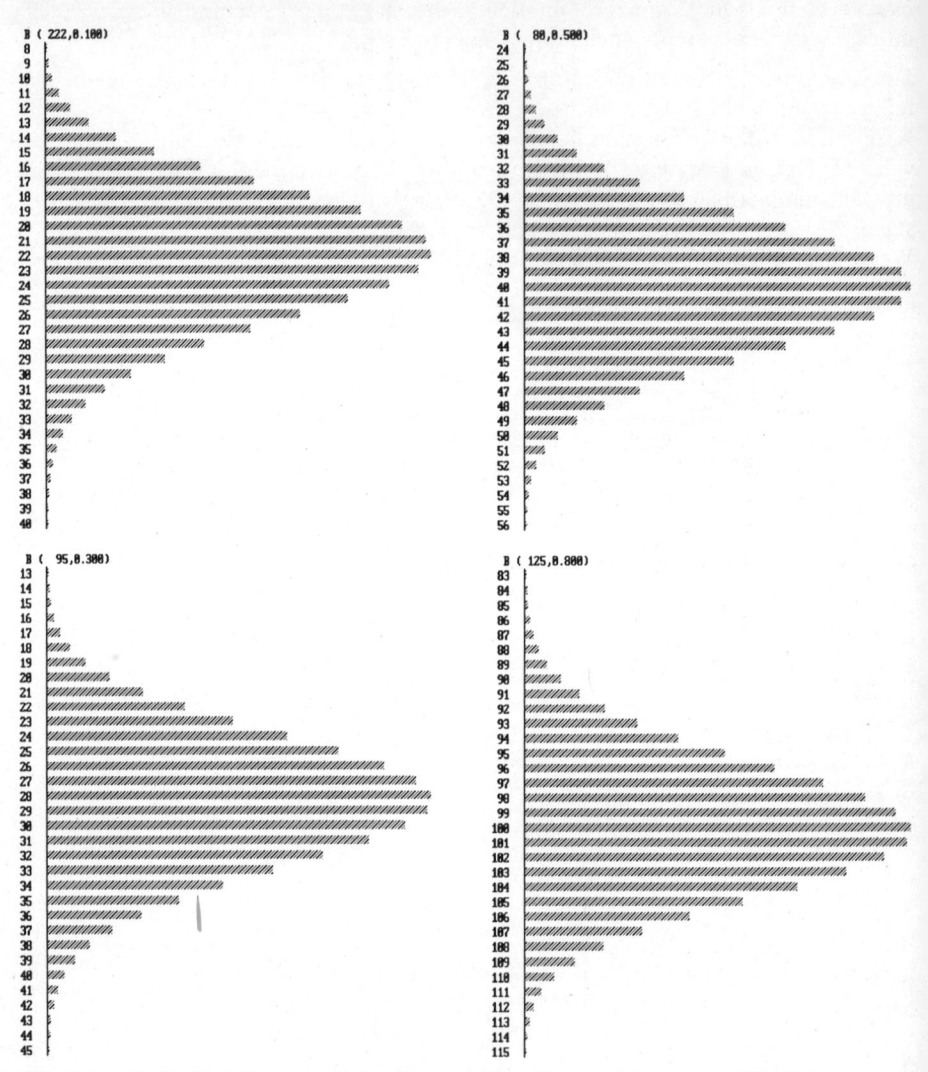

Abbildung 13.12: Stabdiagramme der Binomialverteilung mit konstanter Varianz

Mit der "standardisierten" Binomialverteilung meinen wir die Verteilung der standardisierten Zufallsvariablen $(X-n\pi)/\sqrt{n\pi(1-\pi)}$. Wie bei der Standardisierung der Normalverteilung subtrahieren wir also von X den Erwartungswert und dividieren durch die Standardabweichung (siehe Programm NORMAL und auch STALMIHI). Wir hatten bereits im Programm STALMIHI den zentralen Grenzwertsatz erwähnt, der hier wieder angewendet werden kann. Er besagt, daß die Verteilung der standardisierten Zufallsvariablen durch eine N(0,1)-Verteilung angenähert werden kann. Man kann diesen Zusammenhang ausnutzen, um mit Hilfe der Normalverteilung Wahrscheinlichkeiten der Bi-

Stabdiagramme und Berechnungen zur Binomialverteilung

nomialverteilung auszurechnen. Dies ist aber heute kaum noch nötig, da man mit Hilfe von Rechnern Wahrscheinlichkeiten der Binomialverteilung schnell berechnen kann. Wir machen es in Übung 3 dennoch, um den Sachverhalt "Approximation einer Verteilung durch eine andere Verteilung" näher zu demonstrieren.

Um Wahrscheinlichkeiten $P(a<X\leq b)$ für $B(n,\pi)$-verteiltes X mit Hilfe der Normalverteilung approximativ zu berechnen, muß man zunächst standardisieren, d.h. man muß von X den Erwartungswert $n\pi$ subtrahieren und durch die Standardabweichung $\sqrt{n\pi(1-\pi)}$ dividieren. Es gilt dann $P(a<X\leq b)=P((a-n\pi)/\sqrt{n\pi(1-\pi)}<Y\leq(b-n\pi)/\sqrt{n\pi(1-\pi)})$, wobei Y eine Standardnormalverteilung besitzt. Die Werte in Übung 3 sind so gewählt, daß die standardisierten Grenzen immer ±c sind. Wir brauchen für die N(0,1)-Verteilung nur die Werte $P(-c<Y\leq c)$ für c=1, 2, 3 zu berechnen. Die Ergebnisse stehen in Tabelle 13.1.

n	π	c 1	2	3
9	0.1	0.3874	0.9470	0.9917
	0.2	0.7801	0.9804	0.9969
	0.5	0.6563	0.9609	0.9980
25	0.1	0.6308	0.9666	0.9977
	0.2	0.6569	0.9553	0.9985
	0.5	0.6731	0.9567	0.9975
49	0.1	0.7681	0.9728	0.9973
	0.2	0.6244	0.8790	0.9979
	0.5	0.6778	0.9556	0.9974
100	0.1	0.6701	0.9557	0.9977
	0.2	0.6763	0.9547	0.9976
	0.5	0.6803	0.9540	0.9973
400	0.1	0.6796	0.9548	0.9974
	0.2	0.6811	0.9545	0.9974
	0.5	0.6821	0.9544	0.9973
900	0.1	0.6829	0.9542	0.9971
	0.2	0.6827	0.9544	0.9972
	0.5	0.6824	0.9544	0.9973
N(0,1)		0.6827	0.9545	0.9973

<u>Tabelle 13.1:</u> Wahrscheinlichkeiten $P(n\pi-c\sqrt{n\pi(1-\pi)}<X\leq n\pi+c\sqrt{n\pi(1-\pi)})$ für binomialverteiltes X

Man sieht an dieser Tabelle, daß die Wahrscheinlichkeiten der Binomialverteilung mit wachsendem n recht gut durch die mit Hilfe der N(0,1)-Verteilung berechneten Wahrscheinlichkeiten angenähert werden. Die Annäherung geschieht schneller für $\pi=0.5$ als für kleine Werte von π, da die Verteilung für $\pi=0.5$ schon symmetrisch ist. Wir haben hier keine großen Werte für π betrachtet, da diese Verteilungen symmetrisch sind zu Verteilungen mit kleinem π. Man sollte sich durch die Ergebnisse in Tabelle 13.1 jedoch nicht täuschen lassen. Wir haben dort die rechte Grenze mit einbezogen, während wir das bei der linken Grenze ganz bewußt nicht getan haben. Die Approximation ist nicht so gut, wenn man Wahrscheinlichkeiten P(a≤X≤b) oder P(a<X<b) berechnet. Wir gehen hier nicht weiter darauf ein, empfehlen aber dem Leser, sich davon zu überzeugen, und verweisen auf DIFF-Heft SR3, wo eine Näherungsformel mit einer Stetigkeitskorrektur angegeben wird.

Wir wollen uns jetzt mit dem *Zeichentest* befassen, den wir schon im Programm AL-MIPFAD angewendet haben. Der Zeichentest prüft die Hypothese, daß der Median einer Verteilung Null ist, d.h. daß die Wahrscheinlichkeit einer positiven Beobachtung gleich 1/2 ist. Hat man n Beobachtungen vorliegen, so zählt man die Anzahl x der positiven Vorzeichen. Diese Anzahl ist unter der Hypothese B(n,1/2)-verteilt, denn die Wahrscheinlichkeit für einen Erfolg (positives Vorzeichen) ist 1/2. Man wird die Hypothese, daß der Median Null ist, verwerfen, wenn man besonders viele oder besonders wenige Pluszeichen beobachtet (siehe L/Z1, S.97-99). Es bleibt jetzt zu entscheiden, wo man die Grenzen des Ablehnungsbereiches setzt. Man möchte selbstverständlich nicht, oder wenigstens nur äußerst selten die Hypothese irrtümlich verwerfen, d.h. die Wahrscheinlichkeit des Ablehnungsbereiches muß unter der Hypothese klein sein. Schauen wir uns jetzt die Verteilung der Prüfgröße unter der Hypothese an, wenn n=20 ist. Abbildung 13.13 zeigt links ein Stabdiagramm der Wahrscheinlichkeitsfunktion und rechts ein Stabdiagramm der Verteilungsfunktion.

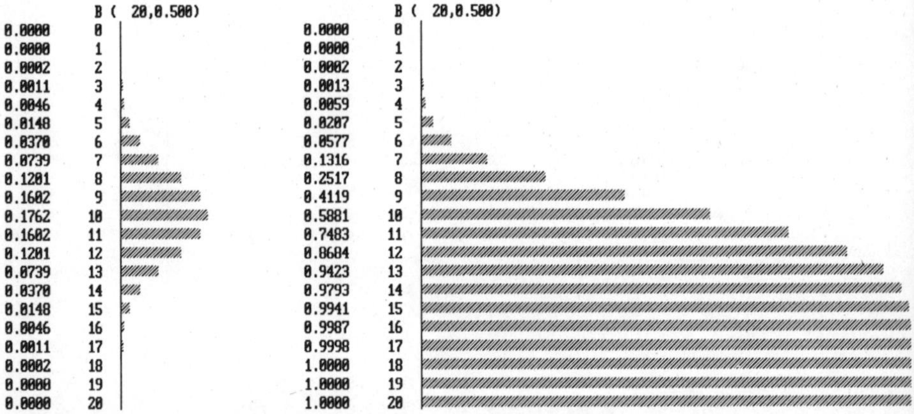

```
       B ( 20,0.500)                    B ( 20,0.500)
0.0000  0                        0.0000  0
0.0000  1                        0.0000  1
0.0002  2                        0.0002  2
0.0011  3                        0.0013  3
0.0046  4                        0.0059  4
0.0148  5                        0.0207  5
0.0370  6                        0.0577  6
0.0739  7                        0.1316  7
0.1201  8                        0.2517  8
0.1602  9                        0.4119  9
0.1762 10                        0.5881 10
0.1602 11                        0.7483 11
0.1201 12                        0.8684 12
0.0739 13                        0.9423 13
0.0370 14                        0.9793 14
0.0148 15                        0.9941 15
0.0046 16                        0.9987 16
0.0011 17                        0.9998 17
0.0002 18                        1.0000 18
0.0000 19                        1.0000 19
0.0000 20                        1.0000 20
```

Abbildung 13.13: Stabdiagramme der Wahrscheinlichkeits- und Verteilungsfunktion der B(20,1/2)-Verteilung

In praktischen Situationen verfährt man meistens so, daß man eine maximale Irrtumswahrscheinlichkeit (für das Verwerfen der Hypothese, wenn sie richtig ist) vorgibt, die nicht überschritten werden soll. Da die Verteilung symmetrisch um n/2 ist, wird man die Grenzen des Ablehnungsbereiches symmetrisch zu n/2 wählen. Nehmen wir an, daß unsere Irrtumswahrscheinlichkeit nicht größer als 0.05 sein soll. Dann darf die Summe der Wahrscheinlichkeiten für die kleinen Werte und ebenso für die großen Werte, die zum Ablehnungsbereich gehören sollen, nicht größer sein als 0.025. Die Summe der Wahrscheinlichkeiten für die Werte 0 bis 5 ist 0.021, für die Werte 0 bis 6 dagegen 0.058. Der Ablehnungsbereich besteht also aus den Werten 0 bis 5 und 15 bis 20, wenn die Irrtumswahrscheinlichkeit nicht größer als 0.05 sein soll. Wir sehen hier schon, daß die tatsächliche Wahrscheinlichkeit für den Ablehnungsbereich nicht genau 0.05 ist, sondern nur 0.042. Da unsere Prüfgröße eine diskrete Verteilung besitzt, läßt sich nicht jede beliebige Irrtumswahrscheinlichkeit genau erreichen. Wir sind also gezwungen, Kompromisse zu schließen und mit Irrtumswahrscheinlichkeiten in der Nähe eines vorgegebenen Wertes zu arbeiten. Würde man verlangen, daß die Wahrscheinlichkeit für den Ablehnungsbereich nicht größer sein soll als 0.1, so würde man denselben Ablehnungsbereich erhalten wie für 0.05 mit der tatsächlichen Wahrscheinlichkeit 0.042. Nimmt man die Werte 6 und 14 zum Ablehnungsbereich hinzu, so wäre die Wahrscheinlichkeit des Ablehnungsbereiches 0.116, was man akzeptieren könnte, wenn man nur eine Irrtumswahrscheinlichkeit in der Nähe von 0.1 sucht. Einfacher ist es, die Grenzen des Ablehnungsbereiches mit Hilfe der Verteilungsfunktion zu bestimmen, da die Verteilungsfunktion F(k) die Summe aller Wahrscheinlichkeiten über alle Werte von 0 bis k ist. Wir brauchen also nur den ersten Wert k zu suchen, für den die Verteilungsfunktion größer ist als die halbe maximale Irrtumswahrscheinlichkeit. Dieser Wert k ist dann der erste Wert, der nicht zum Ablehnungsbereich gehört. Genau denselben Wert liefert uns auch der Programmpunkt "Quantile", wenn wir dort als Prozentwert das 100fache der halben Irrtumswahrscheinlichkeit eingeben. Die andere Grenze des Ablehnungsbereiches bestimmt man dann symmetrisch zu der ersten um n/2 (siehe Abbildung 13.6).

In Tabelle 13.2 haben wir für n=20 und n=50 für verschiedene Werte der maximalen Irrtumswahrscheinlichkeit α den Ablehnungsbereich A und das Komplement A^c bestimmt und für jeden Bereich die Wahrscheinlichkeit unter der Hypothese berechnet, d.h. mit Hilfe der B(n,1/2)-Verteilung.

n	α	A	A^c	P(A)	P(A^c)
20	0.02	[0,4]U[16,20]	[5,15]	0.0118	0.9882
	0.05	[0,5]U[15,20]	[6,14]	0.0414	0.9586
	0.10	[0,5]U[15,20]	[6,14]	0.0414	0.9586
	0.15	[0,6]U[14,20]	[7,13]	0.1153	0.8847
50	0.02	[0,16]U[34,50]	[17,33]	0.0153	0.9847
	0.05	[0,17]U[33,50]	[18,32]	0.0328	0.9672
	0.10	[0,18]U[32,50]	[19,31]	0.0649	0.9351
	0.15	[0,19]U[31,50]	[20,30]	0.1189	0.8811

<u>Tabelle 13.2</u>: Ablehnungsbereiche beim Zeichentest zu verschiedenen Irrtumswahrscheinlichkeiten

Es ist wohl selbstverständlich, daß mit steigender Irrtumswahrscheinlichkeit der Ablehnungsbereich größer, sein Komplement dagegen kleiner wird. Wir haben es bisher vermieden, für das Komplement des Ablehnungsbereiches den Ausdruck Annahmebereich zu benutzen. Wir wollen auch lieber "Nichtverwerfungsbereich" sagen, da es sehr gut sein kann, daß die Hypothese nicht verworfen wird, wenn sie falsch ist. Wie groß die Wahrscheinlichkeit ist, daß unser Test eine falsche Hypothese erkennt, können wir auch mit Hilfe der Binomialverteilung berechnen. Wir nehmen an, daß der Median unserer Verteilung nicht Null ist, d.h. die Wahrscheinlichkeit für ein positives Vorzeichen hat einen Wert π, der nicht 1/2 ist. Dann besitzt unsere Prüfgröße, die Anzahl der positiven Vorzeichen, eine B(n,π)-Verteilung. Wir können jetzt für verschiedene Werte von π die

BINOMIAL

Wahrscheinlichkeit berechnen, daß eine B(n,π)-verteilte Zufallsvariable einen Wert im Ablehnungsbereich annimmt, also daß eine falsche Hypothese mit unserer Prüfgröße erkannt wird. Es wäre doch wünschenswert, daß diese Wahrscheinlichkeit möglichst groß ist. Die Wahrscheinlichkeiten des Ablehnungsbereiches für verschiedene Werte von π stehen in Tabelle 13.3.

		π				
n	α	0.1	0.2	0.3	0.4	0.5
20	0.02	0.9568	0.6296	0.2375	0.0513	0.0118
	0.05	0.9887	0.8042	0.4164	0.1272	0.0414
	0.10	0.9887	0.8042	0.4164	0.1272	0.0414
	0.15	0.9976	0.9133	0.6083	0.2565	0.1153
50	0.02	1.0000	0.9856	0.6839	0.1561	0.0153
	0.05	1.0000	0.9937	0.7822	0.2371	0.0328
	0.10	1.0000	0.9975	0.8594	0.3361	0.0649
	0.15	1.0000	0.9991	0.9152	0.4478	0.1189

Tabelle 13.3: Wahrscheinlichkeiten des Ablehnungsbereiches beim Zeichentest bei Nichterfülltsein der Hypothese

Wir haben mit Programmpunkt 4 zunächst die Wahrscheinlichkeit $P(A^C)$ des Nichtverwerfungsbereiches berechnet und P(A) dann mit Hilfe der Formel $P(A)=1-P(A^C)$ bestimmt. In der letzten Spalte (π=0.5) steht noch einmal die Irrtumswahrscheinlichkeit für das Verwerfen der Hypothese, wenn sie richtig ist. Wir haben in Tabelle 13.3 nur Werte von π berücksichtigt, die kleiner als 0.5 sind, da wir für π>0.5 die gleichen Wahrscheinlichkeiten erhalten wie für 1-π. Die berechneten Wahrscheinlichkeiten für α=0.02 und α=0.10 haben wir in Abbildung 13.14 als Stabdiagramm graphisch dargestellt.

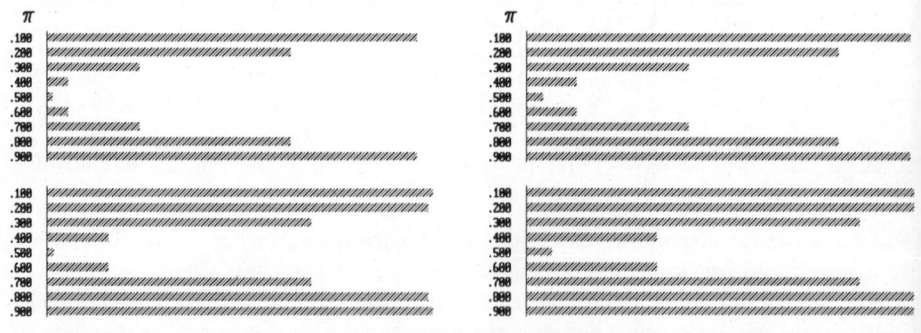

Abbildung 13.14: Stabdiagramm der Wahrscheinlichkeiten des Ablehnungsbereiches (n=20 oben, n=50 unten, α=0.02 links und α=0.10 rechts)

Wir sehen an dieser Tabelle und an den Abbildungen, daß die Wahrscheinlichkeit, daß eine falsche Hypothese erkannt wird, sehr klein sein kann, wenn der Parameter π nur wenig von 1/2 abweicht. Weicht der Parameter π dagegen stärker von seinem hypothetischen Wert ab, so ist die Wahrscheinlichkeit größer, daß die falsche Hypothese auch erkannt wird. Das sind aber eigentlich auch Selbstverständlichkeiten. Mit wachsender maximaler Irrtumswahrscheinlichkeit α wird die Wahrscheinlichkeit des Ablehnungsbereiches, also daß eine falsche Hypothese erkannt wird, auch größer. Aber dann muß man in Kauf nehmen, daß die Hypothese häufiger verworfen wird, wenn sie richtig ist. Schließlich sehen wir noch, daß eine falsche Hypothese bei größerem Stichprobenumfang leichter aufgedeckt werden kann. Dies ist aber auch wieder verständlich: Mehr Daten liefern uns auch mehr Information über die zugrundeliegende Verteilung. Wir haben es schon oft beobachtet: Wenn unser Stichprobenumfang größer wird, liegen wir näher am wahren Sachverhalt. Wir denken nur an die Histogramme (je größer der Stichprobenumfang, desto näher liegt die Form der Histogramme an der endgültigen Gestalt, der Dichtefunktion), die relativen Häufigkeiten oder die Mittelwerte in den Stichproben.

14. POISSON

Kurzbeschreibung:

Die Wahrscheinlichkeits- und Verteilungsfunktion der Poissonverteilung mit dem Parameter Lambda werden berechnet und graphisch dargestellt. Außerdem werden Quantile berechnet. Realisationen poissonverteilter Zufallsvariablen können simuliert und in einer Datei abgespeichert werden.

Menü:

```
         Eingabe des Parameters              ==> 1
         Wahrscheinlichkeitsfunktion         ==> 2
         Verteilungsfunktion                 ==> 3
         Simulation                          ==> 4
         Umschalten auf erhöhte Genauigkeit  ==> 5
         Kurzbeschreibung                    ==> 6
         Programmende                        ==> 9
```

14.1 Eingabe des Parameters

Eingabe: Lambda (>0)

14.2 Wahrscheinlichkeitsfunktion (>1)

Untermenü Wahrscheinlichkeitsfunktion

```
    Wert an einer Stelle k                           ==> 1
    Werte in einem Intervall [ka,ke]                 ==> 2
    Werte in einem Intervall [ka,ke] (Drucker)       ==> 3
    Wahrscheinlichkeit für ein Intervall [ka,ke]     ==> 4
    Zurück in das Hauptmenü                          ==> 9
```

14.2.1 Wert an einer Stelle k

Eingabe: k ($0 \leq k$)

Ausgabe der Wahrscheinlichkeit $P(k) = P(X=k)$ (--> Eingabe k)

Die Wahrscheinlichkeiten werden in einer Tabelle ausgegeben (siehe Abbildung 14.1). Dieser Programmpunkt wird mit der ESC-Taste beendet.

14.2.2 Werte in einem Intervall [ka,ke]

Die Wahrscheinlichkeiten für die Werte $k \in [ka,ke]$ werden zusammen mit einem Stabdiagramm auf dem Bildschirm ausgegeben.

Eingabe: ka ($0 \leq ka$) und ke ($ka \leq ke$)

Für ka und ke werden vom Rechner die Werte max(0,La-3σ) bzw. La+3σ vorgegeben. Dabei ist $\sigma = \sqrt{La}$ die Standardabweichung der gegebenen Poissonverteilung (La=Lambda).

Eingabe: Höhenfaktor

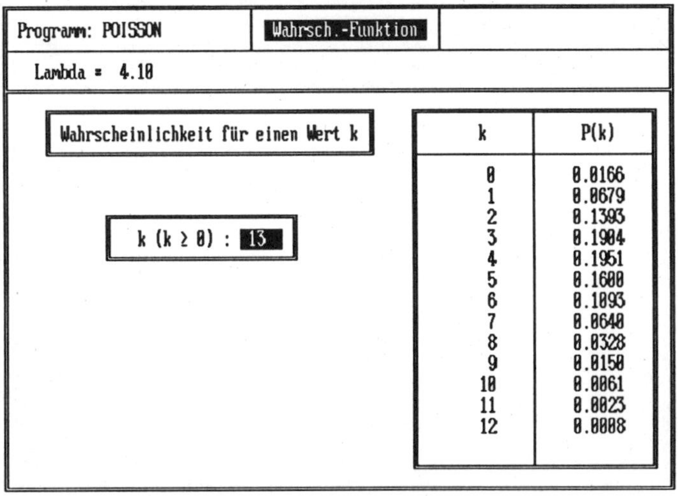

Stabdiagramme und Berechnungen zur Poissonverteilung 141

```
Programm: POISSON         Wahrsch.-Funktion
Lambda = 4.10
```

	k	P(k)
Wahrscheinlichkeit für einen Wert k	0	0.0166
	1	0.0679
	2	0.1393
k (k ≥ 0) : 13	3	0.1904
	4	0.1951
	5	0.1600
	6	0.1093
	7	0.0640
	8	0.0328
	9	0.0150
	10	0.0061
	11	0.0023
	12	0.0008

Abbildung 14.1: Ausgabe der Wahrscheinlichkeiten P(k)

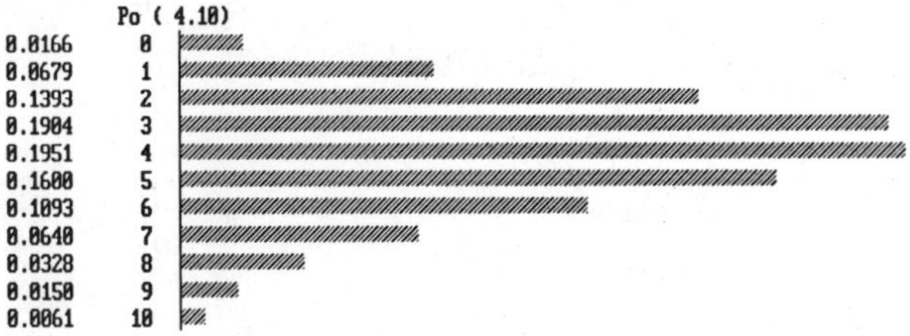

```
         Po ( 4.10)
0.0166    0 ▨
0.0679    1 ▨▨▨▨▨▨
0.1393    2 ▨▨▨▨▨▨▨▨▨▨▨▨
0.1904    3 ▨▨▨▨▨▨▨▨▨▨▨▨▨▨▨▨
0.1951    4 ▨▨▨▨▨▨▨▨▨▨▨▨▨▨▨▨
0.1600    5 ▨▨▨▨▨▨▨▨▨▨▨▨▨▨
0.1093    6 ▨▨▨▨▨▨▨▨▨
0.0640    7 ▨▨▨▨▨
0.0328    8 ▨▨▨
0.0150    9 ▨
0.0061   10 ▨
```

Abbildung 14.2: Ausgabe der Wahrscheinlichkeiten und des Stabdiagramms

Der Höhenfaktor bestimmt die Höhe des Stabdiagramms auf dem Bildschirm. Der maximale Höhenfaktor, das ist der Faktor, für den der Stab für die größte Wahrscheinlichkeit gerade die ganze Bildschirmbreite einnimmt, wird als Eingabewert vorgegeben. Um verschiedene Stabdiagramme zu vergleichen, sollten die Höhenfaktoren übereinstimmen.

Ausgabe der Wahrscheinlichkeiten und des Stabdiagramms (siehe Abbildung 14.2)

14.2.3 Werte in einem Intervall [ka,ke] (Drucker)

Siehe 14.2.2. Die Ausgabe erfolgt über den Drucker. Das Auflösungsvermögen ist geringer als bei der Ausgabe auf dem Bildschirm.

14.2.4 Wahrscheinlichkeit für ein Intervall [ka,ke]

Es wird die Wahrscheinlichkeit P(X∈[ka,ke]) berechnet, wenn X poissonverteilt ist mit dem Parameter Lambda.

Eingabe: ka (0≤ka) und ke (ka≤ke)

Ausgabe der Wahrscheinlichkeit P(X∈[ka,ke]) (--> Eingabe ka)

Die Wahrscheinlichkeiten werden in einer Tabelle ausgegeben (siehe Abbildung 14.3).

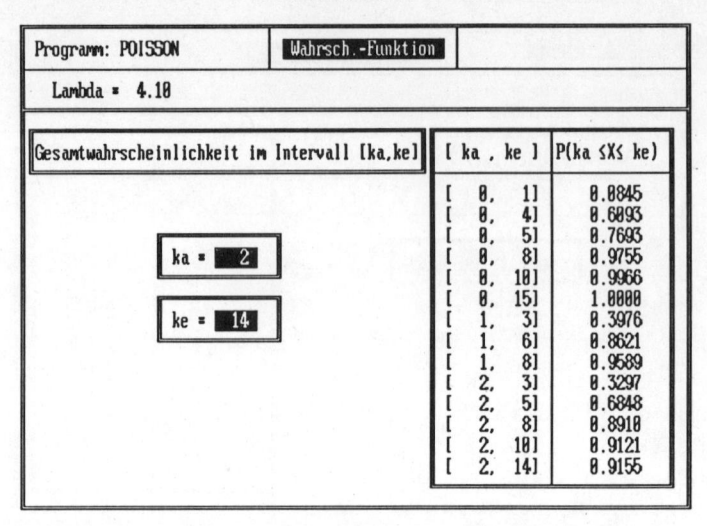

```
┌─────────────────────────────────────────────────────────┐
│ Programm: POISSON      │ Wahrsch.-Funktion │            │
│────────────────────────┴───────────────────┴────────────│
│ Lambda = 4.10                                           │
└─────────────────────────────────────────────────────────┘

┌─────────────────────────────────────┬───────────────────┐
│ Gesamtwahrscheinlichkeit im Intervall [ka,ke] │ [ ka , ke ]  P(ka ≤X≤ ke) │
│                                     │ [  0,   1]   0.0845 │
│                                     │ [  0,   4]   0.6093 │
│                                     │ [  0,   5]   0.7693 │
│          ka =  2                    │ [  0,   8]   0.9755 │
│                                     │ [  0,  10]   0.9966 │
│                                     │ [  0,  15]   1.0000 │
│          ke = 14                    │ [  1,   3]   0.3976 │
│                                     │ [  1,   6]   0.8621 │
│                                     │ [  1,   8]   0.9589 │
│                                     │ [  2,   3]   0.3297 │
│                                     │ [  2,   5]   0.6848 │
│                                     │ [  2,   8]   0.8910 │
│                                     │ [  2,  10]   0.9121 │
│                                     │ [  2,  14]   0.9155 │
└─────────────────────────────────────┴───────────────────┘
```

Abbildung 14.3: Ausgabe der Wahrscheinlichkeiten

```
┌─────────────────────────────────────────────────────────┐
│ Programm: POISSON      │ Verteilungsfunktion │          │
│────────────────────────┴─────────────────────┴──────────│
│ Lambda = 4.10                                           │
└─────────────────────────────────────────────────────────┘

┌─────────────────────────────────────┬───────────────────┐
│ Wert der Verteilungsfunktion an der Stelle k │ k    F(k) = P(X≤k) │
│                                     │   0     0.0166     │
│                                     │   1     0.0845     │
│                                     │   2     0.2238     │
│        k (k ≥ 0) :  13              │   3     0.4142     │
│                                     │   4     0.6093     │
│                                     │   5     0.7693     │
│                                     │   6     0.8786     │
│                                     │   7     0.9427     │
│                                     │   8     0.9755     │
│                                     │   9     0.9905     │
│                                     │  10     0.9966     │
│                                     │  11     0.9989     │
│                                     │  12     0.9997     │
└─────────────────────────────────────┴───────────────────┘
```

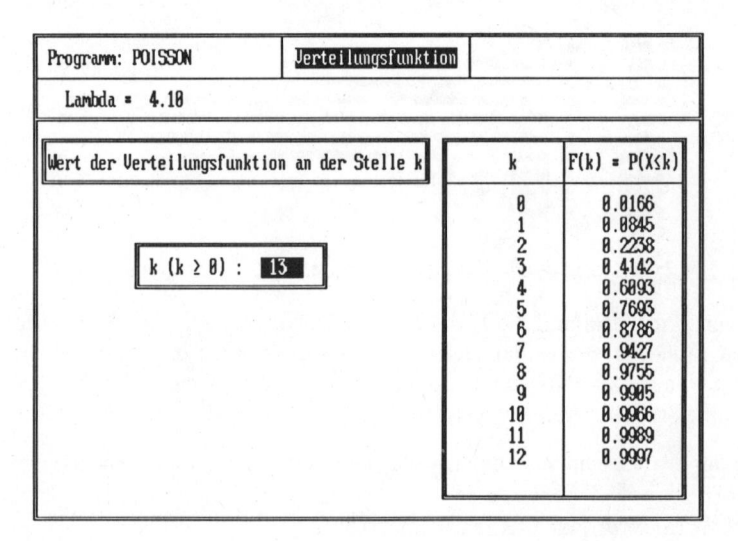

Abbildung 14.4: Ausgabe der Werte der Verteilungsfunktion

14.3 Verteilungsfunktion (>1)

Untermenü Verteilungsfunktion

```
Wert an einer Stelle k                              ==> 1
Werte in einem Intervall [ka,ke]                    ==> 2
Werte in einem Intervall [ka,ke] (Drucker)          ==> 3
Quantile                                            ==> 4
Zurück in das Hauptmenü                             ==> 9
```

14.3.1 Wert an einer Stelle k

Eingabe: k (0≤k)

Ausgabe des Wertes der Verteilungsfunktion F(k)=P(X≤k)   (--> Eingabe k)

Die Werte der Verteilungsfunktion werden in einer Tabelle ausgegeben (siehe Abbildung 14.4). Dieser Programmpunkt wird mit der ESC-Taste beendet.

14.3.2 Werte in einem Intervall [ka,ke]

Die Werte der Verteilungsfunktion F(k) für k∈[ka,ke] werden zusammen mit einem Stabdiagramm auf dem Bildschirm ausgegeben.

Eingabe: ka (0≤ka) und ke (ka≤ke)

Für ka und ke werden vom Rechner die Werte max(0,La-3σ) bzw. La+3σ vorgegeben (siehe 14.2.2).

Eingabe: Höhenfaktor

Siehe 14.2.2. Hier ist der maximale Höhenfaktor durch den größten Wert der Verteilungsfunktion bestimmt. Dieser Wert ist i.allg. ungefähr gleich 1. Daher ändert sich der maximale Höhenfaktor nicht.

Ausgabe der Werte der Verteilungsfunktion und des Stabdiagramms (siehe Abbildung 14.5)

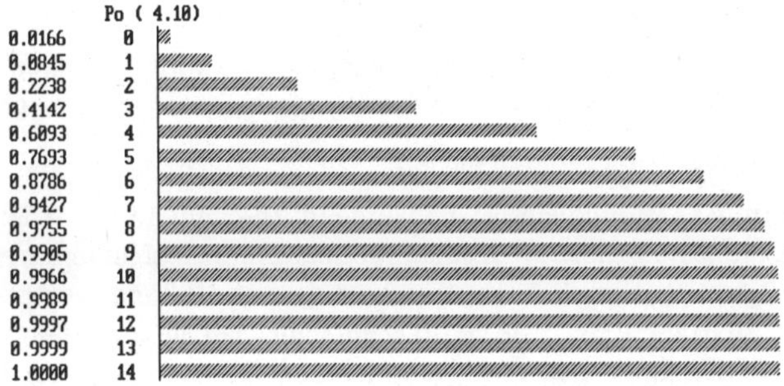

```
          Po ( 4.10)
0.0166     0
0.0845     1
0.2238     2
0.4142     3
0.6093     4
0.7693     5
0.8786     6
0.9427     7
0.9755     8
0.9905     9
0.9966    10
0.9989    11
0.9997    12
0.9999    13
1.0000    14
```

Abbildung 14.5: Ausgabe der Werte der Verteilungsfunktion und des Stabdiagramms

14.3.3 Werte in einem Intervall [ka,ke] (Drucker)

Siehe 14.3.2. Die Ausgabe erfolgt über den Drucker. Das Auflösungsvermögen ist geringer als bei der Ausgabe auf dem Bildschirm.

14.3.4 Quantile

Eingabe: Prozentwert

Ausgabe des Quantils (siehe Abbildung 14.6; --> Eingabe Prozentwert)

14.4 Simulation

Eingabe: Anzahl der Simulationen (1≤n≤10000)

```
┌─────────────────────────────────┬──────────────────────┐
│ Programm: POISSON  │ QUANTILE │                      │
│ Lambda = 4.10      │          │                      │
└─────────────────────────────────┴──────────────────────┘

┌─────────────────────────────────┬──────────────────────┐
│ Prozentsatz (≤ 99.99) : 99.9    │   %      Quantil     │
│                                 │  5.00      1         │
│                                 │ 10.00      2         │
│                                 │ 15.00      2         │
│                                 │ 20.00      2         │
│                                 │ 30.00      3         │
│                                 │ 40.00      3         │
│                                 │ 50.00      4         │
│                                 │ 60.00      4         │
│                                 │ 70.00      5         │
│                                 │ 80.00      6         │
│                                 │ 90.00      7         │
│                                 │ 95.00      8         │
│                                 │ 99.00      9         │
│                                 │ 99.50     10         │
└─────────────────────────────────┴──────────────────────┘
```

Abbildung 14.6: Ausgabe der Quantile

Ausgabe der ersten 65 Werte

Die ersten 65 Zufallszahlen werden auf dem Bildschirm angezeigt. Danach gibt "Simulation Nr." an, wie viele Zufallszahlen schon erzeugt wurden.

Ausgabe der beobachteten Häufigkeiten

Für jeden Wert x(i), der in der Stichprobe aufgetreten ist, wird die Häufigkeit n(i) angegeben, die uns sagt, wie oft dieser Wert in der Stichprobe beobachtet wurde.

J(a)/N(ein)-Abfrage: Häufigkeiten speichern?

Das Abspeichern der Daten in eine Datei wurde in Abschnitt 1.9 beschrieben. Hier können wahlweise die Zufallszahlen (Eingabe: N) oder die beobachteten Werte zusammen mit ihren Häufigkeiten (Eingabe: J) gespeichert werden. Will man die erzeugten Daten nicht speichern, so ist die ESC-Taste zu drücken. Falls man die erzeugten Daten mit dem Programm DISKRET untersuchen will (etwa um Stabdiagramme der beobachteten Häufigkeiten mit den entsprechenden Stabdiagrammen der Wahrscheinlichkeitsfunktion oder Verteilungsfunktion zu vergleichen), ist es am einfachsten, die Häufigkeiten zu speichern.

14.5 Umschalten auf erhöhte Genauigkeit

In Tabellen werden Wahrscheinlichkeiten mit 6 statt 4 Nachkommastellen ausgegeben.

B: Übungen

1.) Machen Sie sich zunächst mit den verschiedenen Programmpunkten vertraut.

2.) Betrachten Sie für verschiedene Werte des Parameters La (=Lambda) jeweils die Wahrscheinlichkeits- und Verteilungsfunktion der entsprechenden Poissonverteilung. Wie ändern sich die Form, Breite und Lage des Stabdiagramms mit wachsendem Parameter? Wo hat die Wahrscheinlichkeitsfunktion ihr Maximum?

Stabdiagramme und Berechnungen zur Poissonverteilung

3.) Berechnen Sie die Wahrscheinlichkeitsfunktion und die Verteilungsfunktion einer Binomialverteilung mit den Paramtern n und π. Vergleichen Sie die berechneten Werte mit den entsprechenden Werten einer Poissonverteilung mit dem Parameter La$=$nπ. Vergleichen Sie auch die zugehörigen Stabdiagramme. Vergrößern Sie dann n und verkleinern Sie π so, daß nπ konstant bleibt. Berechnen Sie erneut die Wahrscheinlichkeitsfunktion und die Verteilungsfunktion der Binomialverteilung mit den Paramtern n und π.

4.) Erzeugen Sie Stichproben mit poissonverteilten Zufallszahlen. Speichern Sie die beobachteten Häufigkeiten in eine Datei. Untersuchen Sie die Daten mit dem Programm DISKRET. Vergleichen Sie die Stabdiagramme der relativen Häufigkeiten und der kumulierten relativen Häufigkeiten mit denen der Wahrscheinlichkeitsfunktion und Verteilungsfunktion.

C: Lernziele

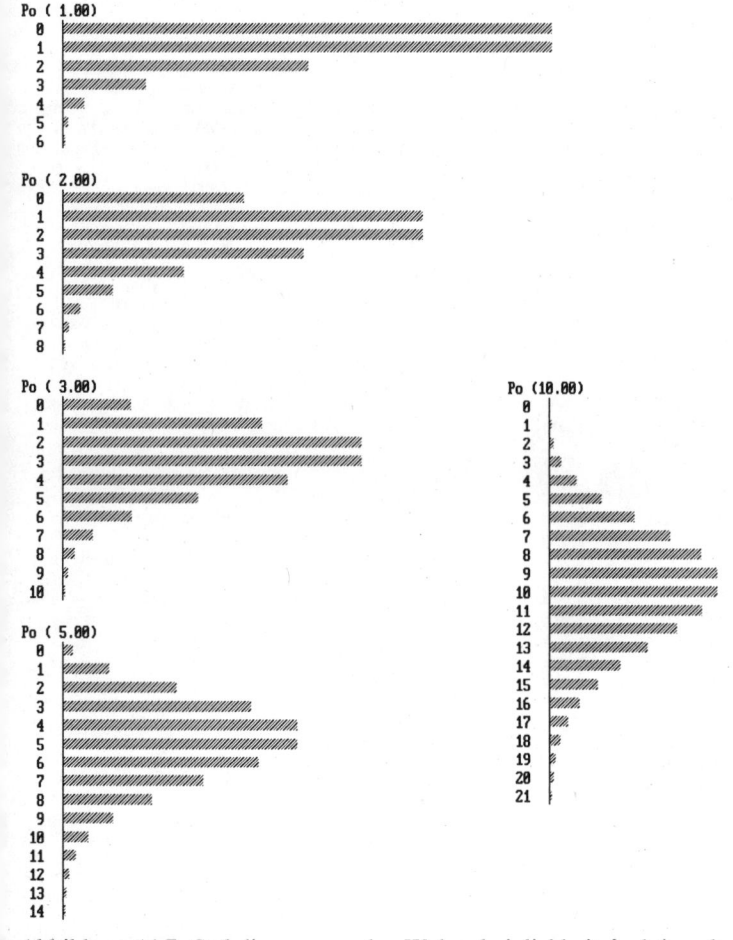

<u>Abbildung 14.7</u>: Stabdiagramme der Wahrscheinlichkeitsfunktion der Poissonverteilung bei wachsendem Parameter

Das Programm POISSON ist ganz analog dem Programm BINOMIAL aufgebaut und ermöglicht uns Berechnungen der Wahrscheinlichkeits- und Verteilungsfunktion der Poissonverteilung. Wir wollen uns hier nur einen Eindruck von der Gestalt der Wahrscheinlichkeitsfunktion verschaffen und den Zusammenhang zwischen Binomial- und Poissonverteilung studieren. Für sehr kleine Werte des Parameters nimmt die Poissonverteilung nur wenige Werte an und ist sehr schief. Mit größer werdendem Parameter nimmt die Breite des Stabdiagramms, also die Varianz, zu. Die Lage verschiebt sich weiter nach rechts auf der Zahlengeraden, d.h. der Erwartungswert wird größer. Die Höhe der Stäbe nimmt dagegen ab und die Gestalt wird immer symmetrischer. Das Maximum der Wahrscheinlichkeitsfunktion liegt bei La und La-1, wenn La ganzzahlig ist, und bei [La], wenn La keine ganze Zahl ist. Dabei ist [La] die zu La nächst kleinere ganze Zahl. Die Theorie sagt uns, daß Erwartungswert und Varianz gleich dem Parameter La sind. Dies bestätigt unsere obigen Beobachtungen.

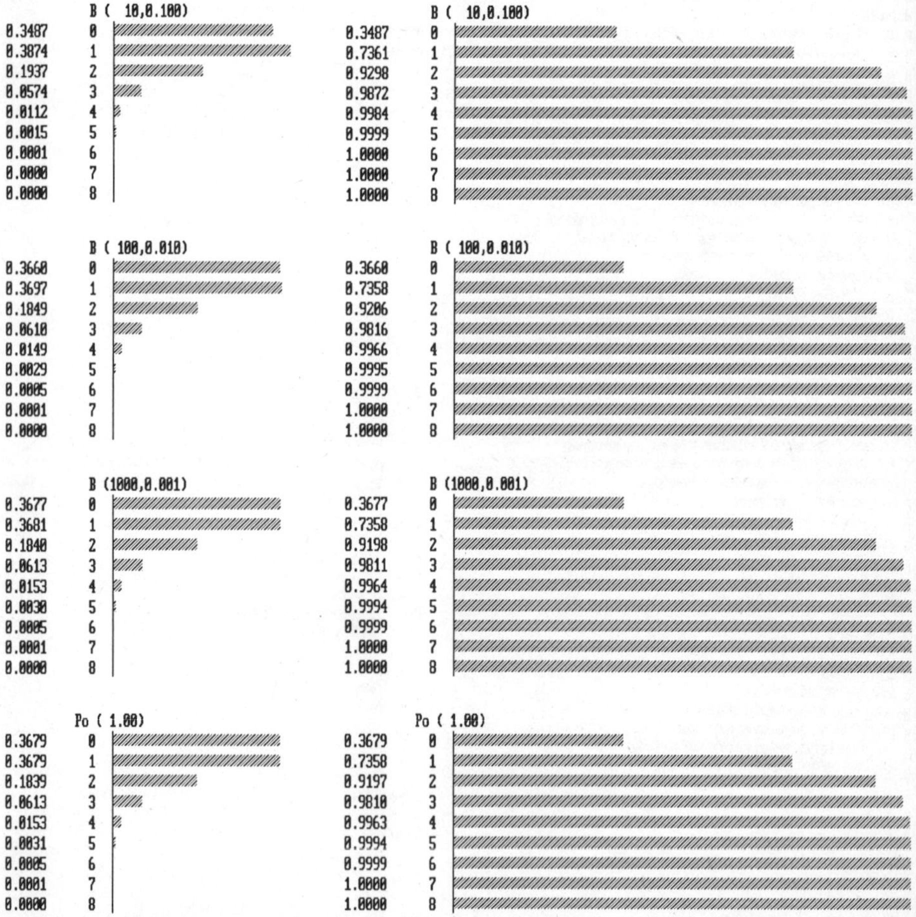

Abbildung 14.8: Stabdiagramme der Wahrscheinlichkeits- und Verteilungsfunktion der Binomialverteilung mit den Parametern n=10, 100, 1000 und π=0.1, 0.01, 0.001 im Vergleich zur Poissonverteilung mit Parameter La=1

Stabdiagramme und Berechnungen zur Poissonverteilung 147

B (10,0.500)

p(x)	x		F(x)	x
0.0010	0		0.0010	0
0.0098	1		0.0107	1
0.0439	2		0.0547	2
0.1172	3		0.1719	3
0.2051	4		0.3770	4
0.2461	5		0.6230	5
0.2051	6		0.8281	6
0.1172	7		0.9453	7
0.0439	8		0.9893	8
0.0098	9		0.9990	9
0.0010	10		1.0000	10

B (100,0.050)

p(x)	x		F(x)	x
0.0059	0		0.0059	0
0.0312	1		0.0371	1
0.0812	2		0.1183	2
0.1396	3		0.2578	3
0.1781	4		0.4360	4
0.1800	5		0.6160	5
0.1500	6		0.7660	6
0.1060	7		0.8720	7
0.0649	8		0.9369	8
0.0349	9		0.9718	9
0.0167	10		0.9885	10
0.0072	11		0.9957	11
0.0028	12		0.9985	12
0.0010	13		0.9995	13
0.0003	14		0.9999	14
0.0001	15		1.0000	15
0.0000	16		1.0000	16

B (1000,0.005)

p(x)	x		F(x)	x
0.0067	0		0.0067	0
0.0334	1		0.0401	1
0.0839	2		0.1240	2
0.1403	3		0.2643	3
0.1757	4		0.4401	4
0.1759	5		0.6160	5
0.1466	6		0.7626	6
0.1046	7		0.8672	7
0.0652	8		0.9324	8
0.0361	9		0.9685	9
0.0180	10		0.9865	10
0.0081	11		0.9947	11
0.0034	12		0.9980	12
0.0013	13		0.9993	13
0.0005	14		0.9998	14
0.0002	15		0.9999	15
0.0000	16		1.0000	16

Po (5.00)

p(x)	x		F(x)	x
0.0067	0		0.0067	0
0.0337	1		0.0404	1
0.0842	2		0.1247	2
0.1404	3		0.2650	3
0.1755	4		0.4405	4
0.1755	5		0.6160	5
0.1462	6		0.7622	6
0.1044	7		0.8666	7
0.0653	8		0.9319	8
0.0363	9		0.9682	9
0.0181	10		0.9863	10
0.0082	11		0.9945	11
0.0034	12		0.9980	12
0.0013	13		0.9993	13
0.0005	14		0.9998	14
0.0002	15		0.9999	15
0.0000	16		1.0000	16

<u>Abbildung 14.9:</u> Binomialverteilungen mit $n\pi = 5$ und Poissonverteilung mit $La = 5$

Wir wollen jetzt den Zusammenhang zwischen der Binomial- und der Poissonverteilung untersuchen. Dazu vergleichen wir Binomialverteilungen mit den Parametern n und π mit der Poissonverteilung mit dem Parameter La=nπ, vergrößern dann n und verkleinern π, halten dabei aber das Produkt nπ konstant. Abbildung 14.8 zeigt links die Wahrscheinlichkeitsfunktionen und rechts die Verteilungsfunktionen für verschiedene Werte von n und π mit nπ=1, Abbildung 14.9 entsprechend für nπ=5. Ganz unten sind jeweils die entsprechenden Stabdiagramme der Poissonverteilung zu sehen.

Wir entnehmen den Abbildungen, daß die Binomialverteilung für großes n und kleines π durch eine Poissonverteilung angenähert werden kann. Wir wollen hier nicht näher darauf eingehen, verweisen aber auf das DIFF-Heft SR3, wo zum einen die Approximationen der Binomialverteilung durch die Poisson- und Normalverteilung verglichen werden, zum anderen mit Hilfe dieses Grenzwertsatzes die Anwendung der Poissonverteilung gerechtfertigt wird.

15. HYPER

A: Programmbeschreibung

Kurzbeschreibung:

Die Wahrscheinlichkeits- und Verteilungsfunktion der hypergeometrischen Verteilung mit den Parametern N, M und n werden berechnet und graphisch dargestellt. Außerdem werden Quantile berechnet.

Realisationen hypergeometrisch verteilter Zufallsvariablen können simuliert und abgespeichert werden.

Eine hypergeometrisch verteilte Zufallsvariable kann aufgefaßt werden als die Anzahl der roten Kugeln in einer Stichprobe vom Umfang n aus einer Urne mit N Kugeln, von denen M rot sind. Die gezogenen Kugeln werden dabei nicht zurückgelegt.

Menü:

```
        Eingabe der Parameter              ==> 1
        Wahrscheinlichkeitsfunktion        ==> 2
        Verteilungsfunktion                ==> 3
        Simulation                         ==> 4
        Umschalten auf erhöhte Genauigkeit ==> 5
        Kurzbeschreibung                   ==> 6
        Programmende                       ==> 9
```

15.1 Eingabe der Parameter

Eingabe: Anzahl N der Kugeln insgesamt (N≤10000)

Eingabe: Anzahl M der roten Kugeln (1≤M≤N)

Eingabe: Umfang n der Stichprobe (1≤n≤N)

15.2 Wahrscheinlichkeitsfunktion (>1)

Untermenü Wahrscheinlichkeitsfunktion

```
    Wert an einer Stelle k                       ==> 1
    Werte in einem Intervall [ka,ke]             ==> 2
    Werte in einem Intervall [ka,ke] (Drucker)   ==> 3
    Wahrscheinlichkeit für ein Intervall [ka,ke] ==> 4
    Zurück in das Hauptmenü                      ==> 9
```

15.2.1 Wert an einer Stelle k

Eingabe: k (0≤k≤n)

Ausgabe der Wahrscheinlichkeit $P(X=k)=P(k)=H(k;N,M,n)$ (--> Eingabe k)

Die Wahrscheinlichkeiten werden in einer Tabelle ausgegeben (siehe Abbildung 15.1). Dieser Programmpunkt wird mit der ESC-Taste beendet.

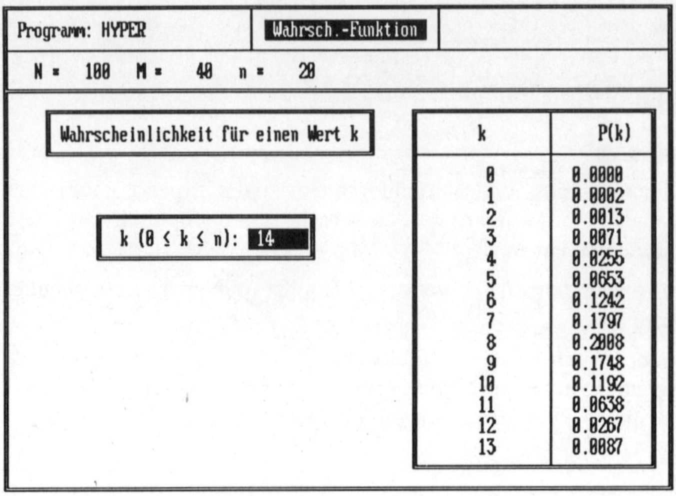

```
Programm: HYPER          Wahrsch.-Funktion
N = 100   M = 40   n = 20
```

```
Wahrscheinlichkeit für einen Wert k      k      P(k)
                                         0     0.0000
                                         1     0.0002
                                         2     0.0013
         k (0 ≤ k ≤ n):  14              3     0.0071
                                         4     0.0255
                                         5     0.0653
                                         6     0.1242
                                         7     0.1797
                                         8     0.2008
                                         9     0.1748
                                        10     0.1192
                                        11     0.0638
                                        12     0.0267
                                        13     0.0087
```

Abbildung 15.1: Ausgabe der Wahrscheinlichkeiten P(k)

15.2.2 Werte in einem Intervall [ka,ke]

Die Wahrscheinlichkeiten für die Werte k∈[ka,ke] werden zusammen mit einem Stabdiagramm auf dem Bildschirm ausgegeben.

Eingabe: ka (0≤ka≤n) und ke (ka≤ke≤n)

Für ka und ke werden vom Rechner die Werte $n\pi - 3\sigma$ bzw. $n\pi + 3\sigma$ vorgegeben. Dabei ist $\pi = M/N$ und $\sigma = \sqrt{n\pi(1-\pi)(N-n)/(N-1)}$ die Standardabweichung der gegebenen hypergeometrischen Verteilung.

Eingabe: Höhenfaktor

Der Höhenfaktor bestimmt die Höhe des Stabdiagramms auf dem Bildschirm. Der maximale Höhenfaktor, das ist der Faktor, für den der Stab für die größte Wahrscheinlichkeit gerade die ganze Bildschirmbreite einnimmt, wird als Eingabewert vorgegeben. Um verschiedene Stabdiagramme zu vergleichen, sollten die Höhenfaktoren übereinstimmen.

Ausgabe der Wahrscheinlichkeiten und des Stabdiagramms (siehe Abbildung 15.2)

15.2.3 Werte in einem Intervall [ka,ke] (Drucker)

Siehe 15.2.2. Die Wahrscheinlichkeiten und das Stabdiagramm werden über den Drucker ausgegeben. Die Ausgabe erfolgt im Textmodus. Daher ist das Auflösungsvermögen geringer als bei der Ausgabe auf dem Bildschirm.

15.2.4 Wahrscheinlichkeit für ein Intervall [ka,ke]

Es wird die Wahrscheinlichkeit $P(X \in [ka,ke])$ für $H(N,M,n)$-verteiltes X berechnet.

Eingabe: ka (0≤ka≤n) und ke (ka≤ke≤n)

Ausgabe der Wahrscheinlichkeit $P(X \in [ka,ke])$ (--> Eingabe ka)

Stabdiagramme und Berechnungen zur hypergeometrischen Verteilung   151

```
         H ( 100,  40,  20)
0.0071    3
0.0255    4
0.0653    5
0.1242    6
0.1797    7
0.2008    8
0.1748    9
0.1192   10
0.0638   11
0.0267   12
0.0087   13
```

Abbildung 15.2: Ausgabe der Wahrscheinlichkeiten und des Stabdiagramms

Die Wahrscheinlichkeiten werden in einer Tabelle ausgegeben (siehe Abbildung 15.3). Dieser Programmpunkt wird mit der ESC-Taste beendet.

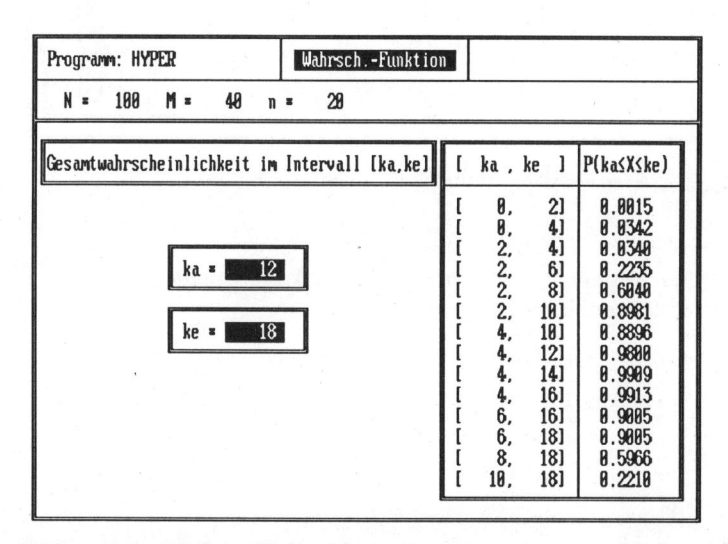

```
Programm: HYPER          Wahrsch.-Funktion
N =  100    M =   40    n =   20

Gesamtwahrscheinlichkeit im Intervall [ka,ke]    [  ka , ke  ] P(ka≤X≤ke)
                                                 [   0,   2]   0.0015
                                                 [   0,   4]   0.0342
                                                 [   2,   4]   0.0340
                  ka =  12                       [   2,   6]   0.2235
                                                 [   2,   8]   0.6040
                                                 [   2,  10]   0.8981
                  ke =  18                       [   4,  10]   0.8896
                                                 [   4,  12]   0.9800
                                                 [   4,  14]   0.9909
                                                 [   4,  16]   0.9913
                                                 [   6,  16]   0.9005
                                                 [   6,  18]   0.9005
                                                 [   8,  18]   0.5966
                                                 [  10,  18]   0.2210
```

Abbildung 15.3: Ausgabe der Wahrscheinlichkeiten

15.3 Verteilungsfunktion (>1)

Untermenü Verteilungsfunktion

```
Wert an einer Stelle k                          ==> 1
Werte in einem Intervall [ka,ke]                ==> 2
Werte in einem Intervall [ka,ke] (Drucker)      ==> 3
Quantile                                        ==> 4
Zurück in das Hauptmenü                         ==> 9
```

15.3.1 Wert an einer Stelle k

Eingabe: k (0≤k≤n)

Ausgabe des Wertes der Verteilungsfunktion F(k)=P(X≤k) (--> Eingabe k)

Die Werte der Verteilungsfunktion werden in einer Tabelle ausgegeben (siehe Abbildung 15.4). Dieser Programmpunkt wird mit der ESC-Taste beendet.

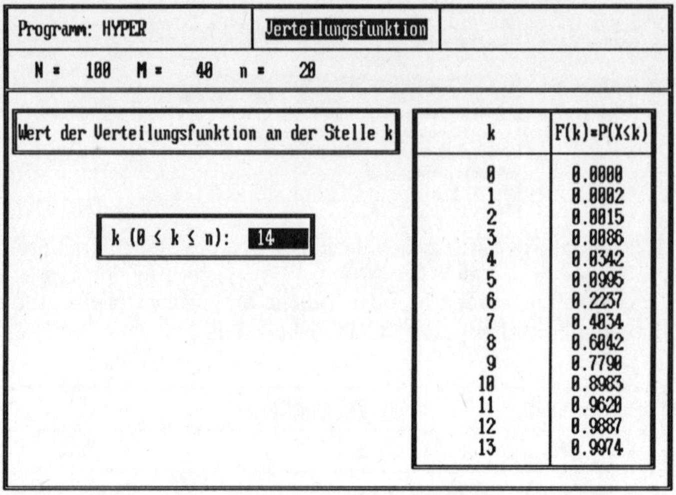

```
┌─────────────────────────────────────────────────────────────┐
│ Programm: HYPER           │Verteilungsfunktion│             │
│                                                             │
│ N =  100    M =   40    n =   20                            │
├─────────────────────────────────────────────┬───────────────┤
│ Wert der Verteilungsfunktion an der Stelle k│  k   F(k)=P(X≤k)│
│                                             │  0   0.0000   │
│                                             │  1   0.0002   │
│                                             │  2   0.0015   │
│              k (0 ≤ k ≤ n):  14             │  3   0.0086   │
│                                             │  4   0.0342   │
│                                             │  5   0.0995   │
│                                             │  6   0.2237   │
│                                             │  7   0.4034   │
│                                             │  8   0.6042   │
│                                             │  9   0.7790   │
│                                             │ 10   0.8983   │
│                                             │ 11   0.9628   │
│                                             │ 12   0.9887   │
│                                             │ 13   0.9974   │
└─────────────────────────────────────────────┴───────────────┘
```

<u>Abbildung 15.4</u>: Ausgabe der Werte der Verteilungsfunktion

15.3.2 Werte in einem Intervall [ka,ke]

Die Werte der Verteilungsfunktion F(k) für k∈[ka,ke] werden zusammen mit einem Stabdiagramm auf dem Bildschirm ausgegeben.

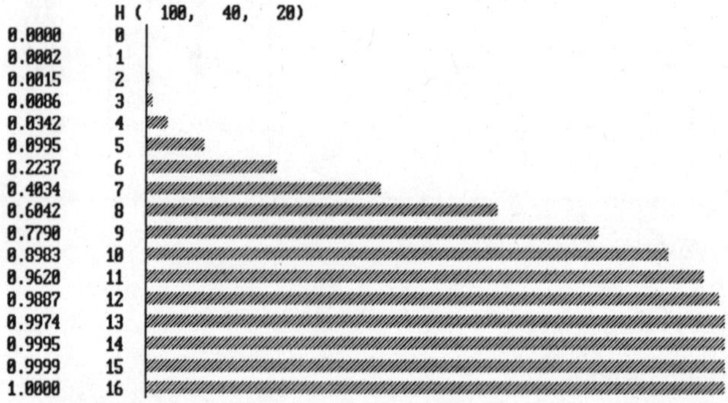

```
          H ( 100,  40,  20)
0.0000   0
0.0002   1
0.0015   2
0.0086   3
0.0342   4  ▓
0.0995   5  ▓▓▓▓
0.2237   6  ▓▓▓▓▓▓▓▓▓
0.4034   7  ▓▓▓▓▓▓▓▓▓▓▓▓▓▓▓▓
0.6042   8  ▓▓▓▓▓▓▓▓▓▓▓▓▓▓▓▓▓▓▓▓▓▓▓
0.7790   9  ▓▓▓▓▓▓▓▓▓▓▓▓▓▓▓▓▓▓▓▓▓▓▓▓▓▓▓▓
0.8983  10  ▓▓▓▓▓▓▓▓▓▓▓▓▓▓▓▓▓▓▓▓▓▓▓▓▓▓▓▓▓▓▓▓
0.9628  11  ▓▓▓▓▓▓▓▓▓▓▓▓▓▓▓▓▓▓▓▓▓▓▓▓▓▓▓▓▓▓▓▓▓
0.9887  12  ▓▓▓▓▓▓▓▓▓▓▓▓▓▓▓▓▓▓▓▓▓▓▓▓▓▓▓▓▓▓▓▓▓▓
0.9974  13  ▓▓▓▓▓▓▓▓▓▓▓▓▓▓▓▓▓▓▓▓▓▓▓▓▓▓▓▓▓▓▓▓▓▓
0.9995  14  ▓▓▓▓▓▓▓▓▓▓▓▓▓▓▓▓▓▓▓▓▓▓▓▓▓▓▓▓▓▓▓▓▓▓
0.9999  15  ▓▓▓▓▓▓▓▓▓▓▓▓▓▓▓▓▓▓▓▓▓▓▓▓▓▓▓▓▓▓▓▓▓▓
1.0000  16  ▓▓▓▓▓▓▓▓▓▓▓▓▓▓▓▓▓▓▓▓▓▓▓▓▓▓▓▓▓▓▓▓▓▓
```

<u>Abbildung 15.5</u>: Ausgabe der Werte der Verteilungsfunktion und des Stabdiagramms

Eingabe: ka (0≤ka≤n) und ke (ka≤ke≤n)

Für ka und ke werden vom Rechner die Werte nπ-3σ bzw. nπ+3σ vorgegeben. Dabei ist $\pi = M/N$ und $\sigma = \sqrt{n\pi(1-\pi)(N-n)/(N-1)}$ die Standardabweichung der gegebenen hypergeometrischen Verteilung.

Eingabe: Höhenfaktor

Siehe 15.2.2. Hier ist der maximale Höhenfaktor durch den größten Wert der Verteilungsfunktion bestimmt. Dieser Wert ist i.allg. ungefähr gleich 1. Daher ändert sich der maximale Höhenfaktor nicht.

Stabdiagramme und Berechnungen zur hypergeometrischen Verteilung   153

<u>Ausgabe</u> der Werte der Verteilungsfunktion und des Stabdiagramms (siehe Abbildung 15.5)

15.3.3 Werte in einem Intervall [ka,ke] (Drucker)

Siehe 15.3.2. Die Werte der Verteilungsfunktion werden zusammen mit dem Stabdiagramm über den Drucker ausgegeben.

15.3.4 Quantile

<u>Eingabe</u>: Prozentwert

<u>Ausgabe</u> des Quantils (--> Eingabe Prozentwert)

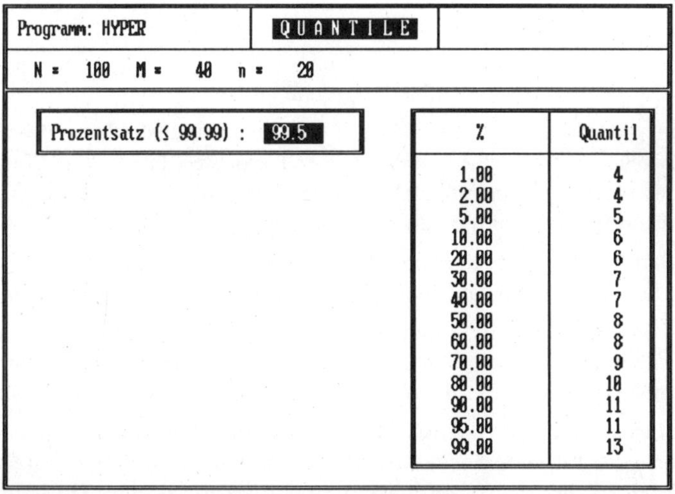

```
Programm: HYPER            QUANTILE
N = 100  M = 40   n = 20

Prozentsatz (≤ 99.99) :  99.5        %       Quantil
                                    1.00        4
                                    2.00        4
                                    5.00        5
                                   10.00        6
                                   20.00        6
                                   30.00        7
                                   40.00        7
                                   50.00        8
                                   60.00        8
                                   70.00        9
                                   80.00       10
                                   90.00       11
                                   95.00       11
                                   99.00       13
```

<u>Abbildung 15.6:</u> Ausgabe der Quantile

Die Quantile werden in eine Tabelle geschrieben (siehe Abbildung 15.6). Dieser Programmpunkt wird mit der ESC-Taste beendet.

15.4 Simulation

<u>Eingabe</u>: Anzahl S der Simulationen (1≤S≤10000)

<u>Ausgabe</u> der ersten 65 Werte

Die ersten 65 Zufallszahlen werden auf dem Bildschirm angezeigt. Danach gibt "Simulation Nr." an, wie viele Zufallszahlen schon erzeugt wurden.

<u>Ausgabe</u> der beobachteten Häufigkeiten

Für jeden Wert x(i), der in der Stichprobe aufgetreten ist, wird die Häufigkeit n(i) angegeben, die uns sagt, wie oft dieser Wert in der Stichprobe beobachtet wurde.

<u>J(a)/N(ein)-Abfrage</u>: Häufigkeiten speichern?

Das Abspeichern der Daten in eine Datei wurde in Abschnitt 1.9 beschrieben. Hier können wahlweise die Zufallszahlen (Eingabe: N) oder die beobachteten Werte zusammen mit ihren Häufigkeiten (Eingabe: J) gespeichert werden. Will man die erzeugten Daten nicht speichern, so ist die ESC-Taste zu drücken. Falls man die erzeugten Daten mit dem Programm DISKRET untersuchen will (etwa um Stabdiagramme der beobachteten Häufigkeiten mit den entsprechenden Stabdiagrammen der Wahrscheinlichkeitsfunktion oder Verteilungsfunktion zu vergleichen), ist es am einfachsten, die Häufigkeiten zu speichern.

15.5 Umschalten auf erhöhte Genauigkeit

In Tabellen werden Wahrscheinlichkeiten mit 6 statt 4 Nachkommastellen ausgegeben.

B: Übungen

1.) Machen Sie sich zunächst mit allen Programmpunkten vertraut.

2.) Betrachten Sie das Stabdiagramm der Wahrscheinlichkeitsfunktion der hypergeometrischen Verteilung für verschiedene Werte der Parameter. Für welche Werte der Parameter hat das Stabdiagramm Ähnlichkeit mit dem Histogramm einer Normalverteilung? Gibt es ähnliche Symmetrien wie bei der Binomialverteilung?

3.) Vergleichen Sie das Stabdiagramm der Wahrscheinlichkeitsfunktion der hypergeometrischen Verteilung mit dem der Binomialverteilung mit den Parametern n und $\pi = M/N$.

4.) Wie sind die Parameter der hypergeometrischen Verteilung zu wählen, um die Wahrscheinlichkeiten für die Anzahl der "Richtigen" beim Lottospiel zu bestimmen? Lassen Sie sich dann die Wahrscheinlichkeitsfunktion und die Verteilungsfunktion ausgeben.

5.) Ein Produzent liefert ein Los mit $N=1000$ Einheiten, von denen M defekt sind. Mit dem Abnehmer ist folgende Stichprobenprüfung vereinbart: Es werden n Einheiten geprüft, die Anzahl X der defekten Einheiten in der Stichprobe wird bestimmt. Falls $X \leq c$ ist, wird das Los angenommen, andernfalls darf es zurückgewiesen werden. Dabei ist c eine noch zu bestimmende nichtnegative ganze Zahl. Der Lieferant möchte, daß gute Qualität (z.B. $M=10$, d.h. 1% Ausschuß) mit hoher Wahrscheinlichkeit angenommen wird. Bestimmen Sie für $n=20$, 50, 100 und 200 das kleinste c, für das ein Los mit $M=10$ defekten Einheiten mit einer Wahrscheinlichkeit von mindestens 0.9 angenommen wird.

6.) Bestimmen Sie für die in Aufgabe 5 ermittelten Stichprobenpläne n-c die Annahmewahrscheinlichkeiten, wenn tatsächlich $M=5$, 10, 20, 30, 50, 100 defekte Einheiten in dem Los sind. Welchen Stichprobenplan kann der Abnehmer akzeptieren, wenn er ein Los mit 10% Ausschuß mit einer Wahrscheinlichkeit von ungefähr 0.9 zurückweisen möchte?

7.) Betrachten Sie jetzt eine Losgröße von $N=5000$. Der Abnehmer möchte Lose mit 10% Ausschuß nur mit einer Wahrscheinlichkeit von höchstens 0.1 annehmen. Bestimmen Sie für $n=25$, 50, 100 und 200 jeweils das größtmögliche c. Welche dieser Pläne kann der Lieferant akzeptieren, wenn er darauf besteht, daß Lose mit 1% Ausschuß mit einer Wahrscheinlichkeit von mindestens 0.9 angenommen werden? Auf welchen Plan werden sich die beiden Partner einigen, wenn man die Prüfkosten minimal halten möchte?

Stabdiagramme und Berechnungen zur hypergeometrischen Verteilung 155

C: Lernziele

Wie die Programme BINOMIAL und POISSON ermöglicht uns das Programm HYPER umfangreiche Berechnungen der Wahrscheinlichkeits- und Verteilungsfunktion der hypergeometrischen Verteilung. Als Modellexperiment für die hypergeometrische Verteilung stellt man sich meistens eine Urne mit insgesamt N Kugeln vor, von denen M rot sind. Aus dieser Urne wird eine Stichprobe von n Kugeln gezogen. Die gezogenen Kugeln werden nicht in die Urne zurückgelegt. Deshalb darf n nicht größer als N sein. Gezählt wird die Anzahl X der roten Kugeln in der Stichprobe. Damit liegt der Wertebereich von X zwischen 0 und n. Da jedoch nur M rote Kugeln in der Urne sind, ist X außerdem durch M nach oben beschränkt, d.h. es muß gelten $X \leq \min(n,M) = c_2$. Andererseits kann es vorkommen, daß die Anzahl der Kugeln, die nicht rot sind (das sind N-M), kleiner ist als der Stichprobenumfang n. Dann müssen auf jeden Fall n-(N-M)=n+M-N Kugeln rote Kugeln in der Stichprobe sein, d.h. $X \geq \max(0, n+M-N) = c_1$. Nur im Bereich von c_1 bis c_2 ist die Wahrscheinlichkeitsfunktion von Null verschieden. Trotzdem können im Programm alle Werte zwischen 0 und n eingegeben werden.

Wichtig in der Definition der hypergeometrischen Verteilung ist der Zusatz, daß die gezogenen Kugeln, die ja meistens nacheinander gezogen werden, nicht in die Urne zurückgelegt werden, denken Sie z.B. an die Lottoziehung. Dort ist N=49. Die roten Kugeln im Modell sind die vom Lottospieler angekreuzten 6 Zahlen auf dem Lottoschein, also M=6. Für den Lottospieler ist von Interesse, wie viele der von ihm angekreuzten Zahlen (von den roten Kugeln im Modell) in der Stichprobe vom Umfang 6 erscheinen (die Zusatzzahl wollen wir nicht berücksichtigen), also ist n=6. Die Anzahl der roten Kugeln in der Stichprobe entspricht der Anzahl der "Richtigen". Die Wahrscheinlichkeitsfunktion gibt Ihnen die Wahrscheinlichkeit an, daß Sie genau k "Richtige" haben (siehe Abbildung 15.7 und Abbildung 15.8 für die Ausgabe mit erhöhter Genauigkeit), während Ihnen die Verteilungsfunktion angibt, daß Sie k oder (leider oder zum Glück) weniger "Richtige" haben.

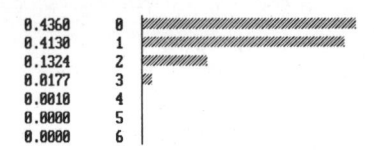

```
0.4360   0  ▨▨▨▨▨▨▨▨▨▨▨▨▨▨▨▨▨▨▨
0.4130   1  ▨▨▨▨▨▨▨▨▨▨▨▨▨▨▨▨▨
0.1324   2  ▨▨▨▨▨
0.0177   3  ▨
0.0010   4
0.0000   5
0.0000   6
```

<u>Abbildung 15.7:</u> Wahrscheinlichkeitsfunktion für die Anzahl der "Richtigen" beim Lottospiel

k	P(k)
0	0.435965
1	0.413019
2	0.132378
3	0.017650
4	0.000969
5	0.000018
6	0.000000

<u>Abbildung 15.8:</u> Wahrscheinlichkeitsfunktion für die Anzahl der "Richtigen" beim Lottospiel mit erhöhter Genauigkeit

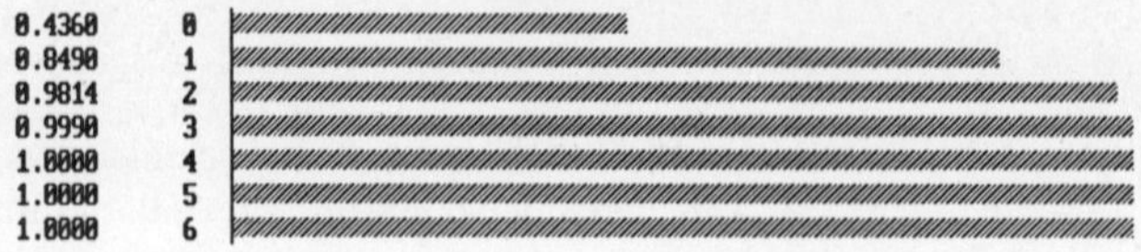

```
0.4368   0  ▓▓▓▓▓▓▓▓▓▓▓▓▓▓▓▓▓▓▓▓
0.8490   1  ▓▓▓▓▓▓▓▓▓▓▓▓▓▓▓▓▓▓▓▓▓▓▓▓▓▓▓▓▓▓▓▓▓▓▓▓▓▓
0.9814   2  ▓▓▓▓▓▓▓▓▓▓▓▓▓▓▓▓▓▓▓▓▓▓▓▓▓▓▓▓▓▓▓▓▓▓▓▓▓▓▓▓▓
0.9990   3  ▓▓▓▓▓▓▓▓▓▓▓▓▓▓▓▓▓▓▓▓▓▓▓▓▓▓▓▓▓▓▓▓▓▓▓▓▓▓▓▓▓▓
1.0000   4  ▓▓▓▓▓▓▓▓▓▓▓▓▓▓▓▓▓▓▓▓▓▓▓▓▓▓▓▓▓▓▓▓▓▓▓▓▓▓▓▓▓▓
1.0000   5  ▓▓▓▓▓▓▓▓▓▓▓▓▓▓▓▓▓▓▓▓▓▓▓▓▓▓▓▓▓▓▓▓▓▓▓▓▓▓▓▓▓▓
1.0000   6  ▓▓▓▓▓▓▓▓▓▓▓▓▓▓▓▓▓▓▓▓▓▓▓▓▓▓▓▓▓▓▓▓▓▓▓▓▓▓▓▓▓▓
```

Abbildung 15.9: Verteilungsfunktion für die Anzahl der "Richtigen" beim Lottospiel

Oben wurde gesagt, daß es wichtig ist, daß die gezogenen Kugeln nicht in die Urne zurückgelegt werden. Andernfalls wäre nämlich die Wahrscheinlichkeit, im nächsten Zug eine rote Kugel zu erhalten, für alle Züge konstant, nämlich $\pi = M/N$. Somit besäße die Anzahl der gezogenen roten Kugeln bei insgesamt n Ziehungen eine Binomialverteilung mit den Parametern n und M/N. Ist aber z.B. nach zwei Ziehungen eine rote und eine andere Kugel gezogen worden, so sind noch N-2 Kugeln in der Urne, unter denen noch M-1 rote sind. Die Wahrscheinlichkeit für eine rote Kugel im folgenden Zug ist demnach (M-1)/(N-2), so daß sich diese Wahrscheinlichkeit i. allg. von Zug zu Zug ändert. Diese Änderungen sind jedoch nicht so bedeutend, wenn der Stichprobenumfang klein ist im Vergleich zu N, der Gesamtanzahl der Kugeln, n nicht sehr klein ist und M/N nicht sehr klein und nicht sehr groß ist (Rinne und Mittag (1991) geben z.B. die folgenden Bedingungen an: $n/N < 0.1$ und $n > 10$ und $0.1 < M/N < 0.9$, siehe auch DIFF-Heft SR2). In diesen Fällen wurde bislang häufig die Binomialverteilung als Approximation für die hypergeometrische Verteilung verwendet, da die hypergeometrische Verteilung mit ihren drei Parametern umständlicher zu berechnen und seltener tabelliert ist. Wenn jedoch eine exakte Berechnung möglich ist mit Programmen wie HYPER oder ELV (siehe Knüsel (1989)), sollte man diese vorziehen. Wir gehen deshalb auf diese Approximation und auch auf die durch die Poissonverteilung und die Normalverteilung (siehe z.B. Rinne und Mittag (1991)) nicht näher ein, empfehlen aber dem Leser sich die Form der Stabdiagramme anzusehen und Vergleiche über die Genauigkeit solcher Approximationen anzustellen (siehe dazu auch DIFF-Heft SR2). Die Formel für die Wahrscheinlichkeitsfunktion läßt sich wie bei der Binomialverteilung mit kombinatorischen Überlegungen ableiten. Es sei dazu auf Rinne und Mittag (1991), Hartung u.a. (1984) oder andere einführende Lehrbücher der Statistik verwiesen.

Eine sehr wichtige Anwendung findet die hypergeometrische Verteilung in der Qualitätskontrolle (siehe z.B. Rinne und Mittag (1991)). In der Wareneingangs- oder Warenausgangskontrolle wird häufig aus einer endlichen Grundgesamtheit, einem Los der Größe N von gleichen Produkten, eine Stichprobe der Größe n gezogen, um einen Eindruck von der Anzahl der fehlerhaften Produkte zu bekommen. Gezählt werden die fehlerhaften Produkte in der Stichprobe. Die roten Kugeln in der Urne entsprechen also den fehlerhaften Produkten. Wenn die Gesamtanzahl M der fehlerhaften Produkte in dem Los bekannt ist, hat die Anzahl der fehlerhaften Produkte in der Stichprobe eine hypergeometrische Verteilung mit den Parametern N, M und n. Häufig wird so vorgegangen, daß zwischen Lieferant und Abnehmer ein sogenannter Stichprobenplan (n-c) vereinbart wird, wobei n der Stichprobenumfang und c die Annahmezahl ist. Sind c oder weniger fehlerhafte Produkte in einer Stichprobe vom Umfang n, so wird das Los angenommen, bei mehr als c fehlerhaften Produkten wird das Los zurückgewiesen. Der Lieferant wird ein Interesse daran haben, daß gute Lose, also Lose mit kleinem M, mit hoher Wahrscheinlichkeit angenommen werden. Dagegen möchte der Abnehmer gegen schlechte Lose geschützt sein, d.h. Lose mit großem M sollen mit hoher Wahrscheinlichkeit zurückgewiesen werden. Bei der Festlegung eines solchen Stichprobenplans, also der Bestimmung

Stabdiagramme und Berechnungen zur hypergeometrischen Verteilung   157

von n und c, sind beide Interessen zu berücksichtigen. Die dazu nötigen Methoden gehen über den Rahmen dieses Buches hinaus. Wir wollen uns darauf beschränken einmal aus der Sicht des Lieferanten, dann aus der Sicht des Abnehmers bei gegebenem N, M und n ein für ihn günstiges c zu bestimmen. Schließlich wollen wir noch für gegebene Stichprobenpläne (n-c) die Annahmewahrscheinlichkeiten in Abhängigkeit von M bestimmen.

Betrachten wir das in Aufgabe 5 gestellte Problem. Ein Los von N = 1000 Einheiten enthalte M = 10 defekte Einheiten. Die Annahmewahrscheinlichkeit soll mindestens 0.9 sein. Die Annahmewahrscheinlichkeit entspricht dem Wert der Verteilungsfunktion an der Stelle c, also F(c). Demnach ist das kleinste c zu wählen mit F(c)≥0.9. Für n = 20, 50, 100 und 200 sind die zugehörigen Werte c = 1, 1, 2 und 4. Dies bedeutet, daß z.B. für den Stichprobenumfang n = 100 das Los angenommen wird, wenn in einer Stichprobe der Größe n = 100 nicht mehr als 2 defekte Einheiten gefunden werden.

Nun entsteht die Frage, wie groß die Annahmewahrscheinlichkeit ist, wenn tatsächlich in dem Los ein anderer Wert von M realisiert ist. Die Antwort darauf gibt uns Tabelle 15.1, die auch eine Spalte für M = 10 enthält, also von der Ausgangssituation. Da die hypergeometrische Verteilung eine diskrete Verteilung ist, kann die Annahmewahrscheinlichkeit ja nicht genau 0.9 sein. Wir sehen also in dieser Spalte die exakten Annahmewahrscheinlichkeiten. Wir entnehmen dieser Tabelle, daß die Annahmewahrscheinlichkeit bei festem Stichprobenplan (n-c) mit wachsendem M fällt, was natürlich, vor allem aus der Sicht des Abnehmers, auch erwünscht ist. Aus der Sicht des Abnehmers gibt es häufig eine Qualität, die er nicht mehr akzeptieren kann und die er daher mit hoher Wahrscheinlichkeit zurückweisen möchte. Falls z.B. M = 50 für ihn nicht mehr akzeptabel ist und er solche Lose mit einer Wahrscheinlichkeit von ungefähr 0.9 zurückweisen, d.h. mit ungefähr 0.1 annehmen möchte, kommt für ihn der Stichprobenplan (100-2) in Frage.

	M					
n-c	5	10	20	30	50	100
20-1	0.9989	0.9891	0.9504	0.8858	0.7361	0.3892
50-1	0.9933	0.9339	0.7361	0.5551	0.2728	0.0308
100-2	1.0000	0.9312	0.6774	0.4082	0.1056	0.0013
200-4	1.0000	0.9698	0.6307	0.2515	0.0164	0.0000

Tabelle 15.1: Annahmewahrscheinlichkeiten F(c) für verschiedene Stichprobenpläne in Abhängigkeit von M (N = 1000)

Betrachten wir jetzt das in Aufgabe 7 gestellte Problem. Der Abnehmer möchte also Lose der Größe N = 5000 mit M = 500 defekten Einheiten nur mit einer Wahrscheinlichkeit von höchstens 0.1 annehmen. Gesucht ist also das größte c mit F(c)≤0.1. Tabelle 15.2 enthält für verschiedene Stichprobenumfänge n die Lösungen und dazu die exakte Annahmewahrscheinlichkeit, wenn M wie vorgegeben 500 ist und wenn M nur 50 ist, d.h. die Qualität des Loses wesentlich besser ist. Falls der Lieferant darauf besteht, daß solche Lose mit einer Wahrscheinlichkeit von mindestens 0.9 angenommen werden, könnte man sich auf den Stichprobenplan (50-1) einigen. Von den betrachteten Plänen ist dies derjenige mit dem kleinsten Stichprobenumfang und daher den geringsten Prüfkosten, der beide Bedingungen erfüllt.

M	n-c			
	25-0	50-1	100-5	200-14
500	0.0713	0.0332	0.0558	0.0885
50	0.7784	0.9157	0.9996	1.0000

Tabelle 15.2: Annahmewahrscheinlichkeiten F(c) für verschiedene Stichprobenpläne bei M=500 und M=50 (N=5000)

16. ALMIKONF

A: Programmbeschreibung

Kurzbeschreibung:

Aus der Altersverteilung der Bundesrepublik Deutschland im Jahre 1974 werden k Stichproben der Größe n gezogen.
Zu jeder Stichprobe wird das Intervall

$$[\text{mu,mo}] = [\bar{x} - cs/\sqrt{n},\ \bar{x} + cs/\sqrt{n}]$$

gebildet.
Dabei ist $\bar{x}$ der Mittelwert und s die Standardabweichung in der Stichprobe.
Für jedes so gebildete Intervall wird festgestellt, ob der bekannte Mittelwert in der Altersverteilung $\mu = 37.27$ in diesem Intervall liegt.

Menü:

```
Eingabe n, k, c       ==> 1
Simulation            ==> 2
Kurzbeschreibung      ==> 3
Programmende          ==> 9
```

16.1 Eingabe n, k, c

Eingabe: Umfang n der Stichproben ($n \leq 1000$)

Eingabe: Anzahl k der Stichproben ($k \leq 10000$)

Eingabe: Faktor c
Für jede simulierte Stichprobe wird ein Intervall nach der Formel $[\text{mu,mo}] = [\bar{x} - cs/\sqrt{n},\ \bar{x} + cs/\sqrt{n}]$ berechnet. Der in dieser Formel zu verwendende Faktor c ist hier einzugeben.

16.2 Simulation (>1)

Untermenü:

```
Ausgabe der Einzelergebnisse   ==> 1
Ausgabe des Protokolls         ==> 2
Zurück ins Hauptmenü           ==> 9
```

16.2.1 Ausgabe der Einzelergebnisse

Für jede Stichprobe werden die gezogenen Alterswerte, jedoch höchstens 27 Werte, angezeigt, dazu der Mittelwert $\bar{x}$, der geschätzte Standardfehler von $\bar{x}$, nämlich $s/\sqrt{n}$, das Intervall [mu,mo] und ob das Intervall [mu,mo] den Mittelwert in der Grundgesamtheit $\mu = 37,27$ enthält oder nicht (Ja/Nein). -->16.2.2. Dauert die Ausgabe der Einzelergebnisse zu lange (wegen zu großer Werte für n oder k), so kann die Ausgabe der Einzelergebnisse nach jeder gezogenen Stichprobe mit der ESC-Taste beendet werden. Das Protokoll wird dann nur über die bis dahin gezogenen Stichproben ausgegeben.

Nr.	n = 18 k = 50 c = 1.000 Gezogene Alterswerte								$\bar{x}$	$s/\sqrt{n}$	[mu,mo]	μ∈[mu,mo] μ = 37.27
1	77 37 4 59 71 33 10 56 47 28 48 61 36 55 17 33 65 24								42.28	5.20	37.08, 47.48	Ja
2	61 32 54 27 66 23 54 72 44 51 12 24 75 35 28 69 27 39								43.61	4.93	38.68, 48.54	**Nein**
3	74 61 48 34 17 6 57 45 29 32 28 25 26 64 71 18 12 35								37.00	5.10	31.90, 42.10	Ja
4	21 14 19 69 15 16 19 79 5 18 41 4 76 28 40 79 11 51								32.72	6.45	26.28, 39.17	Ja
5	87 73 58 55 17 48 12 3 33 28 56 17 62 69 64 67 55 47								47.28	5.82	41.46, 53.10	**Nein**
6	9 47 19 26 21 44 49 68 73 58 62 39 52 7 2 48 50 35								38.94	5.15	33.80, 44.09	Ja
46	42 23 14 56 52 22 7 69 12 65 67 15 87 44 32 34 52 22								39.72	5.69	34.04, 45.41	Ja
47	19 69 82 65 59 13 66 31 48 70 13 10 64 34 72 48 28 5								43.33	6.25	37.08, 49.58	Ja
48	52 29 35 6 17 8 7 3 31 35 39 41 63 19 31 27 51 86								32.22	5.27	26.95, 37.50	Ja
49	14 28 48 21 53 24 53 60 29 6 59 15 74 19 28 29 74 65								37.50	5.47	32.03, 42.97	Ja
50	27 37 62 66 54 4 53 14 38 25 38 52 48 56 68 70 57 9								42.78	5.07	37.71, 47.85	**Nein**

Abbildung 16.1: Ausgabe der Einzelergebnisse

```
Programm: ALMIKONF          Protokoll
  n = 18   k =   50   c = 1.000

     Es wurden  50 Stichproben der Größe n =  18 aus der Altersver-
     teilung im Jahre 1974 gezogen. Für jede Stichprobe wurde das
     Intervall [ mu , mo ] = [(x̄ - 1.000 * s/√n),(x̄ + 1.000 * s/√n)]
     gebildet.

     In  34 von  50 Fällen (=  68.00 %) enthielt das Intervall den
     Mittelwert in der Grundgesamtheit μ = 37.27
```

Abbildung 16.2: Ausgabe des Protokolls

16.2.2 Ausgabe des Protokolls

Im Protokoll wird das Gesamtexperiment beschrieben und gesagt, in wie vielen Fällen (auch in %) das Intervall [mu,mo] den Mittelwert in der Grundgesamtheit enthielt. Wurden keine Einzelergebnisse ausgegeben, so kann das Ziehen der Stichproben mit der ESC-Taste abgebrochen werden. Das Protokoll wird dann nur über die bis dahin gezogenen Stichproben ausgegeben.

B: Übungen

1.) Machen Sie sich mit dem Programm vertraut, indem Sie alle möglichen Größen variieren.

2.) Lassen Sie möglichst viele Konfidenzintervalle für c=1, 2, 3 und wachsenden Stichprobenumfang n berechnen. Notieren Sie sich die Endergebnisse, d.h. die Prozentzahlen der Anzahlen der Fälle, in denen der bekannte Mittelwert $\mu = 37.27$ der Altersverteilung von den im Programm berechneten Konfidenzintervallen überdeckt wurde. Wiederholen Sie die Bestimmung der Prozentzahlen mehrfach mit den gleichen Werten für c, n und k.

3.) Berechnen Sie mit dem Programm NORMAL die Wahrscheinlichkeiten $P(-c \leq Y \leq c)$ für c=1, 2, 3, wenn Y wie $N(0,1)$ verteilt ist.

4.) Bestimmen Sie mit dem Programmpunkt 5 des Programms NORMAL die Werte c so, daß $P(-c \leq Y \leq c) = 0.6, 0.8, 0.9$ und 0.95 gilt, wenn Y wie $N(0,1)$ verteilt ist. Verwenden Sie diese Werte dann für c im Programm ALMIKONF. Variieren Sie dabei den Stichprobenumfang n und wählen Sie die Anzahl der Stichproben möglichst groß.

C: Lernziele

Wir hatten bisher festgestellt (ALMIPFAD, ALMI), daß der Mittelwert in Stichproben aus der Altersverteilung der Bundesrepublik Deutschland im Jahre 1974 mit wachsendem Stichprobenumfang n gegen den in dieser Situation bekannten Mittelwert in der Grundgesamtheit konvergiert. Daher ist es vernünftig, den Mittelwert in der Stichprobe als Schätzer für den Mittelwert in der Grundgesamtheit zu verwenden. Man wird das in der Praxis natürlich nur dann tun, wenn der Mittelwert in der Grundgesamtheit unbekannt ist. Es sei noch einmal betont, daß alles, was wir hier mit der Altersverteilung machen, nur zur Illustration gedacht ist. Wir haben auch gesehen, daß der Mittelwert in einer Stichprobe eine Zufallsvariable ist und je nach Stichprobengröße mehr oder weniger schwankt. Davon konnten wir uns überzeugen, indem wir mehrere Stichproben der gleichen Größe hintereinander zogen (Programm ALTMIHI). Mit wachsendem Stichprobenumfang nehmen die Schwankungen ab. Die Mittelwerte als Schätzer des in anderen Situationen unbekannten Mittelwertes in der Grundgesamtheit (Erwartungswertes) werden also mit wachsendem Stichprobenumfang vertrauenswürdiger. Ein Maß für diese Schwankungen und somit für die Vertrauenswürdigkeit des Schätzers, ist die Standardabweichung des Schätzers (auch *Standardfehler* genannt, siehe auch L/Z1, S.74), und daher ist es sinnvoll, den wiederum geschätzten Standardfehler zusammen mit dem Schätzer anzugeben.

Ist σ die Standardabweichung in der Grundgesamtheit, so ist $\sigma/\sqrt{n}$ der Standardfehler des Schätzers, und dieser wird geschätzt durch $s/\sqrt{n}$, wenn s der Schätzer von σ ist (siehe

L/Z1, S.74-76). Oft gibt man dann auch das Resultat in Form eines Intervalls [$\bar{x}$-s/$\sqrt{n}$, $\bar{x}$+s/$\sqrt{n}$] an.

Berechnen wir uns nun nach dieser Formel solche Intervalle mit dem Programm ALMI-KONF, so stellen wir, wenn wir die Einzelergebnisse betrachten, sehr schnell fest, daß es durchaus vorkommen kann, daß der bekannte Mittelwert $\mu = 37.27$ nicht in dieses Intervall fällt. Um zu bestimmen, wie oft das vorkommen kann, wurden je 100 Stichproben der Größen n=10, 50, 100 gezogen. In der folgenden Tabelle stehen die Anzahlen (sie stimmen hier mit den Prozentzahlen überein) der Intervalle, die den bekannten Mittelwert enthielten. Um zu sehen, wie stark diese Ergebnisse noch vom Zufall abhängen, wurde das Experiment 5mal wiederholt.

c	1		
n	10	50	100
%	68	64	69
	71	63	63
	67	67	70
	68	73	71
	69	74	69
	68.6	68.2	68.4

Tabelle 16.1: Prozentzahlen der Intervalle, die den Mittelwert in der Grundgesamtheit überdecken

Man kann also sehen, daß ungefähr 68% oder 2/3 der Intervalle [$\bar{x}$-s/$\sqrt{n}$, $\bar{x}$+s/$\sqrt{n}$] den richtigen Mittelwert enthielten. Wie wir der Tabelle ferner entnehmen können, hat die Vergrößerung von n keinen bedeutenden Einfluß auf dieses Ergebnis. Sieht man sich jedoch die Einzelergebnisse an, so wird deutlich, daß die Intervalle mit wachsendem n kleiner werden.

Eine Vergrößerung der Anzahl k der Stichproben bewirkt, daß die Prozentzahlen der Intervalle, die den bekannten Mittelwert enthalten, weniger schwanken. Diese Prozentzahlen sind ja auch wieder Zufallsvariablen. Sie schätzen das 100fache der Wahrscheinlichkeit, daß ein nach der obigen Vorschrift gebildetes Intervall den bekannten Mittelwert enthält, und es ist klar, je mehr Experimente ich mache, d.h. je mehr Stichproben ich ziehe, desto besser (genauer) kann ich diese Wahrscheinlichkeit schätzen. Anstatt in obiger Tabelle 5mal 100 Stichproben zu ziehen und dann die Mittelwerte der Prozentzahlen zu berechnen, hätte man auch sofort eine Stichprobe der Größe 500 ziehen können. Die obige Tabelle sollte jedoch auch ein Gefühl dafür geben, wie vertrauenswürdig nun diese Endergebnisse sind.

Ist man nicht damit zufrieden, daß nur ungefähr 2/3 der Intervalle den bekannten Mittelwert enthalten, so kann man die Intervalle dadurch vergrößern, daß man zum Mittelwert in der Stichprobe nicht nur den geschätzten Standardfehler, sondern das 2- oder 3fache des Standardfehlers addiert bzw. subtrahiert. Das Programm ALMIKONF erlaubt es, Intervalle der Form [$\bar{x}$-cs/$\sqrt{n}$, $\bar{x}$+cs/$\sqrt{n}$] zu berechnen. Für c=2 und c=3 erhielten wir die folgenden Werte (es wurden 5mal je 100 Stichproben gezogen).

Konfidenzintervalle für den Mittelwert in der Altersverteilung 163

c	2			3		
n	10	50	100	10	50	100
%	97	97	98	100	100	100
	93	95	95	99	100	100
	91	97	92	98	100	99
	94	92	94	100	100	100
	94	100	98	97	100	100
	93.8	96.2	95.4	98.8	100.0	99.8

Tabelle 16.2: Prozentzahlen der Intervalle, die den Mittelwert in der Grundgesamtheit überdecken

Die Erfolgsquoten sind also deutlich erhöht, dafür sind allerdings die Intervalle doppelt bzw. dreimal so lang. Wir wollen jetzt diese Erfolgsquoten vergleichen mit den Wahrscheinlichkeiten $P(Y \in [-c,c])$ für $c = 1, 2, 3$ und $N(0,1)$-verteiltes Y. Multipliziert man diese Wahrscheinlichkeiten mit 100, so erhält man die folgenden Werte:

c	1	2	3
$100 P(Y \in [-c,c])$	68.27	95.45	99.73

Tabelle 16.3: Das 100fache der Wahrscheinlichkeiten $P(Y \in [-c,c])$

Bei der Standardnormalverteilung kann man also erwarten, daß 68.27% der Beobachtungen im Intervall [-1,1], 95.45% der Beobachtungen im Intervall [-2,2] und 99.73% im Intervall [-3,3] liegen. Für eine beliebige $N(\mu,\sigma^2)$-Verteilung (man beachte, daß μ jetzt der Parameter der Normalverteilung ist und nicht der bekannte Mittelwert in der Altersverteilung) gilt der letzte Satz mit denselben Prozentzahlen und den Intervallen $[\mu-\sigma,\mu+\sigma]$, $[\mu-2\sigma,\mu+2\sigma]$ und $[\mu-3\sigma,\mu+3\sigma]$, d.h. bei normalverteilten Beobachtungen weichen im Schnitt ungefähr 2/3 der Beobachtungen um weniger als eine Standardabweichung vom Mittelwert ab, ungefähr 95% um weniger als das 2fache der Standardabweichung und ungefähr 99% um weniger als das 3fache der Standardabweichung. Diese Prozentzahlen stimmen ungefähr mit unseren Erfolgsquoten in den obigen Tabellen überein. Dies läßt sich dadurch erklären, daß die Mittelwerte in den Stichproben aus der Altersverteilung der Bundesrepublik Deutschland im Jahre 1974 schon bei relativ kleinem Stichprobenumfang n annähernd normalverteilt sind, und $s/\sqrt{n}$ ist gerade die geschätzte Standardabweichung des Mittelwerts $\bar{x}$.

In praktischen Situationen wird man sicherlich nicht ein c vorgeben, sondern man stellt einen gewissen Vertrauensanspruch an seine Intervalle. Man möchte die Sicherheit haben, daß solche Intervalle in 90 oder 95% aller Fälle den "wahren" Mittelwert einfangen. In solchen Fällen ist zu einem vorgegebenen Prozentsatz das entsprechende c zu bestimmen, und man kann dann zu 90 oder 95% darauf vertrauen, daß der richtige Mittelwert in solch einem Intervall liegt. Wie wir oben gesehen haben, muß er nicht unbedingt in solch einem Intervall liegen. Aber wenn man wiederholt Intervalle nach der obigen Vorschrift zum selben Prozentsatz bildet, wird in 90 oder 95% aller Fälle der richtige Mittelwert eingefangen. Man nennt solche Intervalle Vertrauens- oder Konfidenzintervalle und den vorgegebenen Prozentsatz, dividiert durch 100, die Vertrauens oder Konfidenzwahrscheinlichkeit.

Wir hatten oben gesehen, daß bei vorgebenem c (=1, 2, 3) die sich einstellende Konfidenzwahrscheinlichkeit mit den Wahrscheinlichkeiten $P(Y \epsilon [-c,c])$ annähernd übereinstimmt. Gebe ich eine Konfidenzwahrscheinlichkeit von 0.9 vor, so muß ich also dasjenige c bestimmen, für das $P(Y \epsilon [-c,c]) = 0.9$ gilt, wenn Y eine Standardnormalverteilung besitzt. Da die Dichte der Standardnormalverteilung symmetrisch um 0 ist, erfüllt c die obige Bedingung genau dann, wenn $F(c) = P(-\infty \leq Y \leq c) = 0.95$, denn in diesem Fall ist die Fläche unter der Dichte rechts von c gleich 0.05 und wegen der Symmetrie die Fläche unter der Dichte links von -c auch 0.05, also die Fläche zwischen -c und c gleich 0.9 (siehe Programm NORMAL).

Die Tabelle 16.4 gibt zu verschiedenen vorgegebenen Wahrscheinlichkeiten die mit dem Programm NORMAL bestimmten Werte für c und die mit dem Programm ALMIKONF bestimmten Erfolgsquoten. Es wurden jeweils 5mal je 100 Stichproben mit dem Stichprobenumfang n=50 gezogen. Wir haben hier nur Stichproben der Größe 50 gezogen, da wir oben gesehen haben, daß die Erfolgsquoten nicht sehr stark von n abhängen. Dies liegt daran, daß die Verteilung der Mittelwerte in Stichproben aus der Altersverteilung schon für n=10 nahezu normalverteilt ist (siehe Programme ALTMIHI und STALMIHI).

$P(Y \epsilon [-c,c])$	0.6	0.8	0.9	0.95
c	0.841	1.282	1.645	1.960
%	65 57 65 63 64	78 79 80 80 78	93 86 91 92 92	97 97 94 94 96
Mittel	62.8	79.0	90.8	95.6

Tabelle 16.4: Prozentzahlen der Intervalle, die den Mittelwert in der Grundgesamtheit überdecken

Man sieht, daß die Erfolgsquoten ungefähr in der aufgrund der theoretischen Überlegungen vorhergesagten Größenordnung liegen. Es muß allerdings noch ausdrücklich darauf hingewiesen werden, daß unsere theoretischen Überlegungen nicht ganz exakt sind. Die Aussagen über die Standardnormalverteilung gelten für die bekannte Standardabweichung σ. Wir haben implizit benutzt, daß $\sqrt{n}(\bar{X}-\mu)/\sigma$ für normalverteilte Beobachtungen verteilt ist wie N(0,1). Bei der Berechnung unserer Intervalle haben wir aber die geschätzte Standardabweichung s anstelle σ verwendet und $\sqrt{n}(\bar{X}-\mu)/S$ ist nicht exakt wie N(0,1) verteilt. Bekannt ist die Verteilung von $\sqrt{n-1}(\bar{X}-\mu)/S$, nämlich Students t mit n-1 Freiheitsgraden. (Es ist zu beachten, daß wir bei der Berechnung von s im Nenner n verwendet haben. Hätten wir dort n-1 verwendet, wie es auch häufig geschieht, so müßten wir jetzt mit $\sqrt{n}$ multiplizieren, um auf eine t-Verteilung zu kommen.) Für großes n ist dieser Fehler allerdings unerheblich, da die t-Verteilung mit wachsendem n gegen die Standardnormalverteilung strebt. Bei kleinen Stichprobenumfängen sollte man aber für c

Prozentpunkte der t-Verteilung benutzen. Dies geschieht auch im Programm SIMKO-NOR. Dort werden Stichproben aus normalverteilten Zufallsvariablen simuliert, und für jede Stichprobe wird ein Konfidenzintervall nach der Formel $[\bar{x}-cs/\sqrt{n-1}, \bar{x}+cs/\sqrt{n-1}]$ berechnet. Dabei wird der Faktor c mit Hilfe der t-Verteilung so bestimmt, daß eine vorgegebene Überdeckungswahrscheinlichkeit erreicht wird.

Wir wollen die Ergebnisse aus diesem Abschnitt zusammenfassen. Statt eines Punktschätzers kann man auch ein ganzes Intervall als Schätzer für einen unbekannten Parameter angeben, indem man zu dem Punktschätzer noch ein Vielfaches seiner Standardabweichung addiert bzw. subtrahiert. Wie wir gesehen haben, muß dieses Intervall nicht unbedingt den richtigen Parameter überdecken. Je größer das Vielfache, das addiert bzw. subtrahiert wird, desto größer die Überdeckungs- oder Konfidenzwahrscheinlichkeit. Da hier der Punktschätzer $\bar{X}$ näherungsweise normalverteilt ist, stimmen die Überdeckungswahrscheinlichkeiten für das Vielfache c mit den Wahrscheinlichkeiten $P(Y \in [-c,c])$ für $N(0,1)$-verteiltes Y überein. Dieser Zusammenhang ermöglicht es auch, die Überdeckungswahrscheinlichkeit vorzugeben.

17. SIMKONOR

A: Programmbeschreibung

Kurzbeschreibung:
Es werden n Realisationen normalverteilter Zufallsvariablen simuliert und es wird nach der Formel:

$$[\bar{x}-t(n-1,\alpha/2)s/\sqrt{(n-1)},\ \bar{x}+t(n-1,\alpha/2)s/\sqrt{(n-1)}]$$

ein Konfidenzintervall zur Wahrscheinlichkeit (1-α) für den Erwartungswert µ berechnet und graphisch dargestellt. Dabei ist $\bar{x}$ der Mittelwert in der Stichprobe, s die geschätzte Standardabweichung und t(n-1,α/2) der 100(1-α/2)-Prozentpunkt der t-Verteilung mit n-1 Freiheitsgraden.

Menü:
```
Eingabe der Parameter µ und σ                        ==> 1
Simulation: k Stichproben der Größe n                ==> 2
Simulation: k Stichproben der Größe n (Drucker)      ==> 3
Simulation mit wachsendem Stichprobenumfang n        ==> 4
Simulation mit wachsendem Stichprobenumfang n (Drucker) ==> 5
Kurzbeschreibung                                     ==> 6
Programmende                                         ==> 9
```

17.1 Eingabe der Parameter µ und σ

Eingabe: µ und σ

17.2 Simulation: k Stichproben der Größe n (>1)

Es werden k Stichproben jeweils mit dem gleichen Umfang n gezogen. Für jede Stichprobe wird ein Konfidenzintervall zur Wahrscheinlichkeit (1-α) berechnet und graphisch dargestellt.

Eingabe: Umfang n der Stichproben und Anzahl k der Stichproben (k≤10000)

Eingabe: Konfidenzwahrscheinlichkeit (1-α)

Skalierung:

Bildschirm-Skalierung: Die Konfidenzintervalle werden auf dem Bildschirm waagerecht liegend dargestellt. Die Skala ist symmetrisch um µ. Das Programm berechnet eine Skala, so daß möglichst viele Konfidenzintervalle ganz in den Bereich dieser Skala fallen. Diese Skala kann jedoch vom Benutzer geändert werden (z.B. Rundung der Skalengrenzen oder Verkleinerung der Skala bei wachsendem Stichprobenumfang).

J(a)/N(ein)-Abfrage: Andere Werte?
Hier kann die vom Rechner vorgeschlagene Skalierung geändert werden. Falls "J" eingegeben wird:

Simulation von Konfidenzintervallen bei Normalverteilung 167

Eingabe: B-μ.

B ist die rechte Grenze der Skala, μ der Mittelpunkt der Skala.

Ausgabe: Graphische Darstellung der Konfidenzintervalle (siehe Abbildung 17.1)

Die Konfidenzintervalle werden auf dem Bildschirm graphisch dargestellt, soweit sie in den Bereich der Skala [A,B] fallen. Die Skala ist symmetrisch um μ. Der Mittelpunkt der Konfidenzintervalle wird durch einen Stern gekennzeichnet. Überdeckt ein Konfidenzintervall nicht den vorgegebenen Mittelwert μ, so wird am rechten Rand das Zeichen "&" gedruckt. Ferner wird am rechten Rand jeweils angegeben, von wieviel Prozent der bisher berechneten Konfidenzintervalle der Parameter μ überdeckt wurde.

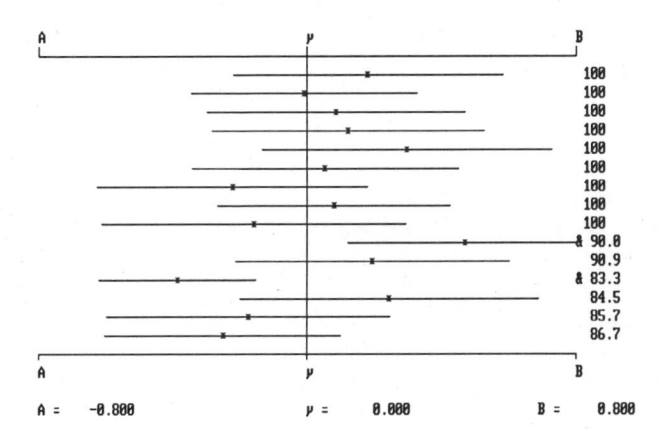

```
A                    μ                              B
├─────────────────────┼──────────────────────────────┤
              ─────────── * ───────────            100
                ───────── * ─────────              100
                 ──────── * ────────               100
                ───────── * ──────────             100
           ────────────── * ──────────             100
                    ───── * ──────                 100
              ─────────── * ───────────            100
                  ─────── * ────────               100
                         ─── * ───────────── &  90.0
                ───────── * ─────────              90.9
       ────────── * ──────────                 &  83.3
                  ────────── * ──────────          84.5
              ──────────── * ──────────            85.7
          ────── * ──────                          86.7
├─────────────────────┼──────────────────────────────┤
A                    μ                              B

   A =   -0.000        μ =    0.000        B =    0.000
```

<u>Abbildung 17.1</u>: Graphische Darstellung der Konfidenzintervalle bei festem Stichprobenumfang.

Ausgabe: Protokoll

```
┌────────────────────────┬──────────────┬──────────────┐
│ Programm: SIMKONOR     │  Protokoll   │              │
├────────────────────────┴──────────────┴──────────────┤
│  μ =  0.000   σ =  1.000   n =  20   k =  15   (1-α) = 0.900 │
├──────────────────────────────────────────────────────┤
│                                                      │
│                                                      │
│   Simuliert wurden   15 Konfidenzintervalle für den Erwartungswert │
│   der Normalverteilung mit den Parametern  μ =   0.000 und │
│   σ =    1.000  zur Konfidenzwahrscheinlichkeit (1-α) = 0.900 . │
│                                                      │
│   Umfang jeder Stichprobe         n =     20         │
│   Anzahl der Stichproben          k =     15         │
│   Konfidenzwahrscheinlichkeit (1-α) =      0.900     │
│   t( 19 , 0.0500)                 =      1.729       │
│                                                      │
│   In   13 von  15 Fällen (=  86.7 %) überdeckte das Konfidenzintervall │
│   den Wert des Parameters μ.                         │
│                                                      │
│                                                      │
└──────────────────────────────────────────────────────┘
```

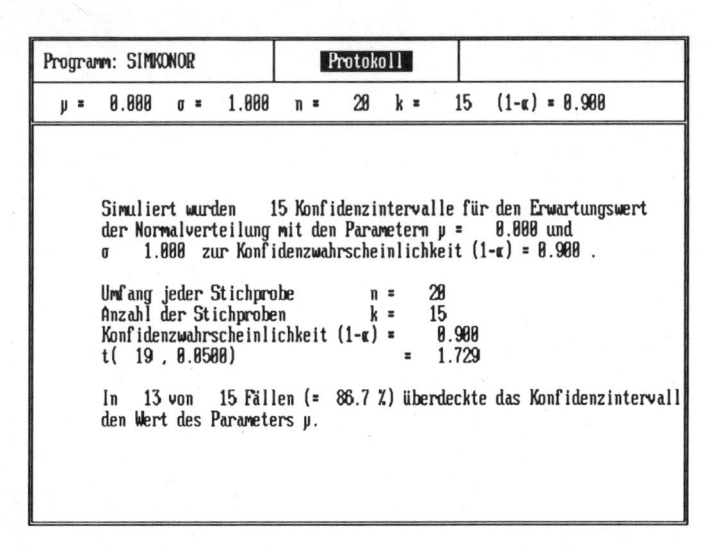

<u>Abbildung 17.2</u>: Ausgabe des Protokolls

Im Protokoll wird noch einmal das Gesamtexperiment zusammengefaßt. Insbesondere wird angegeben, in wie vielen Fällen (auch in %) der Parameter μ von den Konfidenzintervallen überdeckt wurde (siehe Abbildung 17.2).

17.3 Simulation: k Stichproben der Größe n (Drucker) (>1)

Siehe 17.2. Die Ausgabe erfolgt über den Drucker im Textmodus. Daher ist das Auflösungsvermögen geringer als bei der Darstellung auf dem Bildschirm.

17.4 Simulation mit wachsendem Stichprobenumfang n (>1)

Die Stichprobe wird sukzessive vergrößert. Zu den bereits gezogenen Werten werden weitere dazu gezogen.

Eingabe: Umfang der 1. Stichprobe (≤ 100)

Eingabe: Um wieviel soll die Stichprobe jeweils vergrößert werden? Anzahl (≤ 100)

Beginnend mit der 1. Stichprobe wird der Stichprobenumfang jeweils um den gleichen Betrag, der hier einzugeben ist, vergrößert. Zu den bereits vorhandenen Werten werden also jeweils noch die gleiche Anzahl von Werten hinzugefügt.

Eingabe: Anzahl der Stichproben insgesamt (Anzahl ≤ 1000)

Eingabe: Konfidenzwahrscheinlichkeit (1-α)

Skalierung: (Siehe 17.2.)

Ausgabe:

Siehe 17.2. Am rechten Rand wird jetzt nach jeder 5. Stichprobe der Stichprobenumfang angegeben (siehe Abbildung 17.3). Im Protokoll wird das Konfidenzintervall für den kleinsten und größten Stichprobenumfang angegeben (siehe Abbildung 17.4).

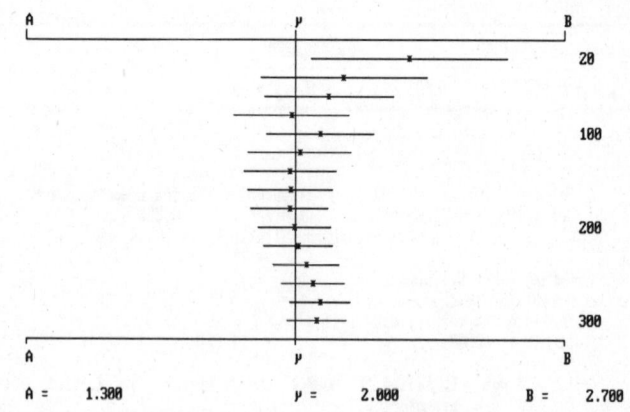

Abbildung 17.3: Graphische Darstellung der Konfidenzintervalle bei wachsendem Stichprobenumfang

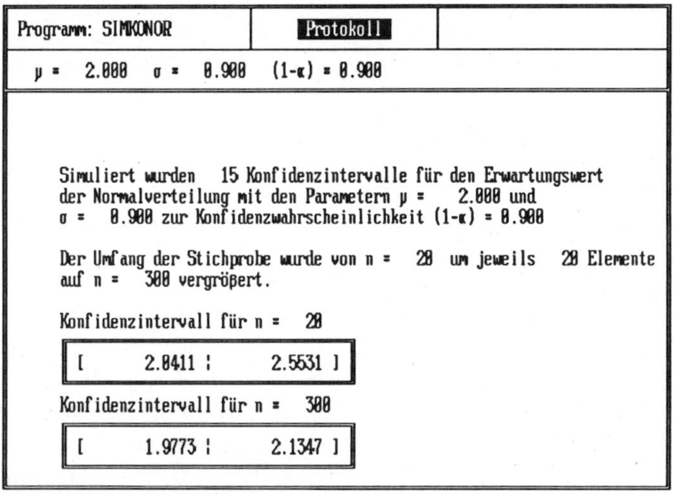

Simulation von Konfidenzintervallen bei Normalverteilung 169

```
Programm: SIMKONOR          Protokoll
  µ =  2.000   σ =  0.900    (1-α) = 0.900

  Simuliert wurden  15 Konfidenzintervalle für den Erwartungswert
  der Normalverteilung mit den Parametern µ =   2.000 und
  σ =   0.900 zur Konfidenzwahrscheinlichkeit (1-α) = 0.900

  Der Umfang der Stichprobe wurde von n =   20  um jeweils   20 Elemente
  auf  n =   300 vergrößert.

  Konfidenzintervall für n =   20
      [    2.0411 ;    2.5531 ]
  Konfidenzintervall für n =   300
      [    1.9773 ;    2.1347 ]
```

Abbildung 17.4: Ausgabe des Protokolls

17.5 Simulation mit wachsendem Stichprobenumfang n (Drucker) (>1)

Siehe 17.4. Die Ausgabe erfolgt über den Drucker im Textmodus. Daher ist das Auflösungsvermögen geringer als bei der Darstellung auf dem Bildschirm.

B: Übungen

1.) Machen Sie sich mit dem Programm vertraut, indem Sie alle möglichen Größen variieren.

2.) Erzeugen Sie jeweils 100 Stichproben der gleichen Größe. Beobachten Sie Länge und Lage der Konfidenzintervalle. Wie verändert sich die Länge mit wachsender Stichprobengröße bzw. mit wachsender Konfidenzwahrscheinlichkeit? Variieren Sie jeweils eine der beiden zuletzt genannten Größen, während Sie alle anderen konstant halten. Beachten Sie auch die Erfolgsquote, d.h. den Prozentsatz der Intervalle, die den richtigen Parameter überdecken. Welchen Einfluß haben die Parameter der simulierten Normalverteilung auf ihre Ergebnisse, insbesondere auf die Erfolgsquote?

3.) Ziehen Sie wieder möglichst oft je 100 Stichproben der gleichen Größe immer zur gleichen Wahrscheinlichkeit (z.B. 0.95) und notieren Sie die Anzahl der Intervalle, die den richtigen Parameter überdecken. Welche Verteilung besitzt diese ja zufällige Anzahl? Erzeugen Sie sich so viele Realisationen dieser Zufallsvariablen, daß Sie sich mit dem Programm DISKRET ein Stabdiagramm der relativen Häufigkeiten zeichnen lassen können. Vergleichen Sie das Stabdiagramm mit einem Stabdiagramm der Wahrscheinlichkeiten der bekannten Verteilung.

4.) Arbeiten Sie jetzt mit dem Programmpunkt 3 (wachsender Stichprobenumfang) und beobachten Sie die Veränderung der Intervalle.

C: Lernziele

Im Programm ALMIKONF hatten wir Konfidenzintervalle für den Mittelwert in der Altersverteilung nach der Formel [$\bar{x}$-cs/$\sqrt{n}$, $\bar{x}$+cs/$\sqrt{n}$] berechnet, dabei war $\bar{x}$ der Mittelwert in einer Stichprobe vom Umfang n und s/$\sqrt{n}$ ist der geschätzte Standardfehler. Die Wahrscheinlichkeit, mit der ein so gebildetes Intervall den bekannten Mittelwert enthält, stimmt ungefähr mit der Wahrscheinlichkeit P(Y$\in$[-c,c]) für N(0,1)-verteiltes Y überein, sofern der Stichprobenumfang so groß ist, daß von einer Normalverteilung des Stichprobenmittelwerts ausgegangen werden kann. Wir hatten aber schon im Programm ALMIKONF gesagt, daß die exakte Verteilung von $\sqrt{n-1}(\bar{X}-\mu)/S$ eine t-Verteilung mit n-1 Freiheitsgraden ist, die sich allerdings mit wachsendem n wieder der Normalverteilung nähert. Im Programm SIMKONOR arbeiten wir mit der exakten Verteilung.

Wir simulieren Stichproben aus normalverteilten Zufallsvariablen und geben nicht den Faktor c, sondern die Konfidenzwahrscheinlichkeit 1-α vor, d.h. die Wahrscheinlichkeit, mit der das ja zufällige Konfidenzintervall den richtigen Mittelwert (Erwartungswert) der Normalverteilung enthalten soll. Von der Standardabweichung nehmen wir an, daß sie unbekannt ist. Sie wird aus den Beobachtungen geschätzt durch die Standardabweichung in der Stichprobe s (siehe L/Z1, S.74-76). Das Intervall wird formal genauso gebildet wie im Programm ALMIKONF, nämlich nach der Formel [$\bar{x}$-cs/$\sqrt{(n-1)}$, $\bar{x}$+cs/$\sqrt{(n-1)}$]. Der Faktor c wird jetzt mit Hilfe der t-Verteilung so bestimmt, daß P($\mu\in$[$\bar{X}$-cS/$\sqrt{(n-1)}$, $\bar{X}$+cS/$\sqrt{(n-1)}$])=1-α gilt, d.h. wir müssen für c den 100(1-α/2)-Prozentpunkt der t-Verteilung mit n-1 Freiheitsgraden verwenden. Man beachte, daß die t-Verteilung wie die N(0,1)-Verteilung symmetrisch um 0 verteilt ist (siehe L/Z1, S.79-81 und Programm KRIWERTE in GSTAT2).

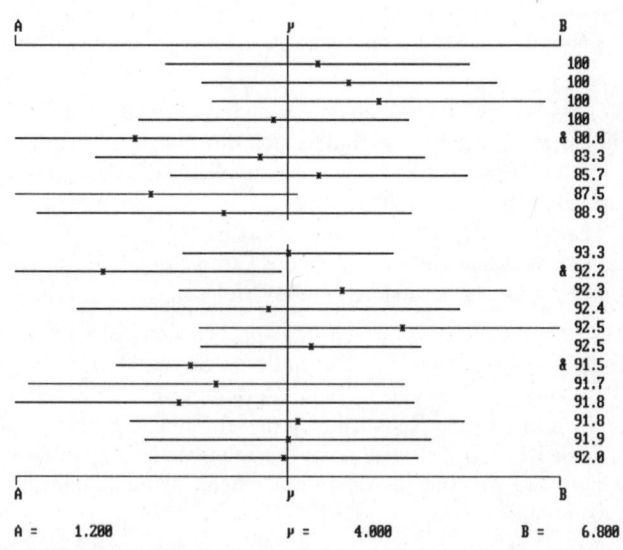

Abbildung 17.5: Konfidenzintervalle zu Stichproben der Größe 10 und zu der Wahrscheinlichkeit 0.95 (μ=4, σ=2)

Betrachten wir zunächst die erste Möglichkeit des Programms, nämlich Stichproben gleicher Größe zu ziehen. An der graphischen Darstellung der für jede Stichprobe berechne-

Simulation von Konfidenzintervallen bei Normalverteilung

ten Konfidenzintervalle sieht man, daß die Lage und die Länge der Intervalle von Stichprobe zu Stichprobe variiert (siehe Abbildung 17.5). Beide Größen sind also Zufallsvariablen. Die Variation der Länge ist mit wachsendem Stichprobenumfang auf dem Bildschirm nicht mehr so deutlich zu erkennen (siehe Abbildung 17.6). Dies ist aber dadurch zu erklären, daß die Variation der Länge der Konfidenzintervalle bei festem Stichprobenumfang und gegebener Konfidenzwahrscheinlichkeit nur durch die Variation der geschätzten Standardabweichung bedingt ist. Diese Variation nimmt aber mit wachsendem Stichpobenumfang ab. Man beachte anhand der Abbildungen 17.5 und 17.6, daß die Konfidenzintervalle mit wachsendem Stichprobenumfang wesentlich kürzer werden. Wir kommen darauf aber weiter unten noch zurück.

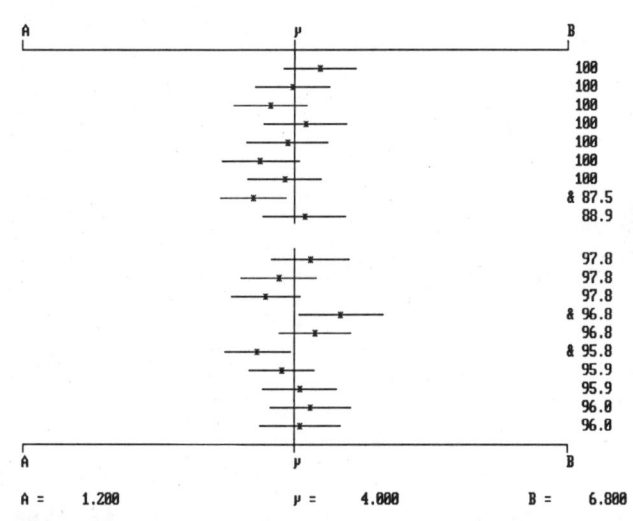

A = 1.200   μ = 4.000   B = 6.000

<u>Abbildung 17.6</u>: Konfidenzintervalle zu Stichproben der Größe 100 und zu der Wahrscheinlichkeit 0.95 ($\mu=4$, $\sigma=2$)

Abbildung 17.7 zeigt Konfidenzintervalle zum Stichprobenumfang n=10 und zu der Wahrscheinlichkeit 0.8. Ein Vergleich mit Abbildung 17.5 zeigt, daß die Intervalle bei kleinerer Konfidenzwahrscheinlichkeit kleiner werden (man beachte, daß wir in beiden Abbildungen die gleiche Skala gewählt haben). Aber diese Tatsache ist wohl auch selbstverständlich: Wenn wir nicht mehr so viel Wert darauf legen, den richtigen Parameter mit unserem Intervall einzufangen, braucht das Intervall auch nicht mehr so lang zu sein.

Auf dem Bildschirm soll auch noch einmal deutlich werden, daß nicht alle Konfidenzintervalle den vorgegebenen wahren Mittelwert enthalten. Am rechten Bildschirmrand wird dazu nach jedem Konfidenzintervall die Erfolgsquote angegeben, d.h. die Prozentzahl der bisher berechneten Intervalle, die den wahren Mittelwert enthielten. Wählt man nur die Anzahl der Stichproben hinreichend groß, so kann man sich davon überzeugen, daß sich diese Erfolgsquote auf 100(1-α) einpendelt. Und damit soll die heuristische Vorstellung, die man von Konfidenzintervallen haben sollte, deutlich gemacht werden (siehe L/Z1, S.79). Wenn man bei Schätzproblemen immer wieder Konfidenzintervalle zu derselben Wahrscheinlichkeit bildet, z.B. 0.95 und aussagt, das Intervall enthalte den Parameter, dann sind ungefähr 95 von 100 dieser Aussagen richtig. Um uns davon gründlich zu überzeugen, haben wir wiederholt (insgesamt 100mal) je 100 Stichproben normalverteilter Zufallsvariablen simuliert für jede Stichprobe ein Konfidenzintervall zur Wahrscheinlichkeit 0.95 berechnet und die Anzahl der Intervalle notiert, die den richtigen Parameter enthielten. Da wir jedesmal 100 Stichproben gezogen haben, stimmt die Anzahl mit der Prozentzahl überein und sollte in der Nähe von 95 liegen. Da es bei diesem Verfahren nicht auf die Größe der Stichproben und auch nicht auf die Parameter der simulierten Normalverteilung ankommt, geben wir ihre Werte auch gar nicht an. Die Tabelle 17.1 gibt die Häufigkeiten an, mit denen die Anzahlen erzielt wurden.

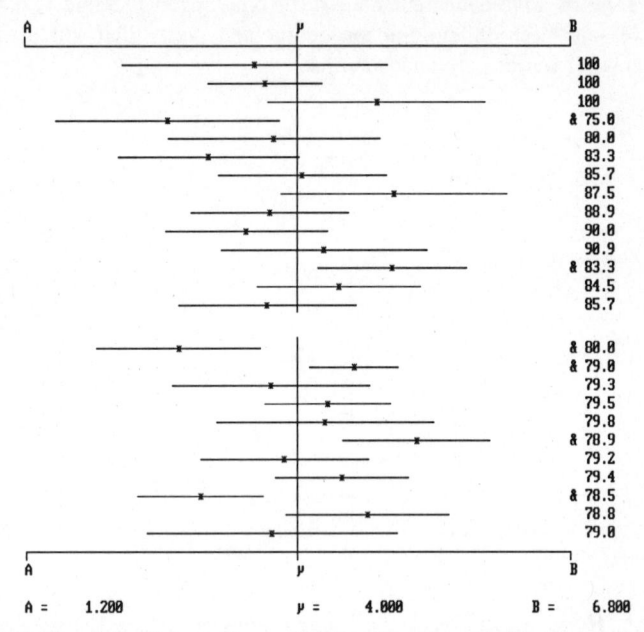

Abbildung 17.7: Konfidenzintervalle zu Stichproben der Größe 10 und zu der Wahrscheinlichkeit 0.8 ($\mu=4$, $\sigma=2$)

Anzahl	88	89	90	91	92	93	94	95	96	97	98	99
Häufigk.	1	0	2	5	6	11	11	26	19	11	6	2

Tabelle 17.1: Anzahlen überdeckter Parameter bei je 100 Konfidenzintervallen zur Wahrscheinlichkeit 0.95 und 100 Wiederholungen

Insgesamt haben wir also 10000 Konfidenzintervalle zur Wahrscheinlichkeit 0.95 berechnet. Von diesen Intervallen überdeckten 9479 den Parameter, den es zu schätzen galt, also 94.79% aller Intervalle. In Abbildung 17.8 haben wir mit dem Programm DISKRET ein Stabdiagramm der relativen Häufigkeiten gezeichnet.

In diesem Fall ist auch die Verteilung "der Anzahl der von 100 Konfidenzintervallen zur Wahrscheinlichkeit 0.95 überdeckten Parameter" vollständig bekannt. Die Erfolgswahrscheinlichkeit, daß ein Konfidenzintervall den richtigen Parameter überdeckt, ist 0.95. Die Anzahl der "Erfolge" bei 100 "Versuchen" ist dann binomialverteilt mit den Parametern $n=100$ und $\pi=0.95$. Wir haben also 100 Realisationen binomialverteilter Zufallsva-

Simulation von Konfidenzintervallen bei Normalverteilung 173

riablen vorliegen. Um die Stichprobe mit der hier bekannten wahren Verteilung zu vergleichen, zeigen wir in Abbildung 17.9 ein Stabdiagramm der Wahrscheinlichkeiten der B(100,0.95)-Verteilung.

```
0.0100    88
0.0000    89
0.0200    90
0.0500    91
0.0600    92
0.1100    93
0.1100    94
0.2600    95
0.1900    96
0.1100    97
0.0600    98
0.0200    99
```

<u>Abbildung 17.8</u>: Stabdiagramm der relativen Häufigkeiten der Anzahlen der von 100 Konfidenzintervallen zur Wahrscheinlichkeit 0.95 überdeckten Parameter bei 100 Wiederholungen

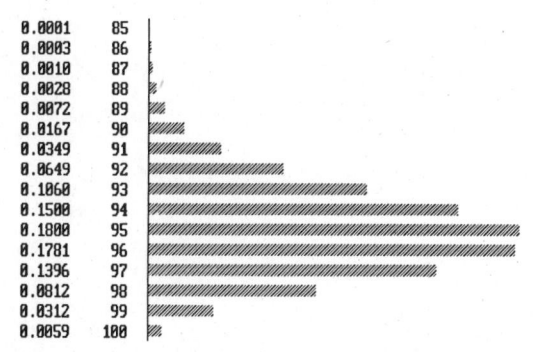

```
0.0001     85
0.0003     86
0.0010     87
0.0028     88
0.0072     89
0.0167     90
0.0349     91
0.0649     92
0.1060     93
0.1500     94
0.1800     95
0.1781     96
0.1396     97
0.0812     98
0.0312     99
0.0059    100
```

<u>Abbildung 17.9</u>: Stabdiagramm der Wahrscheinlichkeiten der B(100,0.95)-Verteilung

Gehen wir nun zur zweiten Möglichkeit, die uns das Programm SIMKONOR bietet. Wir beginnen mit einem Stichprobenumfang n und vergrößern dann n jeweils um einen festen Betrag. Die bereits gezogenen Werte in der Stichprobe bleiben erhalten, es werden lediglich in jedem Schritt neue Werte hinzugefügt. In der graphischen Darstellung (siehe Abbildung 17.10) wird deutlich, daß die Länge der Konfidenzintervalle mit wachsendem n abnimmt, jedoch nur langsam, nämlich, von zufälligen Schwankungen abgesehen, ungefähr proportional zu $1/\sqrt{n-1}$, wie man der Formel zur Bildung der Konfidenzintervalle entnehmen kann. Man beachte, daß die Vertrauenswürdigkeit für alle Intervalle die gleiche ist. Alle Intervalle werden zur gleichen Konfidenzwahrscheinlichkeit $1-\alpha$ gebildet. Auch hier ist zu sehen, daß nicht alle Intervalle den wahren Mittelwert enthalten. Da hier jedoch zu den vorhandenen Werten in der Stichprobe immer weitere Werte hinzugefügt werden und nicht die Stichproben komplett neu gezogen werden, ist es so, daß eine einmal vorhandene Tendenz in den Stichproben erhalten bleibt, d.h. enthält ein berechnetes Konfidenzintervall den wahren Mittelwert nicht, so ist es sehr "wahrscheinlich", daß auch das nächste Konfidenzintervall den wahren Mittelwert nicht enthält. Liegt umgekehrt der wahre Mittelwert gut in der Mitte des berechneten Konfidenzintervalls, so wird auch das nächste Intervall den Mittelwert enthalten. Dies gilt jedenfalls, sobald der Betrag, um den die Stichprobe vergrößert wird, klein ist im Vergleich zum aktuellen Stichprobenumfang.

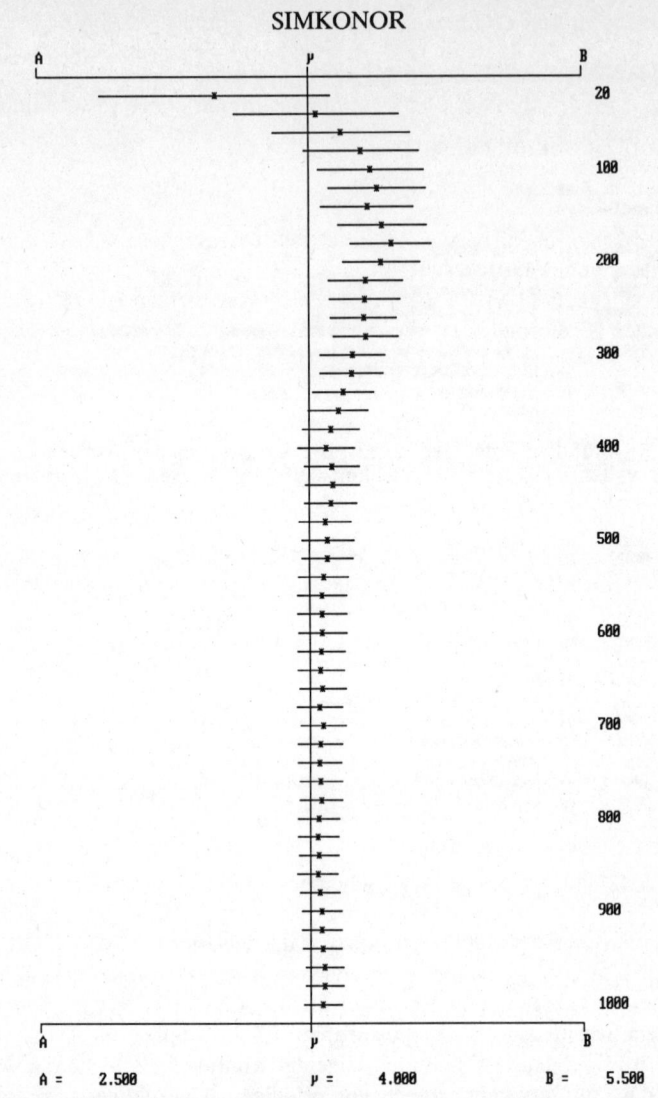

Abbildung 17.10: Konfidenzintervalle mit wachsendem Stichprobenumfang ($\mu=4$, $\sigma=2$, $1-\alpha=0.9$)

18. SIKOALAN

A: Progammbeschreibung

Kurzbeschreibung:

Für wachsende Stichprobenumfänge n wird jeweils eine Stichprobe aus der Altersverteilung der Bundesrepublik Deutschland im Jahre 1974 gezogen und ein Konfidenzintervall zur Wahrscheinlichkeit (1-α) für den Anteil der Personen, deren Alter im Intervall [A,B] liegt, nach der Formel

$$[p-z(\alpha/2)\sqrt{p(1-p)/n},\ p+z(\alpha/2)\sqrt{p(1-p)/n}]$$

berechnet und graphisch dargestellt. Dabei ist p der Anteil in der Stichprobe und z(α/2) der 100(1-α/2) Prozentpunkt der N(0,1)-Verteilung.

Menü:

```
        Eingabe der Altersgrenzen A und B    ==> 1
        Simulation                           ==> 2
        Simulation (Drucker)                 ==> 3
        Kurzbeschreibung                     ==> 4
        Programmende                         ==> 9
```

18.1 Eingabe der Altersgrenzen A und B

Eingabe: Untere Altersgrenze A (0≤A≤99) und obere Altersgrenze B (A≤B≤99)

18.2 Simulation (>1)

Eingabe: Umfang der 1. Stichprobe

Eingabe: Um wieviel soll die Stichprobe jeweils vergrößert werden?

Beginnend mit der 1. Stichprobe wird die Stichprobe jeweils um den gleichen Betrag, der hier einzugeben ist, vergrößert. Zu den bereits vorhandenen Werten werden also jeweils noch die gleiche Anzahl von Werten hinzugefügt.

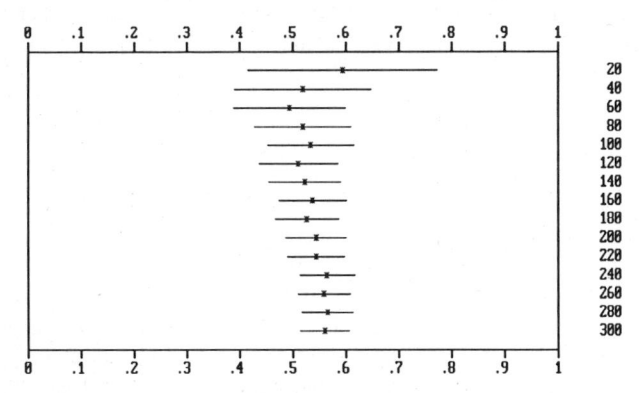

Abbildung 18.1: Graphische Darstellung der Konfidenzintervalle

Eingabe: Anzahl der Stichproben insgesamt und der Konfidenzwahrscheinlichkeit (1-α)

Ausgabe: Graphische Darstellung der Konfidenzintervalle (siehe Abbildung 18.1)

Die Konfidenzintervalle werden auf dem Bildschirm graphisch dargestellt, soweit sie in das Intervall [0,1] fallen. Der Mittelpunkt der Konfidenzintervalle, also p, wird durch einen Stern gekennzeichnet. Am rechten Rand wird jeweils der Stichprobenumfang angegeben.

Ausgabe: Protokoll

Das Gesamtexperiment wird in einem Protokoll zusammengefaßt. Das Konfidenzintervall für den kleinsten und größten Stichprobenumfang wird angegeben sowie der Anteil in der Grundgesamtheit.

```
Programm: SIKOALAN          Simulation
A = 18    B = 65   (1-α) = 0.900

                      Protokoll

    Simuliert wurden Konfidenzintervalle zur Konfidenzwahrschein-
    lichkeit 0.900 für den Anteil der Personen in der Bevölkerung
    im Jahre 1974, deren Alter im Intervall [ 18, 65] liegt.

    Der Umfang der Stichprobe wurde von n =   20 um jeweils  20
    Elementen auf n =   300 Elemente vergrößert.

    Konfidenzintervall für n =      20 : [ 0.420, 0.780]
    Konfidenzintervall für n =     300 : [ 0.520, 0.614]

    Anteil in der Grundgesamtheit:  0.610
```

Abbildung 18.2: Ausgabe des Protokolls

18.3 Simulation (Drucker) (>1)

Siehe 18.2. die Ausgabe erfolgt über den Drucker im Textmodus. Daher ist das Auflösungsvermögen geringer als bei der Ausgabe auf dem Bildschirm.

B: Übungen

1.) Machen Sie sich mit dem Programm vertraut, indem Sie alle möglichen Größen variieren.

2.) Simulieren Sie für verschiedene Altersintervalle [A,B] möglichst mehrmals Konfidenzintervalle für den Anteil π der Personen in der Bundesrepublik Deutschland im Jahre 1974, deren Alter im Intervall [A,B] lag. Beginnen Sie etwa mit der Stichprobengröße 10, vergrößern Sie die Stichprobe jeweils um 10 und ziehen Sie insgesamt 100 Stichproben. Beobachten Sie die Lage und Länge der Konfidenzintervalle. Wie würden Sie den Anteil π schätzen? Vergleichen Sie Ihren Schätzwert mit dem bekannten Anteil, der im Protokoll angegeben wird. Wird der bekannte Anteil immer vom letzten

Konfidenzintervall überdeckt? Wenn nein, wie oft wird der bekannte Anteil ungefähr vom letzten Konfidenzintervall überdeckt? Variieren Sie auch die Konfidenzwahrscheinlichkeit.

3.) Schätzen Sie den Anteil der Personen, deren Alter ≤ 18, ≥65 sowie den Anteil der Personen, die älter oder jünger als der Erwartungswert (37.27) waren.

C: Lernziele

Im Programm SIKOALAN werden Konfidenzintervalle für den Anteil π der Personen berechnet, deren Alter in einem Intervall [A,B] liegt.

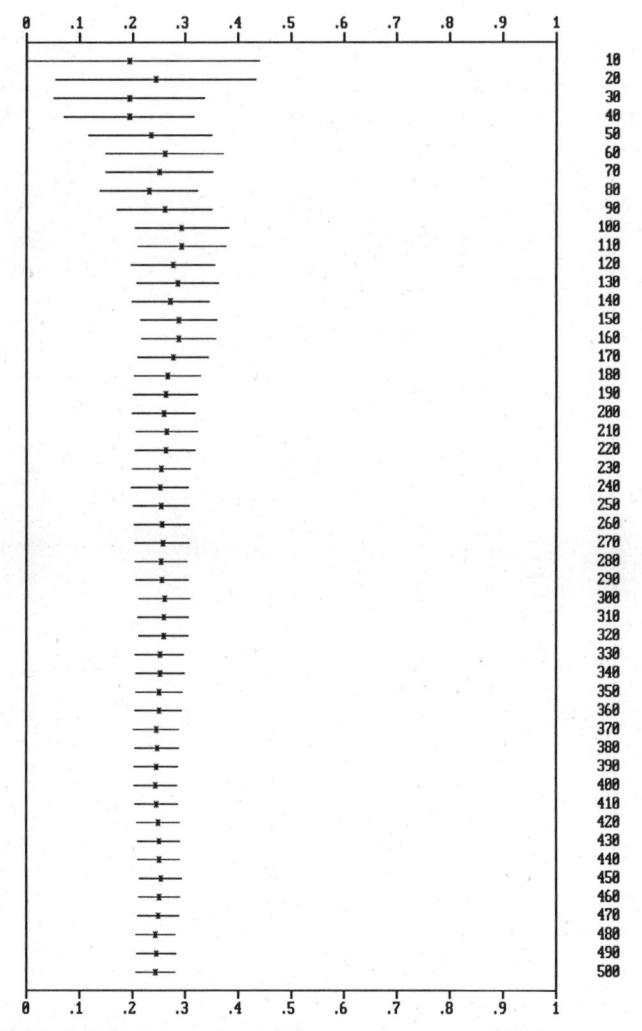

Abbildung 18.3: Konfidenzintervalle zur Wahrscheinlichkeit 0.95 für den Anteil der Personen, die 18 Jahre oder jünger sind

Die Intervalle werden nach der Formel $[p-z(\alpha/2)\sqrt{p(1-p)/n}, p+z(\alpha/2)\sqrt{p(1-p)/n}]$ berechnet, wobei p der Anteil der Personen in der Stichprobe ist, deren Alter im Intervall [A,B] liegt. Man bemerke, daß p als Mittelwert (=x/n, wenn x die Anzahl der Personen ist, deren Alter im Intervall [A,B] liegt) aufgefaßt werden kann und daß der Standardfehler von p geschätzt wird durch $\sqrt{p(1-p)/n}$ (siehe L/Z1, S.76). Formal wird das Konfidenzintervall also wieder wie im Programm ALMIKONF nach der Formel "*Mittelwert ± c * geschätzter Standardfehler*" berechnet. Für c verwenden wir hier $z(\alpha/2)$, den $100(1-\alpha/2)$-Prozentpunkt der N(0,1)-Verteilung. Dies beruht auf der Tatsache, daß die Verteilung von p für großes n angenähert werden kann durch eine Normalverteilung (siehe L/Z1, S.80). Das Programm SIKOALAN ist aufgebaut wie die zweite Möglichkeit im Programm SIMKONOR, d.h. die Stichproben werden sukzessive vergrößert.

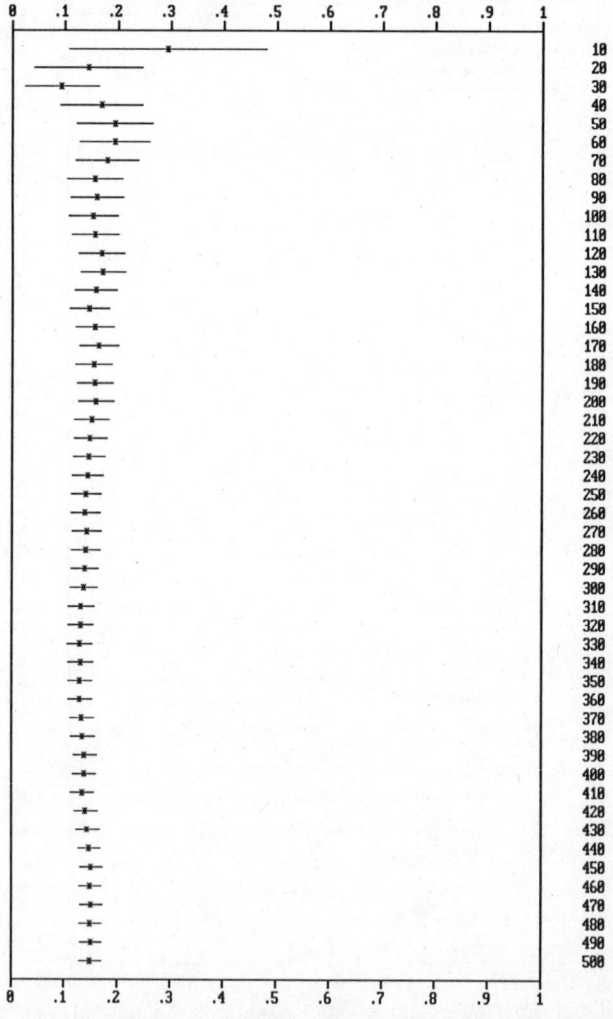

Abbildung 18.4: Konfidenzintervalle zur Wahrscheinlichkeit 0.8 für den Anteil der Personen im Alter ≥ 65

Simulation von Konfidenzintervallen für einen Anteilswert 179

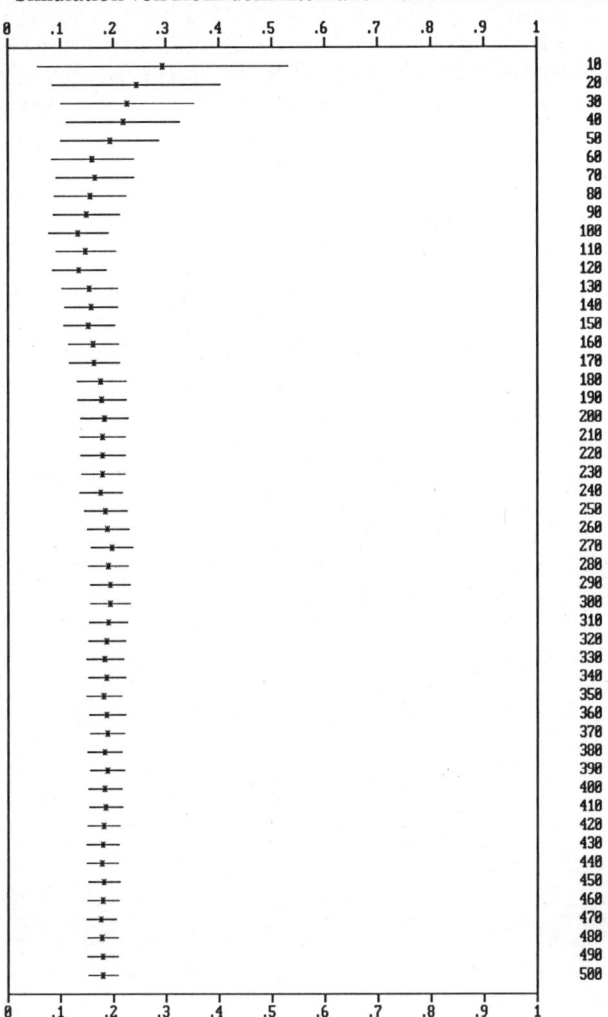

Abbildung 18.5: Konfidenzintervalle zur Wahrscheinlichkeit 0.9 für den Anteil der Personen im Alter ≥ 65

Man kann in der graphischen Darstellung den Pfad der "Mittelwerte" p beobachten, wie sie sich allmählich auf einen festen Wert einpendeln und wie der zugehörige Standardfehler, der aufgrund der Konstruktion der Konfidenzintervalle proportional zu der Breite der Konfidenzintervalle ist, immer mehr abnimmt (siehe Abbildung 18.3). Den letzten Wert eines solchen Pfades können wir dann als Schätzer des gesuchten Anteils verwenden. Wiederholt man die Simulation mit denselben Eingabewerten, so wird man ein anderes Bild bekommen. Die "Pfade" der Konfidenzintervalle sind zufällig, wobei die größten Unterschiede am Anfang auftreten, zum Ende hin werden die Intervalle kürzer und befinden sich mehr und mehr in der Nähe des zu schätzenden Parameters. Es ist aber nicht so, daß dieser Parameter immer vom letzten Intervall überdeckt wird, wie man möglicherweise nach wenigen Simulationen bei hoher Konfidenzwahrscheinlichkeit meinen mag. Wiederholt man nur die Simulationen hinreichend oft, so wird man bald feststellen, daß der richtige Parameter, der ja im Protokoll angegeben wird, durchaus nicht immer vom letzten Konfidenzintervall eingefangen wird. Nach Konstruktion der Intervalle sollte das auch nur in ungefähr $100(1-\alpha)\%$ der Fälle geschehen. Auf die Frage, wie genau die Konfidenzwahrscheinlichkeit von den simulierten Intervallen eingehalten wird, gehen wir hier nicht weiter ein, sondern verweisen auf das Programm SIMKOBIN. Man beachte noch, daß die Intervalle mit höherer Konfidenzwahrscheinlichkeit breiter werden (siehe Abbildungen 18.4 und 18.5).

Es kann vorkommen, daß die berechneten Konfidenzintervalle über den Bereich der Skala hinausgehen, daß also die linke Grenze kleiner als Null oder die rechte Grenze größer als 1 ist, wenn die zu schätzenden Anteile entweder sehr klein oder sehr groß sind. Dies gibt natürlich keinen Sinn, da Anteile immer zwischen 0 und 1 liegen. Wir fassen dann den Teil des Intervalls, der im Bereich der Skala, d.h. im Intervall [0,1], liegt, als Konfidenzintervall auf.

19. SIMKOBIN

Programmbeschreibung

Kurzbeschreibung:

Es werden Realisationen $B(n,\pi)$-verteilter Zufallsvariablen X simuliert, und für jede Realisation x wird nach der Formel

$$[p-z(\alpha/2)\sqrt{p(1-p)/n},\ p+z(\alpha/2)\sqrt{p(1-p)/n}]$$

ein Konfidenzintervall für π berechnet und graphisch dargestellt.
Dabei ist $p=x/n$ und $z(\alpha/2)$ der $100(1-\alpha/2)$ Prozentpunkt der $N(0,1)$-Verteilung.

Menü:

```
            Eingabe der Parameter      ==> 1
            Simulation                 ==> 2
            Simulation (Drucker)       ==> 3
            Kurzbeschreibung           ==> 4
            Programmende               ==> 9
```

19.1 Eingabe der Parameter

Eingabe: π und n

19.2 Simulation (>1)

Eingabe: Anzahl m der Simulationen

Es werden m Realisationen $B(n,\pi)$-verteilter Zufallsvariablen simuliert, und es wird jeweils ein Konfidenzintervall berechnet.

Eingabe: Konfidenzwahrscheinlichkeit $(1-\alpha)$

Ausgabe: Graphische Darstellung der Konfidenzintervalle (siehe Abbildung 19.1)

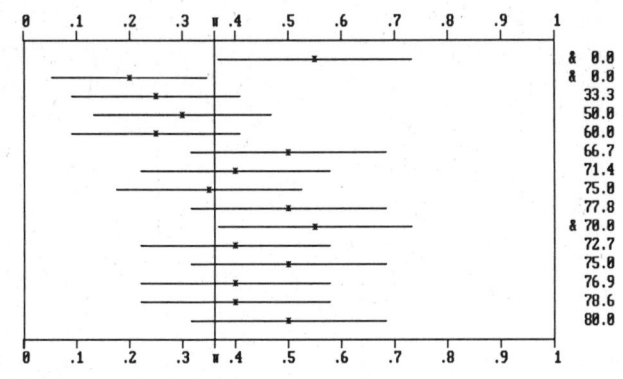

Abbildung 19.1: Graphische Darstellung der Konfidenzintervalle

Die Konfidenzintervalle werden auf dem Bildschirm graphisch dargestellt, soweit sie in das Intervall [0,1] fallen. Der Mittelpunkt der Konfidenzintervalle wird durch einen Stern gekennzeichnet. Überdeckt ein Konfidenzintervall nicht den vorgegebenen Parameter π, so wird am rechten Rand das Zeichen "&" gedruckt. Ferner wird am rechten Rand jeweils angegeben, von wieviel Prozent der bisher berechneten Konfidenzintervalle der Parameter π überdeckt wurde.

<u>Ausgabe</u>: Protokoll

```
Programm: SIMKOBIN          Simulation

n =  20   π = 0.360   m =  15   (1-α) = 0.900


                        Protokoll

        Simuliert wurden Konfidenzintervalle für den Parameter π der
        Binomialverteilung mit den Parametern π = 0.360 und n =  20
        zur Konfidenzwahrscheinlichkeit (1-α) = 0.900 .


        Anzahl der Stichproben         m =     15
        Konfidenzwahrscheinlichkeit (1-α) =     0.900
        z (0.0500) =   1.645

        In  12 von  15 Fällen ( = 80.0%) überdeckte das Konfidenzintervall
        den Wert des Parameters π.
```

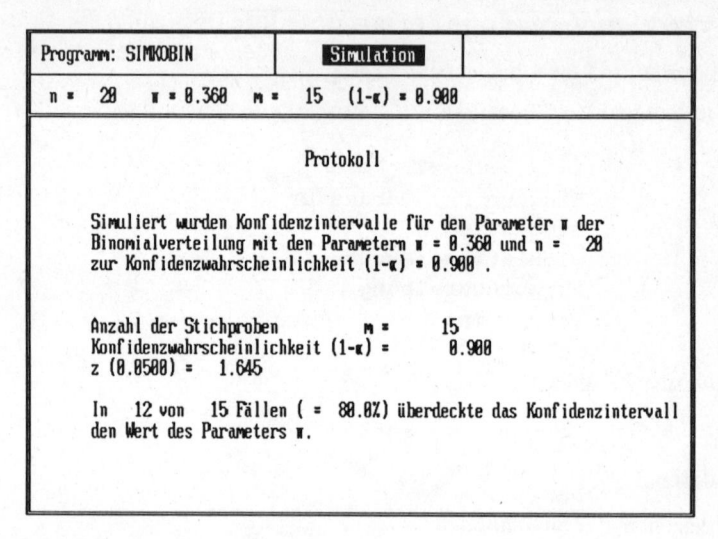

<u>Abbildung 19.2</u>: Ausgabe des Protokolls

Im Protokoll wird noch einmal das Gesamtexperiment zusammengefaßt. Insbesondere wird angegeben, in wie vielen Fällen (auch in %) der Parameter π von den Konfidenzintervallen überdeckt wurde.

19.3 Simulation (Drucker) (>1)

Siehe 19.2. Die Ausgabe erfolgt über den Drucker im Textmodus. Daher ist das Auflösungsvermögen geringer als bei der Ausgabe auf dem Bildschirm.

B: Übungen

1.) Machen Sie sich mit dem Programm vertraut, indem Sie alle möglichen Größen variieren.

2.) Beobachten Sie möglichst viele Konfidenzintervalle. Beachten Sie dabei die Lage und die Länge der Intervalle insbesondere, wenn Sie die drei Größen π, n und 1-α systematisch verändern, d.h. eine der beiden Größen verändern und die anderen beiden konstant halten.

3.) Erzeugen Sie sich mehrmals (mindestens 3 mal) je 100 Konfidenzintervalle zu allen möglichen Kombinationen der Größen $\pi = 0.1$, 0.3, 0.5; n = 10, 30, 50, 100 und 1-α = 0.8,

Simulation von Konfidenzintervallen für π bei der Binomialverteilung 183

0.9, 0.95. Notieren Sie sich die Erfolgsquoten, d.h. die Anzahl der Intervalle, die den richtigen Parameter überdecken. Versuchen Sie, Ihre Ergebnisse zu erklären. Betrachten Sie dazu gegebenenfalls Stabdiagramme der Wahrscheinlichkeiten der simulierten Binomialverteilungen.

C: Lernziele

Das Programm SIMKOBIN simuliert Realisationen binomialverteilter Zufallsvariablen X mit den Parametern n und π und berechnet für jede Realisation x nach der Formel $[p-z(\alpha/2)\sqrt{p(1-p)/n},\ p+z(\alpha/2)\sqrt{p(1-p)/n}]$ ein Konfidenzintervall für den Parameter π zur Wahrscheinlichkeit (1-α), wobei p=x/n und z(α/2) der 100(1-α/2)-Prozentpunkt der N(0,1)-Verteilung ist (vgl. Programm SIKOALAN, ferner L/Z1, S.80).

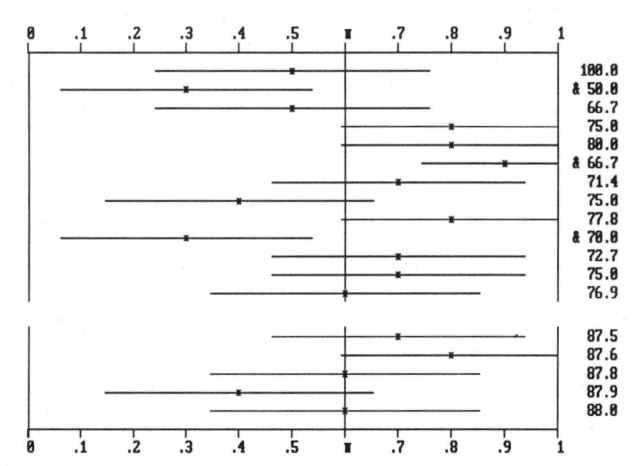

Abbildung 19.3: Simulierte Konfidenzintervalle für den Parameter π der Binomialverteilung (π=0.6, n=10, 1-α=0.9, m=100)

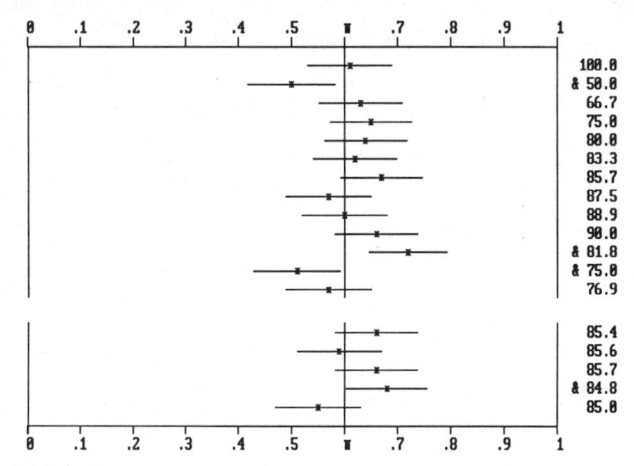

Abbildung 19.4: Simulierte Konfidenzintervalle für den Parameter π der Binomialverteilung (π=0.6, n=100, 1-α=0.9, m=100)

Durch die graphische Darstellung der Konfidenzintervalle auf dem Bildschirm wird, wie im Programm SIMKONOR, verdeutlicht, daß die Konfidenzintervalle von der Stichprobe abhängen. Die Grenzen und die Länge des Intervalls sind Zufallsvariablen (siehe Abbildung 19.3). Es wird auf dem Bildschirm bei großem n nicht mehr sehr deutlich, daß auch die Intervallänge von Stichprobe zu Stichprobe variiert (siehe Abbildung 19.4). Das liegt an der geringen Variation im geschätzten Standardfehler ($\sqrt{p(1-p)/n}$) von p, insbesondere bei großem n.

Aus der graphischen Darstellung wird auch noch einmal deutlich, daß die Konfidenzintervalle mit wachsendem n kürzer werden, denn der geschätzte Standardfehler von p, nämlich $\sqrt{p(1-p)/n}$, nimmt ab (vergleiche die Abbildungen 19.3 und 19.4). Außerdem erkennt man, daß die Länge der Intervalle mit wachsender Konfidenzwahrscheinlichkeit (1-α) zunimmt (vergleiche die Abbildungen 19.4 und 19.5).

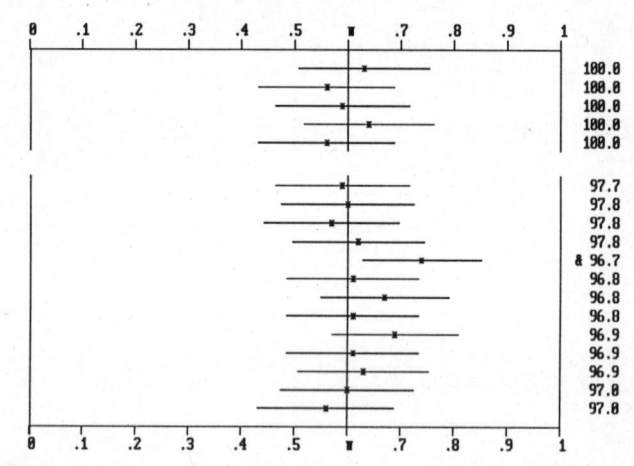

Abbildung 19.5: Simulierte Konfidenzintervalle für den Parameter π der Binomialverteilung ($\pi = 0.6$, n = 100, 1-α = 0.99, m = 100)

Schließlich wollen wir, wie im Programm SIMKONOR, auf die heuristische Vorstellung, die man von Konfidenzintervallen, insbesondere der Konfidenzwahrscheinlichkeit, haben sollte, hinweisen. Berechnet man wiederholt Konfidenzintervalle zur gleichen Konfidenzwahrscheinlichkeit (1-α), so sollte in ungefähr 100(1-α)% aller Fälle der richtige Wert des Parameters eingefangen werden, d.h. in dem Konfidenzintervall liegen. Hier tritt jedoch eine Besonderheit auf. Die Verteilung, die zur Berechnung der Konfidenzintervalle benutzt wird, ist nicht exakt, sondern nur eine Annäherung. Man benutzt, daß p=x/n für große n annähernd normalverteilt ist. In der Tabelle 19.1 stehen die Erfolgsquoten bei je 100 Stichproben, verschiedenen Parameterwerten π und n und verschiedenen Konfidenzwahrscheinlichkeiten (1-α).

Man sieht an dieser Tabelle, daß die Erfolgsquoten doch mehr als nur durch Zufallsschwankungen von den theoretischen "Erfolgsquoten" 100(1-α) abweichen. Dies gilt insbesondere bei kleinem n (=10) und kleinem π (=0.1). Dies liegt daran, daß die Annäherung durch die Normalverteilung bei solch kleinem n schlecht ist und daß die Binomialverteilung für kleines (und auch für großes) π sehr schief (unsymmetrisch) ist (siehe Programm BINOMIAL und die Abbildung 19.6).

Simulation von Konfidenzintervallen für π bei der Binomialverteilung

n	π	0.1			0.3			0.5		
	(1-α)	.80	.90	.95	.80	.90	.95	.80	.90	.95
10	%	64	68	53	78	89	84	61	86	91
		63	65	66	80	80	75	67	87	85
		60	64	71	84	85	74	63	89	85
	Mittel	62	66	63	81	85	78	64	87	87
30	%	69	85	76	76	85	100	80	92	95
		77	83	81	82	86	97	84	93	95
		73	80	84	80	96	92	78	94	98
	Mittel	73	83	80	79	89	96	79	93	96
50	%	87	90	86	77	85	93	84	86	91
		79	81	89	71	83	93	81	92	93
		85	90	88	86	84	93	75	93	93
	Mittel	84	87	88	78	84	93	80	90	92
100	%	86	85	90	72	85	100	77	90	97
		82	90	93	84	90	95	77	92	96
		78	80	95	85	86	93	83	92	93
	Mittel	82	85	93	80	87	96	79	91	95

<u>Tabelle 19.1:</u> Anzahl der Intervalle (von 100), die den richtigen Parameter enthielten, bei verschiedenen Werten für n, π und 1-α.

Je symmetrischer die Ausgangsverteilung, desto besser und schneller die Approximation durch die Normalverteilung (die Binomialverteilung mit π=0.5 ist symmetrisch um ihren Erwartungswert). Also nur bei großem n stimmen die Erfolgsquoten annähernd mit den Werten 100(1-α) überein, bei festem n ist die Annäherung um so besser, je näher π bei 0.5 liegt. Wir haben hier nur Werte für π betrachtet, die kleiner sind als 0.5, da die Binomialverteilungen mit einem Parameter π, der größer als 0.5 ist, symmetrisch um n/2 sind zu den Verteilungen mit Parameter 1-π.

Wir fassen als wichtigstes Ergebnis diese Abschnittes zusammen: Da wir hier mit einer angenäherten Verteilung für p gearbeitet haben, gelten die Konfidenzwahrscheinlichkeiten auch nur angenähert. Diese Annäherung wird besser mit wachsendem n und hängt noch ab vom Parameter π. In der Nähe von π=0.5 geht die Approximation schneller vonstatten.

Es kann wie im Programm SIKOALAN auch hier vorkommen, daß die ganz formal nach der oben angegebenen Formel berechneten Intervalle über den Bereich des Intervalls [0,1] hinausgehen, wenn die vorgegebene Wahrscheinlichkeit π entweder sehr klein oder sehr groß ist. Wir wollen dann wieder nur den Teil des Intervalls als Konfidenzintervall betrachten, der in den Bereich des Intervalls [0,1] fällt.

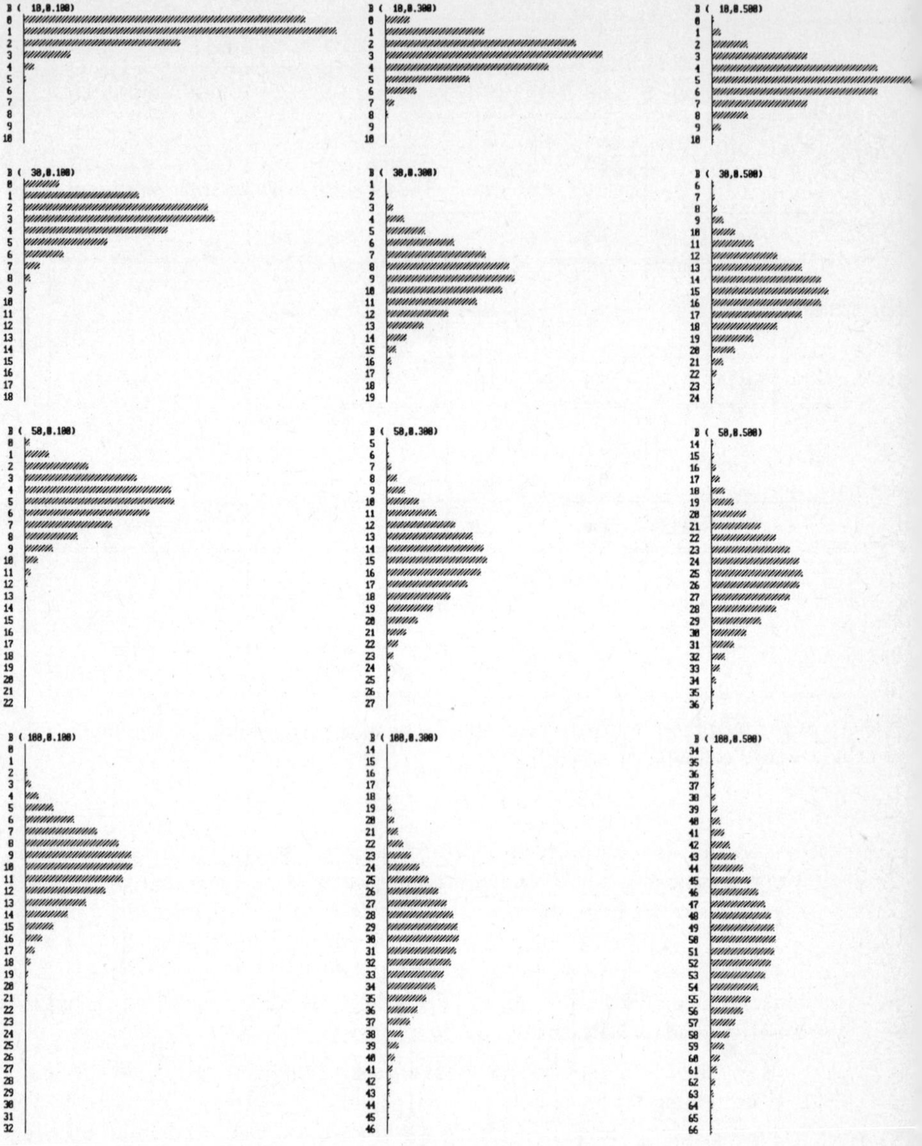

Abbildung 19.6: Stabdiagramme zu den Binomialverteilungen mit denselben Parametern wie in Tabelle 19.1

20. KONFINOR

A: Programmbeschreibung

Kurzbeschreibung:

Für normalverteilte Beobachtungen wird ein Konfidenzintervall zur Wahrscheinlichkeit $(1-\alpha)$ für den Erwartungswert μ nach der Formel

$$[\bar{x}-t(n-1,\alpha/2)s/\sqrt{(n-1)}, \ \bar{x}+t(n-1,\alpha/2)s/\sqrt{(n-1)}]$$

berechnet.

Dabei ist $\bar{x}$ der Mittelwert in der Stichprobe, s die geschätzte Standardabweichung und $t(n-1,\alpha/2)$ der $100(1-\alpha/2)$-Prozentpunkt der t-Verteilung mit n-1 Freiheitsgraden.

Menü:

Datenverwaltung	==> 1
Berechnung des Konfidenzintervalls	==> 2
Kurzbeschreibung	==> 3
Programmende	==> 9

20.1 Datenverwaltung

Die Datenverwaltung ist identisch mit der im Programm STETIG.

20.2 Berechnung des Konfidenzintervalls (>1)

Eingabe: Konfidenzwahrscheinlichkeit $(1-\alpha)$

Ausgabe des Konfidenzintervalls

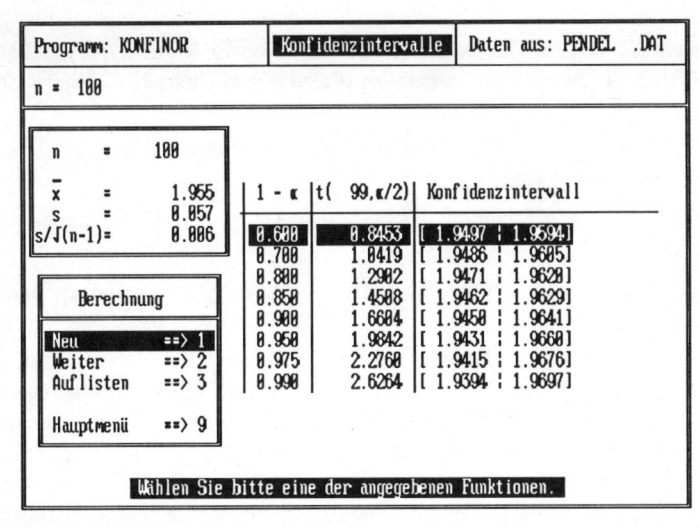

Abbildung 20.1: Ausgabe der Konfidenzintervalle

Es können mehrere Konfidenzwahrscheinlichkeiten nacheinander eingegeben werden. Die Konfidenzintervalle werden zusammen mit den Konfidenzwahrscheinlichkeiten und den Prozentpunkten der t-Verteilung in eine Tabelle geschrieben. In einer Tabelle links oben im Arbeitsfeld stehen die für die Berechnung notwendigen Größen, die nicht von der Wahrscheinlichkeit abhängen (n, $\bar{x}$, s, $s/\sqrt{n-1}$). Die Berechnungen werden mit der ESC-Taste beendet. Danach werden die Konfidenzintervalle der Größe der Wahrscheinlichkeit nach geordnet ausgegeben, und um ein Durchblättern dieser Tabelle und weitere Berechnungen zu ermöglichen, springt das Programm in das Untermenü "Berechnung".

Untermenü Berechnung:

```
Neu        ==> 1
Weiter     ==> 2
Auflisten  ==> 3
Hauptmenü  ==> 9
```

20.2.1 Neu

Die bisher berechneten Konfidenzintervalle werden gelöscht. Es wird eine neue Tabelle angelegt.

20.2.2 Weiter

Die bisher berechneten Konfidenzintervalle bleiben in der Tabelle erhalten.

20.2.3 Auflisten

Die Tabelle der Konfidenzintervalle kann, wie in 1.7 beschrieben, durchgeblättert werden.

B: Übungen

1.) Berechnen Sie sich für die Daten aus den Dateien PENDEL.DAT, GEBURT.DAT und GERSTE.DAT jeweils Konfidenzintervalle zu den Wahrscheinlichkeiten 0.7, 0.8, 0.9, 0.95, 0.99 und 0.999.

Die Datei PENDEL.DAT enthält 100 Meßwerte der Schwingungsdauer eines Pendels (siehe DIFF-Heft SR4, S.46).

Die Datei GEBURT.DAT enthält die Geburtsgewichte von 120 Neugeborenen (siehe DIFF-Heft SR4, S.97).

Die Datei GERSTE.DAT enthält die Gerste-Erträge [g] von 400 kleinen Parzellen (siehe L/Z 1, S.17).

2.) Vergleichen Sie die Quantile der t-Verteilung, die Sie bei der Berechnung der Konfidenzintervalle zu den 3 obigen Dateien erhalten haben, mit den entsprechenden Prozentpunkten der N(0,1)-Verteilung, die Sie sich mit Programmpunkt 5 des Programms NORMAL berechnen können. (Beachten Sie dabei, daß Sie die $100(1-\alpha/2)$-Prozentpunkte der N(0,1)-Verteilung berechnen müssen.) Erzeugen Sie sich auch eine Datei mit 1000 Daten (falls Sie keine geeigneten Daten zur Verfügung haben, benutzen Sie das Programm NORMAL) und berechnen Sie mit Hilfe des Programms KONFINOR die Quantile der t-Verteilung. Vergleichen Sie diese ebenfalls mit den anderen Quantilen.

C: Lernziele

Das Programm KONFINOR ermöglicht es, für normalverteilte Beobachtungen Konfidenzintervalle zu berechnen. Dies geschieht genauso wie im Programm SIMKONOR, d.h. mit dem Quantil der t-Verteilung, also der exakten Verteilung. Es wird also angenommen, daß die Standardabweichung unbekannt ist und durch s geschätzt wird.

Wir haben in den vier vorangehenden Programmen schon so viel über Konfidenzintervalle gelernt, daß wir hier nicht mehr ausführlich darauf eingehen wollen. Wir wissen, daß das berechnete Intervall, insbesondere seine Lage, Grenzen und die Länge des Intervalls Zufallsvariablen sind, daß die Länge mit wachsendem Stichprobenumfang abnimmt und mit wachsender Konfidenzwahrscheinlichkeit zunimmt. Letzteres wird noch einmal deutlich an den berechneten Konfidenzintervallen (siehe Abbildungen 20.2 -20.4). Für eine gegebene Datei sind die Größen $\bar{x}$ und $s/\sqrt{n-1}$ auch gegeben (die nicht mehr veränderlichen Größen stehen links oben im Arbeitsfeld), und das Konfidenzintervall hängt nur noch von $t(n-1, \alpha/2)$ ab. Mit wachsender Konfidenzwahrscheinlichkeit wird das t-Quantil größer und daher das Konfidenzintervall länger. Man sollte aber beachten, daß $\bar{X}$ und $S/\sqrt{n-1}$ natürlich Zufallsvariablen sind. Für die hier gegebenen Realisierungen sind die Werte nur fest. Würde man eine neue Stichprobe ziehen, so würde man selbstverständlich andere Werte erhalten.

1 - α	t(99,α/2)	Konfidenzintervall
0.700	1.0419	[1.9486 ; 1.9685]
0.800	1.2902	[1.9471 ; 1.9620]
0.900	1.6604	[1.9450 ; 1.9641]
0.950	1.9842	[1.9431 ; 1.9660]
0.990	2.6264	[1.9394 ; 1.9697]
0.999	3.3915	[1.9350 ; 1.9741]

<u>Abbildung 20.2:</u> Konfidenzintervalle für die Datei PENDEL.DAT

1 - α	t(119,α/2)	Konfidenzintervall
0.700	1.0410	[3300.1599 ; 3397.4233]
0.800	1.2887	[3297.5388 ; 3400.0451]
0.900	1.6578	[3281.7148 ; 3423.8684]
0.950	1.9801	[3267.8945 ; 3437.6887]
0.990	2.6178	[3240.5539 ; 3465.0292]
0.999	3.3742	[3208.1235 ; 3497.4597]

<u>Abbildung 20.3:</u> Konfidenzintervalle für die Datei GEBURT.DAT

1 - α	t(399,α/2)	Konfidenzintervall
0.700	1.0378	[150.5025 ; 153.7324]
0.800	1.2837	[150.1198 ; 154.1151]
0.900	1.6487	[149.5518 ; 154.6831]
0.950	1.9659	[149.0581 ; 155.1768]
0.990	2.5882	[148.0898 ; 156.1451]
0.999	3.3151	[146.9586 ; 157.2763]

<u>Abbildung 20.4:</u> Konfidenzintervalle für die Datei GERSTE.DAT

Für unsere Daten liegen also jetzt die Konfidenzintervalle vor. Ob sie den "richtigen" Mittelwert enthalten, weiß man nicht. Er liegt entweder darin oder nicht. Wenn man sagt, das Konfidenzintervall enthalte den Mittelwert, so ist diese Aussage nur mit $100(1-\alpha)\%$-iger Sicherheit richtig. Zur heuristischen Vorstellung, die man von Konfidenzintervallen haben sollte, sei noch einmal auf die entsprechenden Stellen in den Programmen SIM-KONOR und SIMKOBIN verwiesen.

Wir hatten früher schon angedeutet, daß die t-Verteilung mit wachsender Zahl der Freiheitsgrade gegen die Standardnormalverteilung konvergiert. Zu diesem Zweck haben wir die Quantile der t-Verteilung aus den Abbildungen 20.1-20.3 zusammen mit denen der t-Verteilung mit 999 Freiheitsgraden (n=1000) und den entsprechenden Quantilen der N(0,1)-Verteilung in Tabelle 20.1 geschrieben.

n	100	120	400	1000	
1-α		t(n-1,α/2)			z(α/2)
0.700	1.0419	1.0410	1.0378	1.0370	1.0364
0.800	1.2902	1.2887	1.2837	1.2824	1.2816
0.900	1.6604	1.6578	1.6487	1.6464	1.6449
0.950	1.9842	1.9801	1.9659	1.9623	1.9600
0.990	2.6264	2.6178	2.5882	2.5808	2.5758
0.999	3.3915	3.3742	3.3151	3.3003	3.2905

Tabelle 20.1: Quantile der t-Verteilung und N(0,1)-Verteilung

Man erkennt an dieser Tabelle, daß sich die Prozentpunkte der t-Verteilung mit wachsender Zahl der Freiheitsgrade den entsprechenden Prozentpunkten der N(0,1)-Verteilung nähern. Für hinreichend großes n kann man also anstelle der t-Verteilung auch die Normalverteilung benutzen. Der Leser betrachte dazu auch die Dichtefunktion der t-Verteilung mit dem Programm KRIWERTE in GSTAT2 (siehe auch MSLamPC).

LITERATUR

Böker, F. (1991): GSTAT2, weitere Statistikprogramme zur didaktischen Unterstüzung der Lehre, Vandenhoeck und Ruprecht, Göttingen

Böker, F. (1991): Mehr Statistik lernen am PC, Programmbeschreibungen, Übungen und Lernziele zum Statistiprogrammpaket GSTAT2, Vandenhoeck und Ruprecht, Göttingen (MSLamPC)

Deutsches Institut für Fernstudien an der Universität Tübingen (1983): Mathematik, Wahrscheinlichkeitsrechnung und Statistik unter Einbeziehung von elektronischen Rechnern (Materialien zur Lehrerfort- und -weiterbildung), SR1-SR4, Tübingen (**DIFF-Hefte** SR1-SR4)

Hartung, J., Elpelt, B. und Klösener, K.H. (1984): Statistik, Oldenbourg, München

Knoblich, H. und Schubert, B. (1987): Die Stabilität der Markenbekanntheit und Markenpräferenz bei ausgewählten Konsumgütern, unveröffentlichtes Arbeitspapier, Institut für Marketing und Handel, Universität Göttingen

Knüsel, L. (1989): Computergestützte Berechnungen statistischer Verteilungen, Oldenbourg, München

Linhart, H. und Zucchini, W. (1980): Statistik Eins, Birkhäuser, Basel (L/Z1)

Linhart, H. und Zucchini, W. (1982): Statistik Zwei, Birkhäuser, Basel (L/Z2)

Linhart, H. und Zucchini, W. (1986): Model Selection, Wiley, New York (L/ZMS)

Rinne, H. und Mittag, H.-J. (1991): Statistische Methoden der Qualitätssicherung, 2. Auflage, Hanser, München

REGISTER

Ablehnungsbereich 67, 136
Annahmebereich 67, 137
Ausreißer 84

Bernoulli-Experiment 130
Binomialverteilung 54-55, 66, 124-139, 146-148, 173, 181
-, Wahrscheinlichkeitsfunktion der 130-132

deterministisch 39, 84
Dichtefunktion 19, 77
Diskrepanz durch Approximation 26
Diskrepanz durch Schätzung 28

empirisch 85
Erwartungswert 39, 77, 161
Exponentialverteilung 116-123
-, Dichtefunktion der 119-121
-, Verteilungsfunktion der 121-122

Fehler 16

Gammaverteilung 86
Gesamtdiskrepanz 31
Glockenkurve 36, 105, 132
Grundgesamtheit 16-17, 39

Häufigkeit 17
-, beobachtete 17
-, relative 19, 45, 47, 52, 77
Histogramm 16, 77, 85
-, Klassenanzahl beim 18, 23, 28, 31, 35
Höhenfaktor 19
Hypergeometrische Verteilung 149-158
Hypothese 66, 136

Irrtumswahrscheinlichkeit 67, 136

Kennzahlen 23, 38, 84
Konfidenzintervall 164-190
-, Überdeckungswahrscheinlichkeit eines --> Konfidenzwahrscheinlichkeit
-, Vertrauenswahrscheinlichkeit eines --> Konfidenzwahrscheinlichkeit
Konfidenzwahrscheinlichkeit 164, 170

Lageparameter 84, 108
Lognormalverteilung 86
Lottospiel 155

Median 38, 39, 46, 66, 85
Mittelwert 23, 34-37, 62-63, 70, 76-78, 84, 161
-, standardisierter 41, 44
Modalwert 90
Modell 28, 66
Modellanpassung 78
Modellauswahl 31

Nichtverwerfungsbereich 67
Normalverteilung 35-36, 40, 44, 84, 100-115
-, Dichtefunktion der 105, 107-109

Parameter 28
Poissonverteilung 140-148
-, Wahrscheinlichkeitsfunktion der 145-146
Prüfgröße 136-137

Qualitätskontrolle 156
Quantil 46, 85
Quartil 85
-, -sabstand 85

Regel
-, 3σ- 66, 74, 86, 114, 163

schätzen 37, 79
Schätzer 39, 57, 85
Spannweite 25, 38, 85
Stabdiagramm 54, 64, 90, 132
Standardabweichung 23, 34, 38-40, 44, 73-74, 85, 108, 161
Standardfehler 64, 161, 178
standardisieren 114, 134-135
Standardnormalverteilung 105
Statistik 15
Stichprobe 15, 34
-, -nplan 156
-, -ntheorie 79
Streuung 23, 37, 39, 70-74, 76, 78, 108
-, -sparameter 84

Totalerhebung 14, 26-28
t- Verteilung 164-166, 170, 189

Varianz 25, 38, 85
Verteilung 24, 34, 40
-, Prozentpunkt einer 46
Verteilungsfunktion 106, 109-110, 115, 121, 131
-, Umkehrfunktion der 110-111
Vertrauensintervall --> Konfidenzintervall

Wahrscheinlichkeit 45, 51, 54, 77, 106, 111-114
Wahrscheinlichkeitsfunktion 131

Zeichentest 66, 136
Zufall 18, 38
Zufallsvariable 24, 34, 39
-, diskrete 63, 131
-, stetige 64

ANMERKUNGEN ZU GSTAT

Zu diesem Buch gehört das Statistikprogrammpaket **GSTAT**, ein Programmpaket zur didaktischen Unterstützung der Lehre in Anfängervorlesungen zur Statistik. **GSTAT** wurde unter der Leitung des Autors programmiert von Wolf Dieter Brandt, Holger Mann, Frank Meyer, Gerd Schulze und Peter Zimmert am Institut für Statistik und Ökonometrie der Universität Göttingen.

Das Programmpaket GSTAT ist für IBM PC bzw. kompatible Rechner (640 K RAM und mindestens DOS 3.0) mit VGA-, EGA-, CGA- oder Herkules-Graphikkarte geschrieben. Das Programmpaket GSTAT ist wahlweise auf 5.25"- (1.2 MB oder 360 KB) oder 3.5"-Disketten (720 KB oder 1,44 MB) erhältlich. Die Disketten mit Einzellizenzen können über den Buchhandel oder direkt beim Verlag

> Vandenhoeck und Ruprecht
> Postfach 3753
> 3400 Göttingen

bestellt werden unter Angabe der gewünschten Diskettenart und dem Namen des Nutzers.

> 5.25"-Disketten (360 KB): ISBN 3-525-13187-9
> 5.25"-Disketten (1,2 MB): ISBN 3-525-13189-5
> 3.50"-Disketten (720 KB): ISBN 3-525-13188-7
> 3.50"-Disketten (1,4 MB): ISBN 3-525-13221-2

Für Mehrfachnutzer (Schulen, Hochschulen, Universitäten u. a.) ist zusätzlich eine Poollizenz erforderlich, die vom Autor vergeben wird.

Fred Böker
Institut für Statistik und Ökonometrie
der Universität Göttingen
Platz der Göttinger Sieben 5
3400 Göttingen

Zu diesem Buch gibt es eine Fortsetzung mit dem Titel "Mehr Statistik lernen am PC" (ISBN 3-525-13217-4) mit Programmbeschreibungen, Übungen und Lernzielen zum Statistikprogrammpaket GSTAT2. GSTAT2 enthält weitere 13 Statistikprogramme zur didaktischen Unterstützung der Lehre in Anfängervorlesungen. Es sind folgende Diskettenarten erhältlich:

> 5.25"-Disketten (360 KB): ISBN 3-525-13213-1
> 5.25"-Disketten (1,2 MB): ISBN 3-525-13215-8
> 3.50"-Disketten (720 KB): ISBN 3-525-13216-6
> 3.50"-Disketten (1,4 MB): ISBN 3-525-13222-0

Fred Böker
Mehr Statistik lernen am PC

Programmbeschreibungen, Übungen und Lernziele zum Statistikprogrammpaket GSTAT 2. 1991. VIII, 297 Seiten mit 337 Abbildungen und zahlreichen Tabellen, kartoniert. ISBN 3-525-13217-4
Disketten mit Einzellizenz (wahlweise: 8 Disketten 5.25", 360 KB – 2 Disketten 5.25", 1.2 MB – 4 Disketten 3.50", 720 KB – 2 Disketten 3.5", 1.44 MB)

GSTAT 2, die Fortsetzung von GSTAT, enthält weitere 13 Statistikprogramme zur didaktischen Unterstützung der Anfängervorlesungen. In diesem Teil sind jetzt auch kleine Analysen von Daten möglich, jedoch immer unter erklärenden, veranschaulichenden Gesichtspunkten. Der Benutzer soll sehen, wie die Ergebnisse entstehen und wie sie zu verstehen sind.
Inhalte: Einführung in die Testtheorie, Graphische Darstellungen von Daten, Modellanpassung, 2-dimensionale Normalverteilung, lineare und polynomiale Regression, Varianzanalyse, Kontingenztafeln, Klassische Zeitreihenanalyse, exponentielles Glätten.

Für die Programme sind ein IBM-kompatibler PC, mindestens 640 KB RAM, DOS-Version 3.0 oder höher und eine VGA-, EGA-, CGA- oder Herkules-Graphikkarte erforderlich. Von GSTAT gibt es eine neue Version (05.91) für die EGA Graphikkarte (in Farbe).

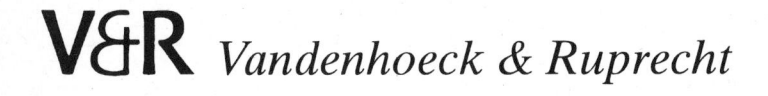

V&R Vandenhoeck & Ruprecht

Lehrbücher

Erwin Kreyszig
Statistische Methoden und ihre Anwendungen

1991. 4., unveränd. Nachdruck der 7. Auflage 1977. 451 Seiten mit 82 Abbildungen und zahlreichen Tabellen. Kart. Studienausgabe (ISBN 3-525-40718-1). Leinenausgabe: 1979. 3., unveränd. Nachdruck der 7. Auflage 1977. (ISBN 3-525-40717-3)

"Selten gelingt es einem Verfasser, so verständlich in ein mathematisches Thema einzuführen, wie es in diesem Buch in bester Weise verwirklicht wird ... Eine sehr wertvolle Liste der Fachwörter in deutsch-englisch und umgekehrt, Tafeln aller nötigen Funktionen und eine Formelzusammenstellung ergänzen in nützlicher Weise das außergewöhnlich zweckmäßige Buch."

VDI-Zeitschrift

Fritz Pokropp
Einführung in die Statistik

Mit einem Vorwort von Harald Scherf. 2., überarbeitete Auflage 1990. 311 Seiten mit zahlreichen Figuren und Tabellen, kartoniert. ISBN 3-525-13153-4

Das Buch behandelt statistische Grundprobleme, die in praktisch allen Wissenschaften, die mit erfahrbaren Sachverhalten umgehen, eine große Rolle spielen: das methodische Aufbereiten von Daten, die Schätzung unbekannter Größen aus Daten, das Testen, ob bestimmte Hypothesen zutreffen, das Aufspüren von Zusammenhängen. Die statistischen Methoden werden nicht nur vorgestellt, sondern auch so weit wie möglich begründet, und zwar sowohl intuitiv als auch mathematisch. Der Leser soll so in die Lage versetzt werden zu lernen, wie und warum bestimmte statistische Verfahren anzuwenden sind. Zur Einübung bietet das Buch zahlreiche Beispiele und Aufgaben mit Lösungen, die insbesondere aus wirtschaftswissenschaftlichen Bereichen stammen.

Michael Leserer
Grundlagen der Ökonometrie

1980. 196 Seiten, kartoniert. ISBN 3-525-13159-3

Dieses Lehrbuch bietet eine anwendungsorientierte Darstellung ökonometrischer Schließtechniken. Behandelt werden die Konzepte ökonometrischer Modellbildung, regressionsanalytische Methoden und Schätzprobleme für spezielle Modellspezifikationen. Auf den Einsatz ökonometrischer Aussagen zur Vorbereitung wirtschaftlicher Entscheidungen wird hingewiesen. Die einzelnen Problembereiche sind motivierend eingeführt. Einfache Beispiele veranschaulichen die theoretischen Ergebnisse.

V&R Vandenhoeck & Ruprecht · Göttingen